WCC 〈신앙과 직제〉에 조명한

한국장로교회 분열史와 일치 추구

서로북스

WCC 〈신앙과 직제〉에 조명한
한국장로교회 분열史와 일치 추구

초판 1쇄 인쇄 2020년 8월 28일
초판 1쇄 발행 2020년 8월 31일

지은이 이승갑
펴낸이 민대홍
디자인 백영재(atop0130@naver.com)
펴낸곳 서로북스(www.seoro2.com/boos)
출판등록 2014.4.30 제2014-000141호
주소 경기도 파주시 회동길 77-4 202호
이메일 pfpub@naver.com
팩스 0504-137-6584

ISBN 979-11-87254-32-4 (93230)

ⓒ 서로북스, 2020
이 책은 저작권법에 따라 보호받는 저작물이므로 무단 전제와 복제를 금합니다.
잘못된 책은 바꾸어 드립니다.

이 도서의 국립중앙도서관 출판예정도서목록(CIP)은 사서정보유통지원시스템 홈페이지(http://seoji.nl.go.kr)와 국가자료종합목록시스템(http://www.nl.go.kr/kolisnet)에서 이용하실 수 있습니다. (CIP제어번호: CIP2020035712)

WCC 〈신앙과 직제〉에 조명한

한국장로교회 분열史와 일치 추구

이승갑 지음

서로북스

추천사

세계교회의 협의체인 WCC(World Council of Churches)는 7년마다 총회가 열린다. 2013년 부산에서 WCC 제10차 총회로 모였다. WCC는 아래와 같은 헌장(the Basis)에 동의하고 선서하는 교회라야 회원이 될 수 있다.

> "세계교회협의회란 성경을 좇아 주 예수 그리스도를 하나님과 구세주로 고백하고, 한 하나님이신 성부와 성자와 성령의 영광을 위하여 교회들의 공동 소명을 함께 성취해 나가려고 노력하는 교회들의 코이노니아이다."

WCC 운동은 3가지 흐름으로 대표된다. 하나는 교회들의 다양성 속에서 일치 혹은 다양성 속에서 코이노니아를 추구하는 '신앙과 직제'[1] 운동이

---

1 1975년 나이로비 WCC 총회의 개정된 헌장에 따르면, 이 세 운동 중 '신앙과 직제'(Faith and Order) 운동이 가장 중요하다. 그도 그럴 것이 그 운동은 WCC 운동의 신학적 근거를 제공해 왔기 때문이다. WCC는 '교회들'의 다양성 속에서의 코이노니아를 전제한 대의(代議)적 협의체인데, 바로 이 '세계교회들'을 분열시킨 요인들이 다름 아닌 '교회론적 요소들'('세례 성만찬 직제'의 문제, '하나의 거룩한, 보편적, 사도적 교회'가 무엇인가의 문제, '지역교회와 보편교회의 관계'의 문제, '교회의 표지'의 문제, '교회와 전통'의 문제, '가시적 교회와 불가시적 문제' 등)이기 때문에, '신앙과 직제' 운동은 신학적으로 매우 중요하다. 특히, 저자가 뉴델리의 가시적 일치의 징표를 에큐메니칼 코이노니아의 조건들의 출발점으로 볼 때, 우리는 그것이 교회들 사이의 단지 누이 좋고 매부 좋은 관계가 아님을 알 수 있다.

고, 둘은 '세계선교와 복음전도'를 추구하는 CWME(Committee on World Mission and Evangelism) 운동이며, 셋은 '정의와 평화와 창조세계의 보전' 운동(JPIC, Justice, Peace and Integrity of Creation)이다. 그 동안 WCC의 조직이 여러 모양으로 바뀌고 세분화되어 왔지만, 결국 WCC의 전체 흐름은 바로 이 세 가지 운동들로 대표된다. 이승갑 박사는 이 중 '신앙과 직제' 운동의 공식문건들에 조명하여 한국장로교회의 분열사의 치유와 화해를 모색하였다. 물론, 누군가는 위의 다른 두 운동이나 그 중 어떤 한 운동에 비추어서 한국교회를 돌이켜 볼 수도 있을 것이다.

그 동안 한국개신교 신학자들은 에큐메니칼 운동에 비추어 한국교회를 돌이켜 보는 큰 그림들을 많이 그려 왔으나, WCC 산하 〈신앙과 직제〉의 공식문서들에 비추어서 한국장로교회의 분열사를 반성하는 글은 거의 없었다. 본 추천인의 졸저인 『세계교회의 분열과 일치추구의 역사』(1994) 역시 다만 세계교회의 분열사만을 WCC의 교회일치추구에 비추어서 논했다. 헌데, 이승갑 박사의 본 저서가 큰 의미를 갖는 것은 한국교회의 문제를 넓게는 세계교회에 조명하여 보았다는 것이고, 좁게는 한국교회사, 특히 한국장로교회의 분열사를 〈신앙과 직제〉에 조명하여 자세하게 읽어냈고, 촘촘하게 논했다는 점이다.

저자는 한국교회, 특히 장로교회의 분열의 문제를 전적으로 〈신앙과 직제〉의 공식 문건들에 근거하여 풀어 나감으로써, 에큐메니칼 운동의 핵심을 포착하였다. 저자는 '신앙과 직제' 운동의 역사를 문서적으로 추적하면서, 특히 〈신앙과 직제〉 5차 세계대회에 집중하였는데, 이 대회의 주제는 「신앙과 삶과 증언에 있어서 코이노니아」(1993)였다. 본 추천인 역시 이 문서를 〈신앙과 직제〉 공식문서들 가운데 가장 중요한 것으로 보아 온 바, 이 문서를 1982년 『세례 성만찬 사역』과 1990년 『WCC의 서울대회』(JPIC)와 1991

년 『니케아 콘스탄티노플 신조로 고백된 사도적 신앙에 대한 에큐메니칼 해설서』와 불가 분리한 관계 속에 있는 것으로 이해한다. 환언하면, 5차 세계대회의 키워드는 '코이노니아'인데, 그것이 '신앙' 차원에서(1991년 문서), '세례 성만찬 사역'(BEM Text)을 중심으로 하는 교회적 삶[2]의 차원에서, 그리고 CWME와 JPIC로 대표되는 '공동증언'의 차원에서 일어나야 하는 코이노니아였다.[3] 코이노니아란, 〈신앙과 직제〉 5차 세계대회 보고서에 따르면, 신약성경에서 사귐(fellowship), 성만찬(communion), 참여(participation), 연대(solidarity), 나눔(sharing), 공동체(community)를 뜻하는 것으로서 이승갑 박사는 바로 한국장로교회의 분열의 문제를 이와 같은 의미의 '코이노니아'를 통하여 해결해야 할 것을 제시한다.[4] 물론, 그의 〈신앙과 직제〉의 역사와 신학에 대한 연구는 비단 한국장로교회의 일치추구만이 아니라 분열된 세계교회의 일치추구를 풀 수 있는 열쇠를 제공하지만 말이다.

한편, 위에서 말한 '코이노니아'는 한 교회 안에서 성도들의 관계뿐만 아니라 교회와 교회, 지역교회와 지역교회, 지역교회들과 보편교회, WCC 차원, 교파별 세계연합체들 사이의 상호 의존적 관계 와 상호 책임적 관계등 대부분의 에큐메니칼 코이노니아는 뉴델리 WCC의 가시적 일치추구와 지역 차

---

[2] 이 삶이란 그리스도 안에서 '세례 성만찬 사역'를 교파들 간에 인정하고 나누며 교제하는 공동의 삶을 말한다.

[3] 참고: 이형기, 『몰트만의 구원론』(한들, 2020)의 부록('코로나 19'는 기독교의 정체성과 참여를 위협하는가? - WCC의 '사도적 신앙과 BEM 중심의 삶과 공동증언'에 비추어서). 필자는 본 졸저에서 '신앙과 삶과 증언에 있어서 코이노니아', '세례 성만찬 사역', '니케아콘스탄티노플 신조로 고백된 사도적 신앙에 대한 에큐메니칼 해설', 그리고 'CWME와 JPIC'를 유기적인 관계 속에 있는 것으로 이해하였다.

[4] 참고: John Reumann, Koinonia in Scripture: Survey of Bbilical Texts, In *On the Way to Fuller Koinonia*, ed. by Thomas Best and Guenther Gassmann, Faith and Order Paper 166(Geneva: WCC Publications, 1994), 38-64. 그리고 이승갑 박사는 그의 저서의 넷째 마당 부분에서 코이노니아를 세 가지 의미로 축약한다. 하나는 예배와 성만찬에서 경험되는 하나님과의 코이노니아. 둘은 교회의 다양성과 통일성 모두를 포착하는 경험. 셋은 '일치, 선교와 전도, 그리고 증거'의 상호 불가분리성에 대한 경험이다.

원에서 진정으로 연합된 코이노니아를 전제하는 '협의회를 통한 코이노니아' (conciliar fellowship)에 해당할 것이다. 그리고 이미 지적한 대로 이 코이노니아는 에큐메니칼 '세례 성만찬 직제', 에큐메니칼 '세계선교와 복음전도', 그리고 에큐메니칼 '정의 평화 창조보전' 운동 차원의 코이노니아를 목표로 한다. 달리 말하면, '신앙과 직제'가 추구하는 코이노니아에 대한 경험이 없으면, 그리고 '신앙과 삶과 공동증언' 차원들에서의 코이노니아에 대한 경험이 없는 한, WCC 중심의 에큐메니칼 운동은 무미건조한 제도로 전락하고 말 것이다. '신앙' 차원의 코이노니아를 통하여 이미 현존하는, 그러나 새 하늘과 새 땅에서 완성될 하나님 나라를 미리 맛본 그리스도인들과 교회는 '세계선교와 복음전도' 그리고 '정의와 평화와 창조세계의 보전' 운동을 통하여 이 하나님 나라를 '역사와 자연' 속에서 선취시켜야 할 것이다. 이것이 다름 아닌 그리스도 교회의 목적이요, 본 저서의 목적임에 틀림없을 것이다.

2020년 8월, 남양주시 덕소에서
이형기 교수(장로회신학대학교 명예교수, 역사신학)

책을 펴내며

　　부산에서 WCC(World Council of Churches, 세계교회협의회) 제10차 총회가 개최된 것이 지난 2013년 10월이었고, 11차 총회가 금년 코로나19 상황으로 인해 기존 계획에서 1년 늦춰져 오는 2022년 8월 카를스루에(Karlsruhe, Germany)에서 개최될 예정이다. 역사를 돌이켜 보면 한국장로교회는 다름 아닌 WCC 참여 문제로 인해 그 큰 분열의 하나를 겪은 것인데, 유감스럽게도 지난 부산 총회를 전후하여 WCC의 신학과 활동에 대한 의혹과 문제제기가 다수 보수교단들의 지도자들과 성도들 가운데서 빗발쳤고, 심지어 총회 개최 자체를 무산시키려 애쓰는 집회들이 열렸을 지경에까지 이르렀다. WCC 총회를 계기로 분열의 아픈 역사를 넘어 연합과 일치의 모습을 보여주었어야 할 한국장로교회가 오히려 반대를 넘어 정죄와 대결 국면에서 헤어나지 못했던 현실은 다시 7년이 지난 지금도 크게 달라지지 않았고, 그러한 현실의 이면에는 오랜 지속적인 신학적 대화로서의 WCC 산하기구 〈신앙과 직제〉의 활동과 결실에 대한 올바른 이해가 교계 전반에 매우 부족했던 것이 하나의 이유라는 것이 그때나 지금이나 필자의 생각이다. 바로 이 점이 다음 총회를 앞둔 시점에서 새삼 〈신앙과 직제〉(Faith & Order)에 조명하여 한국장로교회의 분열사와 일치 추구를 전망하는 내용으로 책을 펴내는 동기라고 할 수 있다.

　이 책의 목적은 한 마디로 〈신앙과 직제〉가 추구해 온 교회일치 운동에 조명해 한국장로교회의 분열을 진단하고, 나아가 분열된 한국장로교회의 일치추구의 방향을 전망하는데 있다. 본문에서 반복해서 강조하겠지만, 처음부터 WCC는 분열된 교회의 모습은 하나님의 뜻일 수 없음을 고백하면서 가시적 일치추구를 위해 노력해 왔고, 그 일치추구의 역사에서 〈신앙과 직제〉의 활동은 지속적으로 핵심적인 역할을 담당해 왔다. 예를 들어, 1975년 나이로비에서 개최된 제5차 총회는 〈신앙과 직제〉의 목적과 기능을 WCC의 7가지 목적들과 기능들 가운데 첫 번째 항목으로 삼았는데, 이것은 〈신앙과 직제〉의 주된 기능이 WCC 자체의 주요관심사가 되었다는 사실을 증명하는 것이다. 짧은 역사의 한국개신교회는 경이적인 양적 성장을 세계교회 앞에 보여주었음에도 역사상 유례를 찾아 볼 수 없는 폭발적인 분열의 길을 걸었다. 그리고 그 분열의 역사에서 가장 빈번하게 지목받는 한국장로교회로서는 명실 공히 성서와 공통된 신앙 유산의 토대 위에서 복음전도, 사회참여, 그리고 창조의 보전을 위해 교파를 초월한 협력과 일치를 추구해 온 WCC로부터 배워야 하는 것이다. 하나님 앞에서 그 분열의 역사를 반성하고, 공동의 신앙 위에서 교회의 하나됨을 향한 하나님의 비전에 참여하는 길에 주저함이 없이 나서야 할 것이다.

　WCC로 대표되는 지난 세기 에큐메니칼 운동의 역사와 신학을 필자가 학문적으로 접하기 시작한 시점은 거의 30년 전으로 거슬러 올라간다. 신대원을 마치고 전임전도사로 2년을 보낸 후 신학공부를 계속하고 싶은 바람을 실행에 옮기기로 결심하고 찾은 분이 존경하는 이형기 교수님이다. 교수님은 역사신학 분야에서 종교개혁신학을 시작으로 신종교개혁신학으로서의 "신정통주의 신학", 에큐메니칼 운동에 나타난 신학, 몰트만 신학과 포스트모더니즘에 대응하는 신학으로 이어진 당신의 신학 작업의 여정에서 강의와 함께 수많은 저작을 내셨고, 그 가운데서도 특히 에큐메니칼 신학에 대한 강의와 글을 통해 WCC의 신앙과 신학에 대한 오해를 불식시키는 일에 불굴의 의지로 혼신을 다해 애써 오신 분으로 평가받는 분이다.

필자는 대학원 석사과정에서 "개혁신학과 로마가톨릭신학" 등 주로 에큐메니칼 관점에서 토론하는 과목들을 수강했고, 특히 1994년 장신대를 방문하여 이형기 교수님과 함께 "개혁교회와 에큐메니칼 운동"을 강의하셨던, 지금은 고인이 되신 루카스 피셔(Lukas Vischer) 교수님을 도와 함께했던 일은 잊을 수 없는 추억으로 남아있다. 이후 유학길에 올라 첫 관문이었던 프린스턴신학교 석사과정에서도 맥키(Elsie McKee), 웨스트(Charles West) 교수님의 지도 아래 종교개혁 후 다양한 교파들의 발전 안에서의 예배와 신학, 에큐메니칼 운동사 등 과목들을 수강하였다. 당시 필자는 개혁교회 신학전통의 계승과 에큐메니칼 신학의 도전이라는 맥락에서 "교회와 사회" 주제를 다루는 데 집중하려고 했고, 이후에도 기회가 있을 때마다 개혁교회 신학전통의 교회일치적, 사회정치적, 실천적 의미들을 숙고하고자 노력해 왔다.

이번에 필자의 졸저를 빛내주시고자 추천사를 써 주신 존경하는 이형기 교수님께 지면을 빌어 거듭 감사드린다. 교수님께서는 언제나처럼 특유의 탁월한 통찰과 아낌없는 응원의 말씀을 추천사에 담아 주셨다. 오랜 세월 분에 넘치게 베풀어 주신 교수님의 가르침과 격려와 사랑을 생각할 때, 지금까지도 계속되는 교수님의 그 놀랍기 그지없는 수많은 학문적 성취들에서 어떤 모양으로도 함께 자리한 적이 없어 늘 부끄럽고 죄송했다. 이 책이 교수님의 지도하에 작성된 필자의 석사학위논문「〈신앙과 직제〉의 교회일치 추구에 조명한 한국장로교회 일치 운동의 전망」(1995년, 장로회신학대학교)을 토대로 재구성된 것이고, 부산 총회를 앞두고 쓴 필자의 논문 "〈신앙과 직제〉(Faith & Order), 그 지속적인 신학적 대화의 역사와 미래 전망"(「한국기독교신학논총」 76집, 2011년 7월)을 보태 펴내게 된 것이므로, 혹여 교수님께서 이 책을 당신 평생의 에큐메니칼 신학연구와 강의의 여정에서 생겨난 작은 열매라고 여겨 주신다면 필자로서는 더 바랄 나위가 없고 실로 영광스러운 일로 평생 간직할 것이다.

끝으로 출판을 결심하도록 응원해 주었고 출판 과정의 크고 작은 모든 일에 정성과 수고를 아끼지 않은 서로북스 민대홍 목사, 언제나처럼 필자의 허물을 조금이라도 줄이고자 애써 준 친구 같은 제자 김신영 목사, 아내의 둘도 없는 친구 유진 씨에게도 진심 어린 감사의 마음을 전한다. 그리고 부족하기 그지 없는 남편을 변함없이 믿고 응원해 주는 아내 영신에게 많이 미안하고 고맙고 사랑한다는 말을 전하고 싶다. 묵묵히 각자의 길을 가고 있는 세 아이들에게도 마찬가지다.

2020년은 많은 이들에게 참으로 힘든 한 해다. 그토록 징하게 길었던 장마도 끝나는데, 코로나19도 이제 끝이 보이기를 간절히 기원한다.

2020년 여름, 어두리에서
저자 이승갑

차 례

추천사 · 4
책을 펴내며 · 8
프롤로그 · 16

첫째 마당 한국장로교회의 분열史 · 25
    1차 분열 · 27
    2차 분열 · 36
    3차 분열 · 43
    재연합을 위한 시도와 좌절 · 49
    분열의 원인 · 5
    개혁교회 일반의 분열 원인 · 56

둘째 마당 WCC의 교회론 – 일치 추구를 위한 신학적 토대 · 65
    WCC 교회론의 변천(變遷) · 67
        비교교회론적 접근
        기독론적 교회론으로의 전환
        삼위일체론적 일치 근거의 확인
        협의회를 통한 친교로의 발전

    JWG의 "지역교회와 보편교회" · 93
        코이노니아(Koinonia) 교회론
        지역적 코이노니아와 보편적 코이노니아
        코이노니아의 교회적 요소들

셋째 마당 〈신앙과 직제〉「산티아고 대회」(1993) 고찰 · 109
    산티아고를 향하여 · 111
    「산티아고 대회」의 역사적 의의 · 122
    코이노니아로서의 교회의 일치 · 125
    분과 보고서「신앙, 삶, 그리고 증거에 있어서 코이노니아를 향하여」 · 129
        1분과 : 코이노니아에 대한 이해와 함의들
        2분과 : 하나님의 영광을 위한 하나의 신앙을 고백함
        3분과 : 그리스도 안에서 나누는 삶
        4분과 : 새로워진 세계를 위한 공동 증거로의 소명

넷째 마당 「산티아고 대회」 분과 보고서에 조명한
              한국장로교회의 일치 추구 · 161
    분열의 원인과 남겨진 짐 · 165
    일치 추구를 위한 신학적 토대 – WCC 교회론 · 168
    「산티아고 대회」 분과 보고서에 조명한 일치 추구 · 172
        선불인 동시에 과제로서의 코이노니이
        신앙을 고백함에 있어서의 코이노니아
        그리스도 안에서 공동의 삶을 나누는 코이노니아
        새로워진 세계를 위한 공동 증거에 있어서의 코이노니아

다섯째 마당 〈신앙과 직제〉, 그 지속적인 신학적 대화의 역사와 미래 · 193
    「신앙과 직제 위원회」의 목적, 구조, 운영방법 · 198
    〈신앙과 직제〉의 정체성 – 지속적인 신학적 대화 · 201
    신앙과 직제 운동의 성과 · 206
    계속되는 논쟁과 이슈들 · 212
    신앙과 직제 운동의 의의와 미래 · 219

에필로그 · 230

참고문헌 · 235

〈부록 Ⅰ〉 한국장로교회사 연대표 · 245

〈부록 Ⅱ〉 20세기 에큐메니칼 운동사 연대표 · 250

| 프롤로그 |
Prologue

한국 기독교 역사에서 한국장로교회¹는 본래 하나의 장로교회로 출발하였다. 19세기 세계기독교, 특히 세계 개혁교회(the Reformed Churches)의 일치 추구의 맥락에서 미국 남·북 장로교회 선교부와 캐나다 장로교회 선교부, 그리고 호주 장로교회 선교부는 서로 연합하여 선교협의회(Council of Mission)를 구성하였다. 마침내 1907년 9월 17일 평양중앙교회에서 『조선예수교장로회 독노회』를 창립하였는데, 이것은 초기 선교사들이 하나의 단일 장로교회를 한국에 이식했다는 사실에 대한 상징적인 사건이었다.²

한국교회는 세계교회의 역사에서 유례를 찾아볼 수 없을 정도로 놀라운 양적 성장을 이루었지만, 다른 한편으로는 세포분열과 다를 바 없는 폭발적인 분열의 길을 걸어 왔다. 특히 한국장로교회는 대략 200여개의 교단들로 나누어져 한국교회 분열의 역사가 문제시될 때마다 가장 앞서 거론되고 있는 것이 현실이다. 바야흐로 세계교회는 예수 그리스도를 머리로 하는 그리스도의 한 몸으로서 복음선교, 사회참여, 그리고 창조의 보전을 위한 일치와 협력을 향

---

1 여기서 "한국장로교회"는 한 특정한 교단을 가리키는 것이 아니라, 현재 한국에서 크게 고신, 기장, 예장 합동, 예장 통합으로 나뉘어져 있는 장로교회를 통칭하여 필자가 사용하는 표현임을 밝혀둔다.
2 이형기, 『세계교회의 분열과 일치 추구의 역사』 (장로회신학대학교 출판부, 1994), 312.

1907년 독노회

해 함께 나아가고 있다. 따라서 한국장로교회 또한 하나님 앞에서 분열의 잘못을 회개하고 그 길에서 돌이켜 협력과 일치 추구를 향해 나아가는 것을 무엇보다 중요한 과제로 삼아야 할 것이다.

종교개혁 이래로 "세계교회사는 곧 교회 분열의 역사"라고 평가될 정도로 세계교회(특히 개신교회)는 지역적 차이, 문화적 차이, 신학적 견해와 신앙고백의 차이 등으로 인한 분열을 거듭해 왔다. 그러나 19세기에 들어와 세계교회는 영국과 대륙 일반의 복음주의적 부흥운동(Evangelical Revival Movement)과 미국에서 대각성운동(Great Awakenings) 등 영적 부흥운동을 경험하였고, 그러한 부흥운동들은 결과적으로 기독교 역사상 유례가 없는 활발한 선교활동들을 촉진시켰다.³ 그리고 이러한 선교활동의 촉진은 선

---

3 기독교사가(史家) 라투렛 교수의 견해에 의하면, 기독교의 발전이 비상(非常)하게 이루어진 시대가 역사상 두 번 있었다고 한다. 첫째는 최초로 기독교가 확산되어 승리를 거두었던 수우 3세기 동안이며, 둘째는 복음주의 부흥운동과 더불어 성공적으로 선교가 이루어진 "위대한 세기"인 19세기이다. 라투렛 교수는 그의 저서 『기독교 확장사』(Expansion)에서 기독교의 확장을 설명하는데 도움을 줄 수 있는 두 시대의 두드러진 특징을 설명하면서 19세기의 선교 촉진의 원인으로 19세기의 상황을 들

교를 위한 초교파적 협력을 요구함으로써 19세기 중엽 이후 다양한 형태의 교파 상호 간 연합과 협력을 가능하게 한 계기가 되었다. 그리고 마침내 20세기 들어와서 처음으로 개최된 제8차 세계선교사대회(World Missionary Conference, WMC, Edinburgh, 1910)를 기점으로 20세기 에큐메니칼 운동의 역사, 즉 세계적 차원의 교회일치 추구의 역사가 시작되었던 것이다. 바로 이 에든버러 대회가 기폭제가 되어 1921년 국제선교사대회(International Missionary Conference, IMC), 그리고 1925년 〈생활과 봉사〉(Life and Work), 그리고 1927년 〈신앙과 직제〉(Faith and Order) 세계대회가 각각 개최되기에 이르렀다. 〈생활과 봉사〉와 〈신앙과 직제〉, 이 두 운동은 결국 연합하여 세계교회협의회(World Council of Churches, WCC, Amsterdam, 1948) 제1차 총회[4]를 형성하였고, 그로부터 얼마 지나지 않아 WCC 제3차 총회(New Delhi, 1961)가 개최되었을 때 IMC 또한 WCC에 통합되었다.

한편 WCC의 일치 추구의 길에서 위 〈신앙과 직제〉의 활동은 계속적으로 중요한 역할을 수행하여 왔다. 1975년 케냐의 나이로비에서 개최된 WCC 제5차 총회는 〈신앙과 직제〉의 목적과 기능을 WCC의 7가지 목적들과 기능들 가운데 첫 번째 항목으로 삼았는데, 이것은 〈신앙과 직제〉의 주된 기능이 향후 WCC 자체의 주된 관심사가 되었다는 사실을 말해 준다. 그리고 〈신앙과 직제〉의 활동 결과물들은 항상 WCC 분과 보고서들에 편입되어 왔다. 바

고 있는데, 산업혁명에 의하여 이용이 가능하여진 부(富), 새로운 교통과 통신수단, 낙관주의와 자신감이 충만하였던 분위기, 특히 서구인들의 해외이동으로 인한 비(非)서구문화의 붕괴 등이 19세기의 상황이었던 것이다(기독교 확장사, IV, 18-20). George Marson and Frank Roberts, ed., A Christian View of History?, 홍치모 역, 『基督敎와 歷史理解』(총신대학출판부, 1981), 177-178. 그러나 서구 개신교회가 해외선교를 추진할 수 있었던 것은 그 배경에 산업혁명으로 말미암은 제국주의적 확장과 함께 선교적 각성으로서의 부흥운동이 있었기 때문이다. 강근환, "한국 에큐메니칼 운동과 신학교육", 박상증 편저, 『한국교회와 에큐메니컬 운동』(대한기독교서회, 1992), 245.

4 이하 "World Council of Churches"는 "WCC"로, 1948년 암스테르담에서 개최된 제1차 WCC 총회는 "암스테르담 총회"로 표기한다. 그 밖의 WCC 총회들의 표기도 같은 방식을 따르기로 한다.

로 이 점이 필자가 이 책에서 의도하는 바로, 지난 20세기 후반 에큐메니칼 운동의 일치 추구의 역사를 고찰함에 있어서 <신앙과 직제>의 활동을 그 중심축으로 삼고 있는 이유라고 할 수 있다.

그러면 WCC의 핵심적인 임무의 하나는 무엇이었나?

그것은 바로 교회일치를 위한 운동이었다. 실로 WCC가 결성된 이래 WCC는 분열된 교회의 모습은 하나님의 뜻일 수 없음을 고백하면서 가시적 일치 추구를 위해 노력해 왔다. 특히 JWG(Joint Working Group)로 가시화된 합동 연구, 그리고 신앙과 직제 운동에의 참여로 나타난 로마가톨릭 교회의 일치 추구에 대한 관심은 WCC의 일치 추구에 새로운 자극과 소망을 주었으며, "진정으로 보편적인 에큐메니칼 협의회"(a genuinely universal ecumenical council)를 향한 중요한 진전을 나타내 주는 계기가 되었다.

따라서 그동안 에큐메니칼 대화들에서 중심적인 주제는 바로 "교회론"(ecclesiology)이었고, 그것은 에큐메니칼 현장에서 국제적인, 그리고 교파 상호 간 대화의 초점이었다. 에큐메니칼 운동이 교회론에 대한 논의로 시작하여 그 숙고의 열매만큼 성취된다고 생각해 볼 때, 교회론에 대한 논의는 에큐메니칼 운동의 전망에 있어서 심대한 중요성을 가진다고 할 수 있다. 이 점에 대해 이형기 교수는 "20세기 에큐메니칼 운동과 WCC를 통한 세계교회들의 일치 추구에 있어서 처음부터 오늘에 이르기까지 걸림돌로 작용해 온 것은 세례, 성만찬, 직제, 하나의 거룩한, 보편적, 사도적 교회, 불가시적 교회와 가시적 교회, 교회의 표지, 교회의 전통, 그리고 보편교회와 지역교회 등 교회론적인 문제였다"[5]라고 하였다.

거듭 말하지만, WCC의 교회일치 추구의 역사는 곧 교회론의 역사이다. 따라서 우리 한국장로교회의 일치 운동을 위해서도 위와 같은 교회론에 내

---

5   이형기, 앞 글, 328.

한 논의가 무엇보다도 중요하다는 점이 강조되어야 한다. 서구 교회의 역사에서는 교회론의 차이가 교회분열의 원인이 되었기에 교회론에 있어서의 신학적 수렴이 오늘날 일치 추구에 필요하다면, 교권 다툼의 현실과 신학적 성찰의 부재 상태에서 분열을 경험한 한국장로교회 또한 교회론에 대한 논의가 우리 교회의 역사에 얼룩진 분열의 죄과를 확인시킴으로써 일치를 위한 노력의 기초를 다질 수 있다고 말할 수 있다. 한국장로교회는 그 일치를 향한 길에서 WCC의 교회론의 변천에 나타난 교회들 사이의 신학적 수렴들로부터 우리들 자신의 일치를 위한 교회론적 공통분모를 찾아내야 하고, 그것을 기초로 하여 복음 증거와 사회참여를 위한 일치와 협력에 앞장서야 할 것이다.

한편, 교회론 논의에서 가장 큰 난제(難題)는 서로 다른 직제와 예전을 가진 교회들이 지역성(locality)과 보편성(universality)에 대한 개념의 일치를 확립하는 일이 무엇보다도 어렵다는 것이었다. 사실 교회론에 있어서 지역교회와 보편교회의 문제는 전통적으로 로마가톨릭교회와 개신교회 사이의 대립에 원인이 있었다. 로마가톨릭교회와 동방정교회는 보편교회(catholic = universal Church)를 강조해 왔고, 종교개혁 전통 위에 서 있는 개신교는 지역교회(local church)를 강조해 왔다. 그러나 최근 에큐메니칼 현장의 상황은 지역교회와 보편교회가 결코 상호별개 차원의 실체들이 아니라 오히려 내적·외적 차원에서 상호 연결된 실체들로 이해되는 경향으로 바뀌어 왔다. 그리고 이러한 지역교회와 보편교회에 대한 이해의 발전적 변화는 WCC가 추구하는 진정한 의미에서의 세계적 교회일치 추구에 크게 기여해 온 것이 사실이다. 즉, WCC는 뉴델리 총회(1961)에서 가시적 일치를 위한 교회의 징표들을 밝히면서 이러한 징표들이 지역교회의 차원에서도 필요불가결하게 확인되어야 함을 강조하였고, 한걸음 나아가 나이로비 총회(1975)에서 "협의회를 통한 친교"를 유기적 일치의 이상으로 제시함으로써 보편교회로의 길을 "코이노니아"(communion, koinonia)에서 찾았다. 그리고 이 두 총회에서 확인된 바가 지역교회와 보편교회의 문제를 풀어가는 열쇠가 되었으며, 그 증거로 "지역교회와 보편교회"에 대한 JWG(Joint Working Group, 이하 "JWG(1990)"라 칭한다)[6]의 연구 문서 「The Church : Local and Universal(1990)」은 앞의 양(兩) 총회의 교회론을 주요 토대로 삼았다. JWG(1990)는 또한 코이노니아 교회론과 지역교회와 보편교회 사이의 관계 - 각각의 기독교 교파 안에서 뿐만 아니라 분열된 기독교 교파들 사이의 에큐메니칼 관계의 의미에서 - 를 토의하기 위한 기초로서 코이노니아 교회론이 지닌 유용성과 교회적 코이노니아의 다양한 표현들을 논함으로써 세계교회 차원에서의 에큐메니칼 수렴의 측면들을 가시화시켰다. 따라서 한국장로교회 또한 계속되어 온 분열들에도 불구하고 그들 사이에 이미 존재하는 비록 불완전하지만 실제적인 코이노니아를 표현하고, 또한 그것을 공동의 기초로 삼아 함께 설 수 있는 방법을 JWG(1990)가 발전시킨 코이노니아 교회론으로부터 배울 수 있을 것이다.

무엇보다도 고무적인 사실은 그동안 세계교회의 에큐메니칼 운동에의 참여가 지속적으로 성장하여 왔다는 사실이다. 그 성장은 특히 로마가톨릭교회의 더욱 광범위한 참가[7]로 한층 더 가시화되었다. 단지 특정한 수의 교파 전통

---

[6] 로마가톨릭교회와 WCC는 제2차 바티칸 공의회(1962-65) 직후 "연합 연구 위원회"(Joint Working Group)를 구성하였다. 그리고 이 JWG는 1985년에 두가지 주제에 관한 연구 과제를 특별위원회에 맡겨 연구하게 한 후, 1990년에 두 문서, 즉 「The Notion of Hierarchy of Truths : An Ecumenical Interpretation」과 「The Church : Local and Universal」을 각각 채택하였다.

[7] 로마가톨릭교회가 에큐메니칼 노정에 합류함에 있어서 한 중요한 획기적인 사건은 성(聖) 바울의 개종 축제일인 1959년 1월 25일에 교황 요한 23세가 행한 발표인데, 그것은 1962년 10월에 있을 제2차 바티칸 공의회에 가톨릭 주교들을 소집하는 내용이었다. 제2차 바티칸 공의회는 에큐메니칼 운동의 발전에 큰 의미를 갖는 사건으로서 가톨릭교회가 신앙과 직제(Faith and Order)에 관한 다자간이 대화에 가담하고, 지금은 교회연합운동의 중요한 표현의 하나가 된 쌍무적 토론의 영역에 로마가톨릭교회가 참여할 수 있는 가능성을 급진작시켰던 것이다. 다양한 교회들 사이의 다양한 쌍무적 토론은 수세기 동안 서로 적대적이었던 교회와 전통들 간의 결실있는 관계형성에 도움이 되는 것으로 입증되었다. 기독교사상 편집부, "교회일치를 구현하기 위한 반성과 제안" 「기독교사상」 424(1994/4), 63.

들만 참가한 때가 있었지만, 오래지 않아 대다수 기독교 교회들이 토의에 대표단을 파견하기 시작했으며, 이것은 곧 성만찬을 포함한 신학적 주제들에 관한 질문이 마침내 온전하게 검토되고 다루어질 수 있게 되었다는 것을 의미한다. 그러므로 에큐메니칼 운동의 이러한 변천은 단지 양적인 변화만을 말하는 것이 아니라, 신학적 사고에 있어서 새로운 관점들을 열었다는데 그 의의가 있다. 즉, 교회론에 관한 교회들 사이의 신학적 토의들은 일거에 선두에 위치하게 되었고, 오랫동안 움직일 수 없는 걸림돌로 여겨져 온 사안들을 토의할 수 있는 새로운 가능성들을 열었던 것이다.[8]

이런 맥락에서 WCC 산하 〈신앙과 직제〉 기구의 활동은 세계교회 에큐메니칼 운동의 신학적 뿌리요 방향제시의 기초가 되었다는 것은 틀림없는 사실이다. 그리고 에큐메니칼 신학의 틀을 명쾌하게 제시하는 연구결과 중 대표적인 것이 1993년 산티아고(Santiago de Compostela)에서 개최된 〈신앙과 직제〉 5차 세계대회[9]의 분과 보고서인 「신앙, 삶, 그리고 증거에 있어서 코이노니아를 향하여」(Towards Koinonia in Faith, Life and Witness)이다. 필자는 한국장로교회가 이 문서를 참고하고 숙고함으로써 그 협력과 일치 추구를 위해 필요한 방향들을 배울 수 있다고 생각한다. 즉, 에큐메니칼 신학의 기초 위에서 사도적 신앙을 공통분모로 하는 '신앙' 차원의 코이노니아와 세례, 성만찬, 직제를 중심으로 한 '삶' 차원의 코이노니아, 더 나아가서 복음전도와 사회참여를 포함하는 '증거' 차원의 코이노니아를 통해 한국장로교회는 협력과 일치의 미래를 열어나갈 수 있을 것이라고 본다.

---

8 Günter Gassmann, *Documentary History of Faith and Order 1963-1993* (Geneva: WCC, 1993), 90.

9 이하 "산티아고 대회"라 칭한다. 그리고 이후로 모든 〈신앙과 직제〉 세계대회는 동일한 표현방법을 따른다. 예를 들면, 로잔에서 개최된 〈신앙과 직제〉 1차 세계대회는 "로잔 대회"라 칭한다.

이 책은 WCC의 교회일치 추구, 특히 〈신앙과 직제〉를 통한 신학적 수렴에 조명하여 한국장로교회의 일치 추구의 방향들을 제안하려는 의도에서 작성되었다. 유감스럽게도 그동안 한국장로교회 안에는 WCC의 활동에 대한 편견과 오해가 계속되어 왔으며, 특히 〈신앙과 직제〉 기구의 존재와 활동이 거의 소개되어 있지 않은 것이 사실이다. 한국장로교회의 분열 원인을 말하고자 할 때, 신학외(外)적인 원인들이 있는 것도 사실이나, 그에 못지않게 신학적 원인들이 갈등의 보다 근원적인 출발이었다는 것을 부인할 수 없다. 이 점에 있어서 한국장로교회는 신앙과 직제를 중심으로 한 WCC의 신학적 숙고와 수렴들로부터 일치 추구의 방향을 배울 수 있다. 따라서 이 책에서 필자는 먼저 한국장로교회 분열의 역사를 정리하고 이어서 WCC의 교회일치 추구의 역사, 그리고 일치 추구를 위한 신앙과 직제 차원의 신학적 숙고와 수렴들을 분석하고 그것에 조명하여 한국장로교회의 일치 운동을 위한 방향들을 제시하였다.

이 책에서 필자는 역사적 고찰 연구 방법과 문헌적 숙고 연구 방법을 병행하였다. 먼저 한국교회사 관련 문헌들을 사용하여 한국장로교회의 분열의 진행을 역사적으로 고찰하고, 그 분열 원인들을 개혁교회 일반의 분열 원인들과 함께 확인하였다. 다음으로 WCC의 가시적 일치 추구의 역사에 관련된 자료들과 WCC 총회문서들, 그리고 〈신앙과 직제〉 문서들을 사용하여 WCC의 교회론의 변천을 역사적으로 분석했으며, 아울러 JWG(1990)의 「지역교회와 보편교회」(The Church : Local and Universal)[10]를 중심으로 세계교회의 일치 추구에 크게 기여한 중요 신학적 토의 주제인 "지역교회와 보편교회"의 문제를 고찰하였다. 한걸음 더 나아가 신앙과 직제 문서들을 사용하여 「산티아고 대회」(1993)에 이르기까지 〈신앙과 직제〉가 추구한 신앙, 삶, 그리고 증거에 있어서의 신학적 숙고와 수렴 과정을 살펴

---

10 WCC, *Joint Working Group between the Roman Catholic Church and the World Council of Churches* (Geneva: WCC, 1990), 23-37.

보았고, 다음으로 산티아고 대회의 역사적 의의를 논한 후, 산티아고 대회의 분과 보고서 "신앙, 삶, 그리고 증거에 있어서 코이노니아를 향하여"를 고찰했다.

첫째 마당에서는 먼저 한국장로교회의 분열 역사를 고찰하고, 그 분열의 원인들을 신학적으로, 그리고 신학외적으로 확인한다.

둘째 마당에서는 먼저 WCC의 가시적 일치 추구의 역사를 개괄하고, 특히 WCC의 교회론에 나타난 교회일치를 위한 개념의 변천을 고찰한다. 다음으로 WCC의 가시적 일치 추구의 과정에서 중요한 고비를 이루고 있는 뉴델리 총회와 나이로비 총회에서 확인되는 "각 장소의 모든 그리스도인들"과 "모든 장소의 모든 그리스도인들" 문제를 JWG(1990) 제6차 보고서의 부록으로 제출된 "지역교회와 보편교회"에 조명하여 살펴본다.

셋째 마당에서는 〈신앙과 직제〉「산티아고 대회」(1993)에 이르기까지 신앙, 삶, 그리고 직제에 있어서 〈신앙과 직제〉의 신학적 수렴의 역사를 개괄하고, 산티아고 대회의 분과 보고서[11]인 「신앙, 삶, 그리고 증거에 있어서 코이노니아를 향하여」를 분석, 고찰한다.

넷째 마당에서는 첫째 마당, 둘째 마당, 셋째 마당을 요약하고, 동시에 〈신앙과 직제〉를 중심으로 WCC가 추구해 온 교회일치에 조명하여 한국장로교회 일치 추구의 방향들을 제시한다.

끝으로 다섯째 마당에서는 WCC의 대표적 기구의 하나인 〈신앙과 직제〉가 걸어 온 역사를 재조명해 봄으로써 그 지속적인 신학적 대화의 내용과 의의를 숙고하고, 나아가 그 신학적 대화의 미래 전망을 시도한다.

---

11 WCC, *Towards Koinonia in Faith, Life and Witness Santiago de Compostela 1993* (Geneva: WCC, 1993). 참조.

첫째 마당

한국장로교회의 분열사

1차 분열

역사적 배경

  일제강점기, 을사조약(1905)과 경술국치(1910)로 좌절과 실의에 빠진 한국 백성은 예수 그리스도의 교회에서 그 위로를 찾고자 했다. 따라서 한국교회는 민족의 정신적 지주의 역할을 감당해야 할 위치에 서 있었다. 이에 따라 교회에 대한 일제의 박해는 철저하고 가혹했는데, 특히 일본이 영국, 그리고 미국과 적국(敵國)관계로 들어가면서부터 영국, 미국계 선교사는 적국의 첩자에 준한 존재로 간주되어 감금과 축출이 잇달았으며, 그들과 교분하에 있던 교회는 반국가적 단체로 불온시되기에 이르렀다.[12] 이러한 맥락에서 진행된 일제의 정책은 단순히 한국교회의 민족운동에 대한 관심이나 참여를 저지하는 수준을 넘어 기독교를 그들의 전통적 사상에까지 접목시킨 '일본적 기독교'로 변

---

12 우완용, 『비운과 섭리의 민족교회사』 (목양서원, 1992), 201.

시키는 것이었으며[13], 급기야 그러한 정책의 극단적 표현으로 '신사참배 강요'로까지 이어졌다.

일제 총독부가 신사참배는 종교가 아니고 국민의례라는 명분을 내세워 관공립학교와 마찬가지로 기독교계 사립학교에 대해서도 제일(祭日)과 축일(祝日)에 신도적 의식을 강요하기 시작한 것은 1910년도 부터였다. 1920년대에 들어와서는 총독부와 교육계에서 신사참배를 강요하여 기독교와 충돌이 빈번하게 일어났다. 그 대표적인 것이 1924년 10월의 강경공립보통학교 학생들의 신사불참배 사건과 1925년 10월의 기독교계 학생들의 출영 거부 및 조선신궁 진좌제 불참 사건이다. 이 때까지만 해도 신사문제에 대하여 기독교계의 의견이 일치하여 국적과 교파를 떠나 기독교인으로서 연대가 가능하였다. 또 총독부도 신사가 종교가 아니라는 그들의 거짓 논리를 포기하지는 않았지만 더 이상 신사참배를 억지로 강요하기는 어려운 상황이었다. 그러나 1930년대에 들어와서 일제가 대륙침략을 재개하고 '천황제' 이데올로기를 주축으로 군부 파시즘 체제를 강화하면서 상황은 급변하였다. 총독부는 식민지의 모든 역량을 대륙침략전쟁에 내몰고자 각종 관제행사를 개최하였고, 거기서 신사참배를 다시금 강력하게 강요하기 시작했던 것이다.[14] 신사참배 강요에 저항하는 신도들은 투옥되었고, 교단과 교회, 그리고 그들이 운영하던 학교와 기관이 폐쇄되었다. 이 시기에 2백여 교회가 문을 닫았고, 주기철, 주남선, 이기선, 손양원, 한상동, 이인제 등 2천여 명이 투옥되었으며, 그 가운데 50여 명이 순교하며 일제의 신사참배 강요에 저항하였다. 천주교에 이어 감리교가 일제의 간교한 회유에 굴복하였다. 한국장로교회도 1938년 예수교장로회 제27회 총회에서 신사참배를 결의하기에 이르렀고, 이러한 신사참배로 인한 신앙의 정절

---

13 윗 글.
14 김승태, 『한국기독교의 역사적 반성』(다산글방, 1994), 39-40.

신사참배를 결의한 조선예수교장로회 대표들이 1938년 9월 10일 평양신사를 찾아가 참배하는 모습
〈조선일보〉

과 변절의 굴절된 과거사는 훗날 한국장로교회의 최초의 분열을 가져오는 비극적인 원인이 되었다.

분열의 진행

해방 후 한국장로교회는 이미 재건 과정에서 분열의 조짐을 잉태하고 있었다. 일제 말기 신사참배 반대로 투옥되었던 70여명의 교직자 중 주기철·채정민 목사처럼 순교하거나 병사한 50여명을 제외한 20여명의 생존자, 즉 출옥성도들은 평양 산정현(山亭峴) 교회에 모여 2개월여 동안 합심하여 기도하며 한국교회 재건[15]에 대한 문제를 논의하였고, 그해 9월 20일경 같은 장소에서 5개항의 한국교회 재건의 기본원칙을 발표하였다.[16]

그러나 북한 교회의 재건은 순조롭지 않았다. 1945년 11월 평북노회가 주최한 "교역자퇴수회"에서 박형룡 박사의 공박을 받은 홍택기 목사가 강력히 반발하고 나섰던 것이다. 홍택기 목사는 "해외로 도피했던 사람이나 교회를 지키기 위해 나섰던 사람이나 그 고생은 마찬가지였고, … 신사참배 회개의 문제는 각인이 하나님과의 직접적인 관계에서 해결될 성질의 것"[17]이라고 말했는데, 그의 말은 반박하기 어려운 논리정연한 신학을 가지고 있었다.[18] 결과적으로 이기선 목사를 비롯한 그의 추종자들은 1949년에 이르러 별도의 노회[19]를 설립하기에 이르렀다.

그런 상황에서 1946년 초에는 평양에서 평안도와 함경도 및 황해도 지방의 노회 대표들이 회집하여 잠정적으로 총회를 대행할 기관의 설립을 추진하였고, 마침내 "이북오도연합노회"(以北五道聯合老會)의 조직에 합의하였다. 그

---

15 출옥성도들은 신앙노선에 따라 몇몇 입장을 달리하는 요소들을 내포하고 있었고, 따라서 그 재건의 방법론도 다음과 같이 서로 다를 수 밖에 없었다. 첫째 부류는 이미 옥중에서 강요에 못이겨 신사참배를 시인한 인사들로서, 그들은 출옥 후 기성교인들과 함께 교회 재건에 참여하였다. 둘째 부류는 신사참배는 죄이나 황성요배(皇城遙拜) 및 묵도나 국기배례는 양심의 문제로 규정하여 시인한 인사들로서, 이기선, 한상동 목사 등 7인이 그에 해당한다. 그들은 출옥 후 재건 원칙에 입각, 기성교회에 들어가 재건 운동을 전개했으나, 뜻이 맞지 않자 별도의 (법통)노회를 조직하였다. 셋째 부류는 신사참배는 물론 일제의 국민의례도 완전 거부한 인물들로서 김린희, 최덕지 등이 그에 속하는데, 그들은 처음부터 기성교회와는 별도의 재건교회를 북한(김린희)과 남한(최덕지)에 각각 세운 바 있다. 全澤鳧,『韓國敎會發展史』(서울:대한기독교출판사, 1987), 272.
16 金良善,『韓國基督敎 解放十年史』(서울:大韓예수교長老會교육부, 1956), 45. 1. 교회의 지도자(목사 및 장로)들은 모두 신사(紳士)에 참배하였으니 권징(勸懲)의 길을 취하여 통회정화(痛悔淨化)된 후 교역에 나아갈 것. 2. 권징(勸懲)은 자책(自責) 혹은 자숙(自肅)의 방법으로 하되 목사는 최소한 2개월간 휴직하고 통회자복(痛悔自服)할 것. 3. 목사와 장로의 휴직중에는 집사나 혹은 평신도가 예배를 인도할 것. 4. 교회 재건의 기본원칙을 전한(全韓) 각 노회 또는 지교회에 전달하여 일제히 이것을 실행케 할 것. 5. 교역자 양성을 위한 신학교를 복구 재건할 것.
17 閔庚培,『韓國基督敎會史』(대한기독교출판사, 1987), 454.
18 윗 글.
19 복구(復舊) 교회, 후에 장로회독로회(獨老會)로 발전하였다.

러나 교회의 세력을 부르주아의 잔재 요소로 간주하고 그 근절을 계획하던 공산주의자들의 박해[20]로 북한 교회는 머지 않아 산산조각이 날 운명을 앞에 두고 있었다.

해방 후 남한 교회는 북한 교회에서 진행된 활발한 재건운동에 비교할 때 그 추진력이 미약했다. 그 이유는 첫째로 손양원 목사 이외에는 출옥성도가 없었고, 둘째로 "남북 통일과 신앙 통일을 거의 하나와 같이 염원"하던 교회가 교회의 자파(自派) 환원보다는 연합된 통일 조직의 형성을 추구했기 때문이었다.[21] 이러한 상황에서 일제하에서 강제로 '일본기독교조선교단'으로 통합되었던 한국교회는 선교 초기부터의 숙원이었던 교파 구분 없는 한국 단일교회의 이상을 실현할 것인가, 아니면 다시 교파별 교회로 환원할 것인가를 놓고 선택의 기로에 서게 되었다. 일본기독교조선교단의 통리(統理)이던 김관식 목사를 비롯, 장로교의 송창근·김영주 목사, 감리교의 김인영·박연서·심명섭 목사 등을 중심으로 1945년 9월 8일 서울 새문안교회에서 교단 연합 형태의 남부대회가 개최된 바 있다. 그러나 남부대회는 개회 벽두에 변홍규·이규갑 등 감리교 목사 일부가 자파(自派) 감리교회의 재건을 선언하고 퇴장함으로써 무산되고 말았다. 교파를 교회보다 더 높은 차원의 것으로 훈련받아 온 데다, 단일교회 설립의 시도가 일제의 '일본기독교조선교단'의 재판(再版)이라는 비판까지 연결되어 한국교회 역사상 가장 큰 소망이었던 이 엄숙한 대업(大業, 즉 한국 단일교회의 형성)은 일거에 좌절되고 만 것이었다.[22] 비록 그 배경에 일제하의 강제적 교단 통합에 대한 기억이 반발작용을 일으켰다고는 하지만, 이것은 실로 중차대한 한국교회의 미래가 아무런 진지한 토의도 없이

---

20 閔庚培, 『韓國基督敎會史』 (대한기독교출판사, 1987), 454-455.
21 윗 글, 276.
22 윗 글. 閔庚培, 『韓國敎會解放二十五年史』, 530. 참조.

교파 지도자의 교권욕에 의해 너무나 쉽게 종결되고 만 부끄러운 사건이라 아니할 수 없다.[23]

한편 남한 장로교회의 재건은 부산을 중심으로 한 경남에서 주남선, 손양원, 한상동 목사 등을 중심으로 시작되었는데, 이는 감옥에서 옥사한 주기철·최상림 목사, 출옥한 손양원·한상동 목사 등이 모두 경남 출신이었기 때문이다.[24] 1945년 9월 2일 부산진교회에서 부산에 있는 교회들이 연합하여 예배를 드렸고, 이 때 최대화, 노진현, 심문태 목사 등 20여명이 〈신앙부흥운동준비위원회〉를 조직하였으며, 과거의 모든 죄를 통회·자복하는 동시에 정통신학에 의한 교회재건을 결의하였다. 이어 1945년 9월 18일 부산진교회에서 〈경남재건노회〉가 조직되었고, 이때 "신사참배에 대한 자숙안"[25]이 가장 중요한 안건으로 결의되었다. 그러나 신사참배에 대한 자숙안에 대해 신사참배측은 오히려 출옥성도들의 의도를 비난하고 교묘히 자숙안을 피하고자 하였기에 신사참배측과 출옥성도측과의 갈등은 갈수록 심화되어 갔다.

신사참배를 거부하다가 투옥된 후 8·15 해방으로 출옥하여 평양 산정현교회를 담임하고 있던 한상동 목사는 1946년 4월 공산주의자들의 위협과 친일 목사들과의 갈등을 견디다 못해 북한교회 재건을 단념하고 월남을 결행했다. 한상동 목사는 부산으로 가던 중 서울에서 박윤선 목사를 만나 신학교 설립을 의논하게 되었는데, 그는 본래 일제의 박해 앞에서 한국교회가 정도(正道)를 걷지 못했던 것은 신학의 결핍 때문이었다고 판단하고 옥중에서부터 신학교 재건의 꿈을 키우고 있었던 사람이었다.[26] 그리하여 한상동 목사는 1946

---

23 우완용, 앞 글, 207-208.
24 전택부, 『한국에큐메니칼운동사』(한국기독교교회협의회, 1979), 180.
25 경남 재건노회는 신사참배교역자들에게 ① 목사, 전도사, 장로 등은 일제히 자숙한 후 일단 교회를 시작할 것. ② 자숙기간이 종료되면 교회는 교직자에 대한 시무투표를 실행하여 그 진퇴를 결정할 것을 요구하였다.
26 전택부, 앞 글, 180.

(왼쪽부터) 한상동, 박윤선, 박형룡

년 6월부터 8월까지 진해에서 하기 신학강좌를 개최하였고, 마침내 그 해 9월 20일 봉천신학교 교수인 박윤선 목사를 교장으로 하는 고려신학교를 부산에서 개교하였다.

그러나 고려신학교는 출발부터 기성교회, 특히 경남노회와 관계가 원만치 못하였다. 그 이유는 초대 교장인 박윤선 목사의 영향으로 영입된 메이첸파 선교사들과 출옥성도파의 득세가 노회내 교역자들에게 반발을 야기했기 때문이다.

그리하여 1946년 12월 제48회 경남노회는 극단적 보수주의 선교사를 학교에 영입했다는 것을 이유로[27] 고려신학교의 인가를 취소하고, 학생 추천 취소를 결의하였다. 이에 고려신학교 설립자인 한상동 목사는 "불순한 태도를 고침이 없이 그대로 나아가는 경남노회가 바로 설 때까지 탈퇴하겠다"고 선언함으로써 신사참배 교역자들과 결별하였고, 여기에 경남노회 68개 교회가 제48회 경남노회 결의에 항의하는 동시에 한상동 목사를 지지하는 성명서를 발표함으로써 교회 분열의 징후(徵候)가 가시화되었다.

---

27 이선교, 『다시 써야할 한국기독교사』(풀빛목회, 1993), 170.

이런 와중에 1947년 초 조선신학교[28] 졸업반 학생이 고려신학교로 이탈해 오고, 봉천에 잔류 중이던 박형룡 박사가 귀국하여 "한상동 목사와 신학교는 전국교회의 지지를 얻을 것, 메이첸파 선교부와 합작할 것"등을 합의한 후 그 해 10월 14일 부산중앙교회에서 고려신학교 교장으로 취임하였다. 그러나 한상동 목사는 합의한 내용을 이행치 않고 오히려 박형룡 박사에게 기존 교회와의 결별을 요구하였다. 이에 박형룡 박사는 분열의 가능성을 버리지 못하는 고신측의 태도를 반대하고 고려신학교가 총회 산하에 있어야 하며 전(全) 교회의 지원을 받아야 한다고 주장하였는데, 그는 급기야 자신이 계속해서 고려신학교에 머무는 것이 위험하다고 느꼈다.[29] 한 선교사의 말에 따르면, 당시 박형룡 박사는 "우리가 신사참배 문제만을 지나치게 강조하고 있으며 그렇게 함으로 해서 많은 선량한 사람들을 공격하고 있다"고 말했다.[30] 결국 박형룡 박사는 1948년 4월 메이첸파 선교사와 신앙노선으로 갈등을 겪고 있던 중에 그 이상의 의견대립을 피하고자 하여 고려신학교 교장직을 사임하였고, 때를 같이하여 조선신학교에서 김재준 교수의 강의에 반대하여 전입해 온 학생들과 함께 서울로 올라가 1948년 5월 20일 남산에 '장로회신학교'를 설립하였다.

박형룡 박사가 서울로 떠나자 이를 계기로 머리를 숙이고 있던 일부 교권주의자들이 다시 일어나 1948년 7월에 "고려신학교와 신성파에 대하여"[31]라는 성명서를 발표하고 임시노회를 소집하였다. 그 해 9월 21일 부산 항서교회에서 열린 제49회 경남노회 임시노회[32]에서는 고려신학교의 인정 취소를 다시

---

28 조선신학교의 역사는 "제2차 분열"을 논할 때 다루게 될 것이다.
29 간하배, 『한국장로교신학사상』(실로암, 1988), 154.
30 1948년 6월 6일, 해외 선교위원회에 보낸 한부선 선교사의 편지. 윗 글, 160-161.에서 재인용.
31 1950년을 전후하여 계속된 분쟁으로 경남노회는 법통파, 중간파등 5개 노회로 갈라져 있었다.
32 여기서 ① 박형룡 박사의 이탈 이유, ② 총회 승인을 청원치 않은 이유, ③ 메첸파 선교사를 교수로 채용하는 이유 등에 한상동 목사의 답변이 있었다. 우완용, 『비운과 섭리의 민족교회사』, 217-218.

결의했고, 역시 그 해 12월 제50회 경남노회에서 인정 취소 결의를 재확인함으로써 경남노회 차원의 고려신학교 측의 분열은 기정사실화되었다.

1948년 제34회 총회가 서울 새문안교회에서 열렸을 때 전남노회로부터 고려신학교에 신학생을 추천해도 좋은가라는 문의가 들어왔다. 이에 대해 총회는 고려신학교 입학지원자에게 추천서를 주지 않기로 결의하였다. 당시는 박형룡 박사가 고려신학교를 떠난 직후였고, 총회에서도 고려신학교의 독선적인 행동에 대해 못마땅하게 생각하였으며, 법적으로도 고려신학교는 총회와 유기적인 관계가 없었기 때문이었다. 1951년 5월 25일 6·25 전쟁 중에 부산 중앙교회에서 속개된 제36회 (계속)총회는 입장권을 발부하여 총회 장소의 입장을 통제함으로써 고신측 대표 12명의 총대를 총회 석상에 앉지도 못하게 하였다. 결국 1952년 4월 9일 대구 서문교회에서 열린 제37회 총회가 고려신학교를 중심으로 한 경남노회 12명의 총대를 제명 처분함으로써 출옥성도를 중심으로 한 고려신학교측은 총회의 문 밖으로 쫓겨났던 것이다.[33]

제36회 총회에서 사실상 쫓겨난 고려파는 법통노회를 조직하여 1년을 기다려도 총회의 태도가 변함이 없자 1952년 9월 11일 진주 성남교회에서 모인 제57회 노회에서 〈대한예수교장로회 총노회〉를 조직하였다.[34] 한편 이들은 목사, 전도사, 장로를 대상으로 자숙안을 가결하여 1952년 9월 22일부터 10월 12일까지 3주간 동안에 신사참배, 신도연맹가입자 등은 공인죄를 통회자복하

---

33 이를 두고 우완용 목사는 "이로써 진리의 부르짖음은 꺾어져 버리는 것 같았다. 모교회로서의 관용도 감옥에서의 인고도 보여지지 않은 채 성도의 교제는 끊어지고 말았다"고 하였다. 이어서 그는 고려파 분립의 책임소재에 대해 말하면서, "고려파 분립의 책임소재를 지금에 와서 따지고 싶지 않다. 그러나 자기들의 과오를 회개하기는 커녕 오히려 출옥성도들이 한국교회의 지도권을 장악하려다가 실패한 것으로 말하는 통합측 계통의 소위 교회사가들의 양심을 의심하지 않을 수 없다"고 하였다. 우완용, 『비운과 섭리의 민족교회사』, 218-219.

34 총노회 조직의 취지는 "현 대한예수교장로회 가설 총회는 본 장로회 정신을 떠나서 이교파석으로 흐름으로 이를 바로 잡아 참된 예수교장로회를 계승하기 위함"이고, 그 목적은 "전통적인 예수교장로회 정신을 지지하는 전국교회를 규합하여 통괄하며 개혁주의 신앙운동을 위하여 법통총회를 장차 계승키로 함"이라고 표명되었다. 윗 글, 219-220.

고, 공예배 인도와 집례, 공중기도 인도 등 일체행위를 중지한 뒤 일본기독교 조선교단 시대에 안수 받은 목사, 장로는 재시취하여 시무토록 하였다. 그 후 1956년 9월 20일 부산 남산교회당에서 6개노회 곧 경남, 경북, 경기, 전라, 부산, 진주노회 총대 목사 52명과 장로 43명 등 95명이 회집하여 〈대한예수교장로회 총회〉를 조직하였다. 이것이 오늘날 대한예수교장로회 고신측의 시작이었다.

2차 분열

역사적 배경

한국장로교회의 1차 분열이 경건의 문제 때문이었다면, 제2차 분열은 신학의 방법론 차이에서 비롯되었다.[35] 한국장로교회는 이미 일제시대부터 - 특히 1930년대 초반부터 - 신학 사상의 두 조류(보수주의와 자유주의) 사이의 신학 사상의 차이로 커다란 갈등을 키워가고 있었고, 이러한 한국교회의 신학적 갈등은 마침내 해방 이후 한국장로교회의 또 하나의 대분열을 일으키는 원인이 되었다. 그 당시에 이미 한국장로교회 안에는 신학 사상의 두 조류를 형성하기에 충분하리만치 강력한 한국인 교수들이 있었는데, 그 대표적인 예가 박형룡 박사와 김재준 박사였다.[36]

선교가 시작된 이래 한국 개신교회는 그 신학 사상과 신앙 태도에 있어서 극히 보수적 입장을 지켜오고 있었다. 그 이유는 첫째로 한국에 개신교회

---

35 윗 글, 229-230.
36 간하배, 『한국장로교신학사상』 (실로암, 1988), 58.

를 전래시킨 선교사들의 입장이 보수적이었기 때문이며, 둘째로 한국교회 지도자들이 세계적인 여러 신학적 조류에 직접적으로 접할 기회가 적었기 때문이었다.[37] 한국에 처음으로 기독교 신학을 도입한 초기 선교사들의 신학 사상은 극히 보수적이었는데, 특히 장로교회의 선교사들이 그러했다. 구한말 선교사들은 경건주의와 복음주의의 신앙유형을 가지고 있었고, 정교분리의 미국 헌법 하에서 받은 교육으로 인해 선교사들은 세속과의 차원적 단절을 단행한 영적 차원의 영혼의 안주, 내세에의 축복 등을 복음의 핵심으로 가르쳤다.[38] 1986년 미국 북장로교 선교사들에 의해 결정된 신학교육의 원칙은 첫째, 성신 충만한 사람이 되게 할 것, 둘째, 기독교의 근본적인 사실과 신조를 철저히 교육할 것, 셋째, 어떤 고난에도 감내할 수 있는 훌륭한 그리스도의 정병으로 훈련할 것, 넷째, 교역자의 지적 수준을 위해서는 일반 교인보다는 높고 선교사들보다는 낮은 중등 정도의 교육을 실시할 것 등으로 요약된다. 초기 한국인 신학자의 대변인이라고 볼 수 있는 길선주 목사의 신학 사상 역시 천당, 지옥, 원죄, 후천년설(後千年說), 성경축자영감설을 골자로 하는 전형적인 근본주의 신학이었다.[39]

이와 같은 보수적 신학 사상을 대표하는 인물이 1920년대부터 한국신학을 대표해 온 박형룡 박사(1897-1979)였다. 그는 미국 유학 기간 동안에

37　全澤晁, 앞 글, 290.

38　閔庚培, 『韓國民族敎會形成史論』 (연세대학교출판부, 1974), 31. 미국 장로교회 해외선교부 총무였던 브라운(A. J. Brown)은 구한말 문호개방 이후 선교사들의 신앙을 다음과 같이 개괄했다. "한국문호개방 이후 찾아 온 전형적인 선교사는 청교도형의 사람이었다. 그는 성수주일하기를 우리 조상들이 뉴잉글랜드에서 1세기 전에 하듯 한다. 그는 댄스나 카드놀이를 그리스도인이 할 수 없는 죄(罪)로 경원시 한다. 신학과 성서비판에서는 사뭇 보수적이며, 그리스도의 전천년왕국재림설(前千年王國再臨說)을 핵심적인 진리로 믿는다. 고등비판이나 자유신학은 위험한 이단이라 단죄된다. … 한국에서 근대적 견해를 가신 사람늘은 서신 쓸을 길 운명에 놓이 있다. 장로교계 선교사의 경우는 더욱 그렇다." A. J. Brown, The Mystery of the Far East, (New York:Charles Scribners, 1919), 512-513. 閔庚培, 『韓國民族敎會形成史論』 31.에서 재인용.

39　金良善, 『韓國基督敎史硏究』 (기독교문사, 1980), 169.

프린스톤의 정통주의자이며 근대 보수신학의 기수인 메이첸(J. Gresham Machen)과 핫지(C. W. Hodge)에게서 강하게 영향받아 그 자신의 보수적 신학의 틀을 형성하였고, 그 이후에 루이빌(Louisville)에 있는 남침례교 신학교에서 로버츠슨(A. T. Robertson) 밑에서 더 공부하고 난 후 귀국하여 한국교회의 보수적 신학의 대표자가 되었다. 그러나 1930년 평양신학교의 교수가 된 후 점차 강력해져가는 자유주의 세력에 민감한 주의를 기울이기 시작한 박형룡의 신학은 한국신학의 개척자로서의 역할을 수행했다는 평가를 받으면서도, 동시에 한국신학 전반을 단지 한 방향으로 고착시키려 하는 흐름의 원인이 되었다는 지적도 받는다.[40]

한편 한국장로교회 안에는 미국에서 신학을 연구하고 돌아오는 사람들이 점점 많아지게 되었고, 그 결과 자유주의 신학 사상이 대두되기 시작하였다. 그리고 이 자유주의 신학 사상의 대표적인 신학자가 김재준 박사였으며, 그는 곧 박형룡 박사가 1930년대 당시부터 신학적으로 특별히 반대한 사람이기도 했다. 김재준 박사는 일본 청산학교의 극히 수준 높고 자유로운 분위기 속에서 신학 사상을 맛보았고, 미국에 유학하는 동안에는 프린스톤과 가장 자유로운 웨스턴(Western) 신학교에서 자유주의 신학 사상을 공부하였으며, 귀국하여 교회 직영의 평양 숭인상업학교의 성경교사가 되었다. 성서의 축자적 영감과 성서의 역사적·과학적 무오류를 역설하는 보수주의 신학자와는 달리 전통과 정통을 무시할 뿐만 아니라 그것과 대결하여 싸우려는 철저한 자유주의 신학자였던 김재준은 1930년대 초반에 평양신학교의 「신학지남」을 통해 박형룡 박사에게 정면으로 대립하는 글들을 기고함으로써 두 학자 간의 신학적 충돌을 예고하기 시작했다. 그리하여 이렇게 서로 다른 신학 사상을

40　全澤鳧, 앞 글, 290-291.

배우고 귀국한 보수주의 신학의 박형룡 박사와 자유주의 신학의 김재준 박사의 대립과 싸움은 한국장로교회의 제2차 분열의 원인이 되었던 것이다.

분열의 진행

1901년 세워진 한국장로교의 유일한 교단 신학교인 평양신학교가 1938년 9월 20일 신사참배 반대로 무기 휴학에 들어간 후 개교가 절망적이자, 채필근 목사는 「기독교보」를 통해 조선신학교의 설립을 제창하였다. 이에 서울의 김영주・차재명 목사 등이 동감하였고, 독지가 김대현 장로가 신학교육을 위하여 기부한 거액(50만원)의 헌금으로 1939년 3월 27일 〈조선신학교설립 기성회〉가 조직되었다. 그리고 그해 가을 채필근, 김영주, 함태영, 이정호 등을 교수로 하는 조선신학교가 승동교회에서 개교하였다. 이렇게 하여 한국교회 역사상 최초로 선교사의 주도권에서 벗어나 순수하게 한국인들에 의해 신학교가 설립되었던 것이다.[41]

한편 평양에서도 이수길, 오승환, 김선환, 강병석 등을 중심으로 신학교를 다시 설립하자는 운동이 일어났다. 일제 박해하에서 신사참배를 하고 있기는 하지만 교회가 존재하는 이상 교역자는 있어야 하니 신학교육을 중단할 수 없다는 것이 설립취지였다. 그러나 이것은 조선신학교에 대립할 태세를 갖춘 것이었다.[42] 이 설립 취지가 크게 호응을 얻어 1939년 9월 총회는 조선신학교 직영을 부결하고 평양신학교 설립을 가결하였고, 그 해 11월 평양 선교리 동덕학교 교사를 빌려 개교하였다. 그러나 일제가 새로운 평양신학교를 무인

---

41 이형기, 『세계교회의 분열과 일치 추구의 역사』, 314.
42 윗 글, 314-315.

가로 개교했다는 이유로 탄압을 하자, 학교로서는 일제당국과 충돌을 피하기 위하여 채필근 목사를 교장으로 임명하고 당국으로부터 정식인가를 얻었다.[43]

채필근 목사가 평양으로 가버린 후 조선신학교도 일본 당국과 상당한 어려움을 갖게 되었다. 학교당국은 어려움의 해결책으로 일본에서 공부한 송창근, 김재준 등을 교수로 초빙하였다. 김재준, 송창근의 신학교육 참여는 이때부터 시작되었다. 김재준 박사는 박형룡 박사에게 밀려서 고전하였으나 대망을 가지고 신학교육에 헌신하였다. 이에 그는 신학교육의 규범을 발표하였는데 그것은 지금까지 지켜온 평양신학교의 전통과 교육이념을 전적으로 뒤집는 것으로서 김재준 교수는 이미 보수주의 신학 사상과 대결할 결심을 굳히고 있었던 것이다.

해방이 되자 김재준 박사는 기다렸다는 듯이 자유주의 사상을 숨김없이 발표하였고 보수주의 신학자들과 목사들을 맹렬하게 공격하였다. 그러면서 자유주의 신학의 선두주자요 프린스톤 신학교 교장인 존 메카이 박사와 신정통주의 거목인 에밀 부르너등을 초청하여 자유주의 신학운동의 틀을 다져갔다. 김재준 박사는 1946년 「신학」 11월호에서 정통신학에 대하여 "정통신학은 신신학보다 더 교묘하게 위장된 정통적 이단이다"라고 썼다. 그러자 김재준 박사의 자유주의 신학에 불만을 가진 조선신학교 학생 51명은 그해 4월 18일 대구에서 열린 제33회 장로회 총회에 김재준 박사의 교수 내용을 문제삼은 진정서를 제출하였다. 학생들의 호소는 총회의 주의를 끌게 되었고 총회는 조사위원 8명을 선정하여 조사하게 하였다. 이때 김재준 박사는 진술서를 조사위원들에게 유인물로 내놓았는데, 진술서는 주로 성경관과 교리문제로 일반의 오해를 사지 않기 위해 온건한 태도를 보여주고 있었다.

---

43 윗 글, 315.

김재준 박사는 조사위원과 문답을 통하여 성경의 무오를 주장하는데 있어서 성경은 구속의 진리를 계시함에 있어서 무오하나 자연과학이나 역사과학의 지식 부문에 있어서는 무오한 것이 못된다고 말하였다. 이렇게 되자 조사위원회는 신중을 기하기 위하여 이를 투표에 회부하였다. 투표 결과 김재준 박사의 입장에 2표, 반대 5표, 기권 1표가 나와 조사위원회는 결국 김재준 박사는 성경무오의 교리를 부인한다는 보고서와 그의 진술서 2매를 첨부하여 신학교 전체 이사회에 보고할 것을 만장일치로 가결하였다.

이 때 평양에 있는 장로회신학교는 공산치하에서 빛을 보지 못하였고 서울의 조선신학교가 총회 유일의 직영 신학교였다. 이러한 때에 김재준 교수의 사건으로 소란하던 중 보수신학을 세운다는 이유로 이정로, 권연호, 이인식, 김두선, 김광수, 계일승, 이운형, 이재형, 전인선, 김현정 등이 서울에 장로회신학교를 세우는 문제를 추진하였다. 학생은 조선신학교의 진정서 문제로 자퇴한 51명과 평양신학교에서 학업을 마치지 못하고 내려온 학생들로 이루어졌고, 교장은 고려신학교 교장으로 취임하였다가 다음해 상경한 박형룡 박사였다. 이렇게 해서 1938년 일제의 강압에 의해서 폐쇄되었던 평양에 있던 장로회신학교는 남한에서 다시 재건되었다. 장로회신학교의 재건으로 말미암아 보수주의 신학의 고수운동은 본격화되었으며 이로써 자유주의 신학은 근본적인 동요를 보이게 되었다.

1949년 4월 19일에 모인 제35회 총회는 장로회신학교의 총회직영을 결의했다. 총회의 장로회신학교 직영 결정은 곧 보수주의 신학 사상의 승리를 의미하는 것이요 나아가서 조선신학교의 직영 취소를 의미하는 것이었다. 이때 한경직 목사는 두 신학교가 다시 모두 직영 신학교가 되었은즉 합동하자는 안을 내어 7인 합동위원을 선정하였고, 합동위원회는 합동안을 내놓았다. 이 합동안에 양측이 동의함으로써 다시 합동 7원칙을 양 신학교 이사회에 제시하였다. 그러나 양 신학교의 이사회의 주장은 너무 차이가 있었다. 조선신학교에서는 김재준 박사를 비롯한 자유주의 신학자들을 교수진에 꼭 참여시키려 했고, 반면에 장로회 신학교에서는 김재준 박사 등 자유주의 신학자들을 기필코 배격하고자 했다. 이로 인해 두 신학교의 합동운동은 실패로 끝나고 말았던 것이다.

1951년 5월 25일 제36회 (계속)총회가 소집되어 신학교 문제 특별위원회로부터 양 신학교 모두 직영을 취소하고 '총회(직영)신학교'를 신설하자는 안이 상정되어 조선신학교측의 강한 반대에도 불구하고 다수결에 의하여 결정되었다. 그리하여 총회신학교가 그 해 9월 18일 대구에서 개교하였고 교장에 김부열 선교사, 교수에 박형룡, 한경직, 권세열, 계일승, 명신홍, 김치선 등이 임명되었고 1953년 9월 2일 박형룡 박사가 교장에 취임하였다. 그리고 문교부로부터 신학교인가를 받을 때는 장로회신학교로 명명되었다. 조선신학교와 장로회신학교의 합동은 결국 자유주의 사상과 보수주의 사상의 대결로 총회 직영신학교 문제를 놓고 싸우다 두 신학교 모두 직영이 취소되고 총회신학교를 신설하게 되는 결과를 낳았다. 결국 신학교의 분열이 교파의 분열을 가져오는 계기가 되었던 것이다.

1952년 4월 29일 제36회 총회의 불법성 여부에 대한 조선신학교측의 반발이 거센 가운데 열린 제37회 총회에서는 김재준 박사를 성경유오설의 주장자라는 죄명으로 면직할 것을 해당 경기노회에 지시하기로 가결했고, 심지어 조선신학교 졸업생은 교역자로 채용하지 말것도 결의했다. 이후 1953년 제38회 총회는 분립된 노회들의 언권을 봉쇄하고 제37회 총회의 결정을 재확인하는 강경책으로 일관했고, 조선신학교측 총대는 총 퇴장했다. 그해 5월 경기노회는 총회에 총대 파송중지를 결의했다. 이어 1953년 6월 10일 서울의 한국신학대학에서 분립된 9개 노회⁴⁴의 대표자 47명이 모여 제38회 법통총회를 선언하여 개회하고 제37회, 제38회 총회의 결의사항을 백지화할 것을 법통총회의 명분으로 천명하였다. 또한 제38회 법통총회는 복음의 자유, 양심의 자유, 노예적 의존사상배격, 에큐메니칼 세계대회 정신의 철저한 목표로 분열이 아닌 갱신을 한다고 선언했다.⁴⁵ 1954년 6월 10일 제39회 법통총회가 한국신학대학에서 개최되었고, 여기서 교단 명칭이 〈대한기독교장로회〉⁴⁶로 변경되었다.

3차 분열

역사적 배경

한국장로교회의 3차 분열은 예장 총회가 '합동측'과 '통합측'으로 나뉜 이야기이다. 이미 고신파와 기장측의 분열을 겪은 예장 총회였으나 여전히 또다른 분열의 소지를 안고 있었다. 신학적 입장의 다양성이 상존하고 있었고 특히 당시 급속하게 진행된 한국교회의 국제화로 한국교회가 세계적 신학 조류, 그리고 국제적 기독교 기구와 연결됨으로써 그러한 국제적 연결에 대한 견해 차이와 사상의 차이를 드러내게 되었다.⁴⁷ 그 대표적인 예가 WCC노선을 지지하는 측과 NAE⁴⁸(National Association of Evangelism)노선을 지지하

---

44 분립된 9개 노회는 경기, 전북, 군산, 김제, 충남, 경서, 목포, 충북, 제주노회이다.
45 우완용, 『비운과 섭리의 민족교회사』, 229-230.
46 당시 기장측에 가담한 교회는 568개, 목사는 291명, 세례 교인수는 20,937명 이었다.
47 서정민, 『한국교회 논쟁사』 (이레서원, 1994), 229-230.
48 NAE는 1942년 미국에서 결성되었으며 개인구원의 완성을 신앙생활의 목표로 하고 에큐메니칼 운동의 세속화를 극히 우려하는 사람들로 이루어졌다. 한국의 NAE는 1953년 7월 조동진 목사가 주동이 되어 한국교회의 복음주의자들의 협력관계를 증진시키려는 목적으로 발족시켰다. 한국 NAE는 주로 WCC를 비판하고 그것을 반대하는 운동에 앞장섰다. 그러나 합동측을 NAE측이라고 말하

는 측과의 갈등이었다. 1956년 제41차 예장 총회는 "단일교회 운동"에는 저항하지만 "친교와 협조를 위한 에큐메니칼 운동"에는 응한다는 결의를 했으나, 1958년 제43회 총회부터는 WCC에 대한 노골적인 공격이 박형룡, 김의환 목사 등 NAE측 지도자들에 의해 가해졌다. 그 공격의 요점은 ① WCC의 신학이 자유주의 또는 혼합주의 신학이라는 것, ② 세계 단일교회를 목표로 한다는 것, ③ 용공적이라는 것이었다.[49] 급기야 1959년 제44회 총회에서는 총대 선출과정에서 교권 싸움이 일어났다. 총회가 에큐메니즘 지지 측에 의해 주도되게 되자 싸움판이 되어 정회되었고, WCC를 반대하는 측은 서울 승동교회에서 속개하여 WCC 탈퇴를 선언하였다. 그런데 이와 같은 WCC 진영과 복음주의 진영 사이의 분열을 재촉한 데는 남산 국립공원 부지를 불하 받는 조건으로 박형룡 박사가 부정 지출한 3천만 환 사건이 개입되어 있었다. 말하자면, WCC측을 반대하는 사람들은 박형룡 박사가 3천만 환 사건으로 매장되는 것을 원치 않는 사람들이기도 했다.[50]

분열의 진행

총회신학교가 새로운 기지를 물색하고 있을 때 박호근이라는 인물이 나타났다. 그는 숭의여학교가 남산에 있는 기지를 확보하는 데 실력을 과시했다는 말을 듣고 있었다. 총회신학교는 남산에 있는 기지를 불하 받고 신학교인가

는 데에는 무리가 있다. 왜냐하면 WCC를 반대하는 교역자들 가운데 많은 사람이 NAE에도 가입하지 않았기 때문이다. 합동측을 NAE측과 동일시하려는 시각은 통합측에서 당시의 분열을 WCC 대 NAE의 대립으로 설명하기 때문이다. 사실상 "통합측", "합동측"이란 말은 분열 이후에 생긴 말들이다. 우완용, 『비운과 섭리의 민족교회사』, 262. 참조.

49 이형기, "21세기를 향한 한국장로교 일치운동과 그 전망", 『장로회신학대학교 총동문회 동문회보』 24(1994/9), 14.

50 윗 글, 14-15.

와 건축 허가를 받기 위하여 박호근에게 30,162,172환을 지불하였다. 그러나 박호근은 사기꾼이었으며, 이 지불이 이사회의 승낙도 없이 박형룡 박사[51] 단독으로 처리되었다는 사실이 상황을 더욱 악화시켰다. 정기옥, 박찬옥 등 소장파 목사들은 "교장이 돈을 쓴 것도 아니고 아래 사람들이 잘못해서 그렇게 된 것이니 교장은 책임이 없다"고 말하며 박형룡 박사의 편을 들었으나, 결국 1958년 3월 이사회는 박형룡의 교장직 사표를 수하고 명예교수로 있게 하였다.

박형룡 박사의 3천만 환 부정지출 사건이 중요한 원인이기도 했지만, 직접적인 분열의 동기는 경기노회 총회 총대 선정 과정에서 촉발되었다. 경기노회 총대 수는 목사, 장로가 14인씩 28명이었다. 1958년 5월 14일 경기노회 총대 선거에 한국 NAE의 회장이며 경기노회의 회장인 이환수 목사가 자신이 '신임할 수 있는 이들'을 투표위원(서기:서재신 목사)으로 뽑았는데, 노회 폐회 후 이들의 실수로 황금찬 목사가 누락된 사실이 발견되었다. 노회가 폐회되었을 때 당연히 총대가 되리라고 생각한 황금찬 목사가 자신이 총대가 되지 못한 점을 이상히 여기고 여론을 환기시킴으로써 노회 임원과 계표 임원, 인사부장, 규칙부장 등이 합석하여 투표지를 재검토하는 일이 벌어졌고, 황금찬 목사가 80표를 얻어 당선된 것이 확인되었다. 뿐만 아니라 몇사람의 당락이 번복되었다. 이에 노회는 회장 서리로 강신명 목사를 선출하고 재투표를 실시하였다. 투표 결과 일차 투표에서는 총대 28명 중, NAE측이 18명이고 WCC측이 10명으로 열세이던 것이 두 번째 투표에서는 WCC측이 26명이고 NAE측은 단 2명이 선출되었다.

문제는 총대 명단을 총회에 제출하는 과정에서 이환수 목사가 정기노회에서 선출한 명단을 먼저 제출함으로써 발생하였다. 강신명 목사는 임시노회

---

51 대구에서 개교한 장로회신학교의 교장이었던 감부열(A. Campbell) 박사가 교장직의 사표를 내자, 1953년 8월 박형룡 박사가 교장으로 임명되었다.

제44회 총회

에서 선출한 명단을 총회에 보내면서 전에 제출한 명단을 돌려보내라고 했으나 총회 서기는 돌려보내지 않고 둘 다 총회에 상정하였다. 결국 대전 중앙교회에서 열린 제44회 총회에서 두 개의 명단 중 하나를 받기로 하고 투표에 부친 결과 이환수측(정기노회측) 119표, 강신명측(임시노회측) 124표, 기권 5표로 임시노회에서 선출된 총대에게 회원권을 주었다. NAE측은 총대 문제에 있어서도 불리하게 되었고, 신학교 이사회의 실권에 이어 총회의 실권도 에큐메니칼 진영에 빼앗김으로써 인간적인 좌절을 맛보게 되었다.

3천만 환 사건은 WCC측, NAE측의 대립 상황과 맞물려 예장 총회의 분열을 가속화시켰다. 반에큐메니칼을 주장하는 사람들은 박형룡 박사가 실수한 것이 아니고 아래 사람이 잘못한 것이니 교장으로 유임할 것을 주장하였다. 더욱이 이들은 이 사건으로 인해 박형룡 박사를 인책하면 한국 보수주의가 무너진다고 생각하고 박형룡 박사의 인책을 회피해 보려고 하였다. 그들에게 있어서 박형룡 박사의 퇴진은 그동안 구축했던 세력과 그 지지기반의 상실이라는 위기적 사실로 받아들여졌던 것이다.

그리하여 1958년 9월 28일 영락교회에서 열린 제43회 총회에서 NAE측은 박형룡 박사의 퇴진이 확실해지자 WCC는 용공이요, 신신학이요, 단일 교회를 지향한다고 몰아붙이고 에큐메니칼 운동을 하는 WCC측과는 함께 할 수 없다는 입장을 표명함으로써 분열은 가시화되었다. 그러나 분열 이후 WCC로부터의 탈퇴 문제가 잠정적으로 합의된 것으로 보아 에큐메니칼 문제는 분열 조성의 원인이라고 볼 수 없다는 견해도 있다. 이와 같은

경기노회 총대들

견해를 주장하는 사람들은 오히려 이후에도 일치의 기미가 보이지 않았던 것은 그 배후에 박형룡 박사의 거취 문제가 더 큰 원인으로 받아들여졌기 때문이라는 견해를 아울러 제시하고 있다.[52]

1959년 9월 24일 대전 중앙교회에서 개회된 제44회 대한예수교장로회 총회는 경기노회 총대 문제로 지금까지 누적되어오던 NAE측의 불만이 분출되면서 불법적인 회의 진행과 NAE측의 방해로 제3차의 분열을 가져온 총회였다. 경기노회의 총대 문제는 양측의 의견을 청취한 뒤 투표에 붙여져 임시노회측의 총대가 회원이 되었다. 이튿날 NAE측의 박희몽, 김자경 장로가 회의장에 나타나 "독사의 자식들"이란 저주를 퍼붓고 에큐메니칼을 용공이요, 신신학이요, 단일교회운동이라고 비방을 퍼부으며 회의를 방해하였다. 총회장은 이것을 기회로 증경총회장들에게 타결책을 강구하도록 하였고 이미 결정한 경기노회 총대를 무효화 방향으로 이끌었다. 결국 증경총회장들은 11월까지 총회를 연기하고 경기노회 총대를 재선하라고 보고하였다. 이렇게 불법정

---

52 이영헌, 『한국기독교회사』 (컨콜디아사, 1980), 332.

회와 불법가결은 대다수의 총대들의 반발에도 불구하고 선포되었다. 불법사회에 참지 못한 안광국 목사는 이것은 불법이므로 가결이 아니요 공평치 못한 방법으로 본회를 혼란케 하고 가결 아닌 가결을 선포한 회장과 임원을 불신임할 것을 제안하자 회중은 환호성을 지르면서 기립 가결하였다. 이렇게 대전에서 모였던 제44회 총회는 결과적으로 통합측과 합동측으로 분열되는 또 한번의 비극적 역사를 초래하였다.

총회가 분열하게 된 근본적인 동기는 WCC 대 NAE의 대결이 아니라 박형룡 교장의 3천만 환 부정지출을 은폐하기 위해 에큐메니칼을 걸고 나온 것이다. 결국 이를 위해 경기노회 총대 문제가 발생했고 급기야 분열로 치닫게 된 것이다. 한편 불법정회안을 수용한 NAE측은 정회안에 따라 11월 24일 서울 승동교회에서 대전 총회의 총대로만은 성원이 되지 않자 새 총대를 추가하여 또 하나의 총회를 열었다.[53] 여기서 승동측은 WCC를 영구히 탈퇴하기로 가결하였다.

한국장로교회는 1959년 제44회 총회를 마지막으로 "통합"과 "합동"으로 세 번째 분열을 하였다. 통합과 합동의 분열도 1, 2차 분열과 같이 여러 요인들이 복합적으로 작용했다고 볼 수 있다. 표면상으로는 교리나 경건의 문제 등이 거론되고 있지만 실상은 이권과 권력획득이 중요한 목적으로 자리잡고 있었던 것이다. 이로 인해 총회도 분열되고 신학교도 장로회신학교와 총회신학교로 분열되었다. 통합측 신학교는 연동교회에서 속개된 총회에서 계일승 교장 서리를 임명하고 대광중고등학교를 임시 교사(校舍)로 빌려 사용하기로 하였다. 그후 광나루 부지를 마련하여 이전한 장로회신학대학으로 오늘에 이르고 있다.

---

53 대전 총회의 총대 280명중 193명이 참석하였다고 했으나, 대전 총회 총대로 참석한 인원은 95명뿐이었고, 한남, 충북, 군산, 마산, 경남, 경동 노회에서는 노회장 추천서도 없는 총대로 보충했고 선교사는 단 한 사람도 없었다.

합동측은 1960년 9월 20일 총회보고에 총회신학교 교장 대리 노진현 목사, 교수겸 학감 명신홍 목사, 조직신학 교수에 박형룡목사 등으로 조직하였다. 총신도 남산에서 사당동으로 이전하여 총회신학대학으로 오늘에 이르고 있다.

재연합을 위한 시도와 좌절

재연합을 위한 노력들

교회 분열의 비극적 상처들을 뒤로 하고 갈라진 교회가 다시 하나가 되어야 한다는 소리가 여기 저기에서 일어나고 있었다. 1960년 연동측 총회는 8개항의 장로교 통합안을 승동측에 제시하였는데, 9월 총회의 벽두에 '회의를 시작하여야 할 것이나 같은 시간에 승동측에 따로 모이는 형제들과 다시 한 번 합할 수 있는 기회를 만들기 위하여 … 내일 아침 속회시까지 개회를 연기하기로 한다'고 하였다.[54] 한편 승동측 총회도 합동안을 내놓았으나 그 합동안의 내용에는 신학교 문제에 있어서 재단이사 불법등록을 취소할 것, 교장 서리로 문교부에 불법등록한 계일승 씨를 취소할 것, 이사장 안두화 씨를 해면할 것, 교수 계일승 씨와 조교수 김윤국, 박창환씨를 파면할 것 등 연동측 총회가 받아들이기 어려운 조건들이 포함되어 있었기 때문에 통합의 실현은 처음부터 불가능하게 보일 수 밖에 없었다. 한편 한국장로교회의 분열을 안타깝게 여긴 미국 남·북 장로교회, 호주 장로교회 선교부에서 중재를 시도하였고, 특히

54　金仁洙, 『韓國基督敎會史』 (한국장로교출판사, 1994), 358-359.

같은 해 12월 미국 남장로교회 본부에서 두 사람의 지도자들이 방한하여 조정을 시도하기까지 하였으나 실패하고 말았다.[55]

통합측과 합동측의 '합동' 운동은 1960대 후반에도 꾸준히 계속 이어졌다. 그러다가 마침내 1968년 2월 15일 통합측의 이태준·나덕환·한경직 목사 등과 합동측의 이수환·노현진·정규오 목사 등 총회 합동위원 사이에 '합동의 절차 및 세칙'을 상의하였다. 이 안의 세칙에 따르면, 합동 이후 WCC를 탈퇴하고 NCC에는 참여하여 복음적이고 자립적으로 개편하되 이것이 실현되지 못하면 거기서도 탈퇴하기로 하였다. 합동측은 이러한 세부조건을 문제삼지 않았으나 통합측의 일부 인사들은 그렇게까지 하여 통합을 할 필요가 있느냐는 회의적인 입장을 가지고 있었다. 마침내 합동안이 합동측에서는 총회에 상정하기로 합의가 되었으나, 통합측에서는 계속해서 이견이 분분하다가 그 해 9월 양측이 각각 별도로 총회를 개최함으로써 결국 합동의 노력은 수포로 돌아가고 말았다.[56]

연동측과 결별한 승동측 내에서는 이미 10년 전에 갈라져 나간 고신파와 합동하자는 목소리가 높아갔다. 그런 결합의 목소리 배후에는 승동측과 고신파 양측은 신학적으로 같은 노선이기에 신앙적 동지로서 결합할 수 있다는 논리가 있었다. 마침내 1960년 10월 합동측과 고신측 대표들이 대전 중앙교회에서 합동 추진위원회를 열었고, 그 해 12월 13일 승동교회에서 합동총회를 열고 서로 의기투합하여 기쁜 마음으로 통합하였으나,[57] 통합을 실천하는 각론에 들어가서는 해결되지 않는 많은 문제들이 산적해 있었다. 무엇보다도 총

55　윗 글, 359.

56　김승태, 『한국기독교의 역사적 반성』, 272-273.

57　합동총회는 고신측의 한상동 목사를 총회장으로 선임하고 합동 취지 및 선언문을 채택하였다. 이 선언문의 "신앙노선"이라는 항목에서는 "자유주의적이며 용공적이며 비성서적인 WCC 노선의 '에큐메니칼' 운동을 반대하여 그러한 사상적 단체와는 제휴를 하지 않는다"고 규정하고 있다. 윗 글, 270.

회가 하나가 되려면 신학교도 하나가 되어야 했으나, 고신측은 고려신학교는 반드시 부산에 있어야 한다는 주장과 함께 신학교의 일원화를 고집하였다. 문제는 그것만이 아니었다. 경남노회의 명칭 문제, 고신측 교역자들의 율법주의적 도덕성이 초래한 갈등, 이근삼을 교수로 채용하라는 한상동 목사의 종용 등이 뒤얽혀 1963년 다시금 고신측이 송상석 목사를 중심으로 고신측 환원총회를 소집함으로써 양 총회는 또다시 분열하였고, 결국 합동 당시 고신측 500여 교회중에서 100여 교회는 합동측에 잔류했고, 400여 교회는 환원하여 고신측 총회로 다시 분리해 나가고 말았다.

합동측 내의 계속된 분열

대전에서 개최되었던 제44회 대한예수교장로회 총회 이후에도 장로교회 분열의 비극적 역사는 멈추지 않았다. 특히 합동측 내의 교회들, 즉 반(反)에큐메니칼 교단들이 그 분열의 쓴 잔을 멈추지 않고 마셔야 했는데, 주류와 비주류로 갈라지더니 이후 계속되는 분열로 이어졌다.

그 대표적인 예(例)가 『호헌총회』의 분열이었는데, 1962년 9월 20일 서울 승동교회에서 개최된 제47회 총회는 『호헌총회』가 분열해 나가기 위해 준비된 자리였다. 승동측 총회가 1961년 12월 13일 고신측 총회와 합동한 뒤 제46회가 총회가 ICCC와 우호관계를 단절하는 결정을 내리자 박병훈 목사는 "ICCC와 우호관계를 단절함으로써 신경과 성경을 범했다"고 말하는 등 강력하게 반발하였다. 그리하여 박병훈 목사는 제47회 총회에서 제47회 호헌총회 조직준비위원회 소집을 선언하고 회의장을 뛰쳐나왔다. 마침내 박병훈 목사와 그의 추종자들인 경북노회를 중심으로 한 ICCC측 인사들은 1962년 11월 19일 대구애양교회에서 『호헌총회』를 조직하였다.

그런 후에도 분열은 멈추지 않았다.[58] 대략 1970년대 후반까지 살펴보면 다음과 같다. 호헌총회의 분리조직 이후 1963년 다시 한상동 목사를 중심으로 고신측이 환원하였고, 1965년 최성곤 목사는 『보수총회』를 조직하였다. 그리고 1965년 5월 정헌택 목사가 『개혁파노회 총회』(개혁총회)를 분리 조직하였고, 1965년 ICCC측 인사들이 『성경장로회 총회』를 분리 조직하였으며, 1968년 『종합총회』, 1973년 『동신총회』, 1976년 『보수총회』, 『복음총회』, 『근본주의 총회』, 『평신총회』, 『총연총회』, 『연합총회』, 1977년 『장신총회』, 『호헌총회』 등이 잇달아 창립되었다.

분열의 원인

앞에서 필자는 한국장로교회가 걸어온 분열의 길을 크게 세 차례로 나누어 고찰한 바 있다. 살펴본 대로 한국장로교회는 해방을 전후하여 분열이 가시화되었고, 이후에 분열이 가속화되어 현재는 그 교단 수를 헤아리기 어려울 정도다. 그러면 한국장로교회가 이와 같이 분열의 길을 걸어야 했던 원인[59]은 무엇인가?

---

58 기독교교문사가 간행한 『기독교대연감』 1986도판에 의하면, 1985년 말 현재 공식 등록되어 있는 개혁교회 전통의 한국장로교회 교단은 50여개에 달한다. 대한기독교장로회, 대한예수교연합장로회, 대한예수교장로회라는 같은 이름 하에 통합, 2개의 합동, 계승, 2개의 합동보수, 2개의 합동정통, 합동개혁, 개혁, 개혁·승신, 중앙, 장신, 환원, 법통, 총연, 2개의 호헌, 합동총회, 총신, 개혁총회, 연합, 정립, 정통, 보수측, 성합, 성합측, 동신, 보수재건, 고신, 고려, 계신, 독립, 근본주의, 총합, 부흥, 합동복음, 로고스공의회, 대신, 협동, 총연, 중립, 정통종합, 종합, 2개의 독노회, 대한예수교장로회총공회, 대한예수교장로회성경장로회, 대한예수교순장로회, 그리고 대한예수교장로회 재건교회 등이 그것이다. 한국기독교장로회교단 통합연구위원회, 『장로교는 무엇인가? - 역사·신학·정치·예배 - 』(한국기독교장로회 총회, 1989). 38-39.

59 한국기독교역사연구소의 연구위원인 김승태 교수는 한국교회 일반의 분열의 원인에 대해 "분열은 교회의 정화문제, 신학적인 문제, 교단의 비리나 이권문제, 외국선교사들의 개입, 지역적 인맥적 파

한국장로교회의 분열은 비록 그것이 가시화된 것은 1947년이었지만 이미 여러 가지 멀고 가까운 역사적 요인들(신학적, 교회적, 정치적)을 내포하고 있었다.[60] 기장측에서 펴낸 바 있는 『한국기독교 100년사』는 한국장로교회의 분열에 있어서 역사적, 사상적 배경이 되고 있는 잠재적 요소들을 4가지로 제시하였다.[61] 첫 번째 요소는 근본주의 신학의 한국 이식과 교권주의적 교회 제도의 확립이다. 두 번째 요소는 초기 선교부가 수립한 선교정책과 신학교육의 프로그램이다. 세 번째 요소는 세계 제2차 대전으로 인한 선교부의 철수와 한국장로교의 신학교(조선신학교, 현 한신대학) 설립이다. 1938년 평양신학교가 폐교당하고 1941년 미일전쟁의 발발로 각국 선교부가 귀국함으로써 초래된 상황에서 오랫동안 선교부의 선교정책과 근본주의 신학교육에 불만을 가지고 주목해 오던 한국장로교회의 지도자들은 그들의 숙원이었던 신학교육의 이념을 살려보고 또 교회가 시급히 필요로 하는 교역자 공급에 부응하기 위해 1939년 서울에서 김재준 박사를 중심으로 역시 한국장로교회의 인정 아래 조선신학원을 세우게 되었다. 네 번째 요소는 민족 해방과 국토의 분단이다. 한반도의 정치적 분단은 현대판 엑소더스라고 할 수 있을 만한 공산치하로부터의 기독교 대탈출을 초래했다. 대다수 교역자들이 남하하였고, 1947년까지 선교사들도 한국으로 돌아왔으나 이미 서울은 신학적으로 근본주의 신학을 따르지 않는 한국신학자들과 조선신학교에 의해 목회자들이 양성되고 있었다.

한편 분열의 책임을 선교사들보다는 한국장로교인들에게 돌리면서 이형기 교수는 한국장로교회의 세 차례에 걸친 대분열의 원인을 다음과 같이 정리하였다. 먼저, 분열의 근원적인 이유였던 신사참배로 인한 제1차 고려파

당성 능과 이늘이 복합된 교권싸움에서 현유된 것이 많다"고 히였다. 김승태, 『한국기독교의 역사적 반성』, 285.
60 한국기독교장로회 역사편찬위원회, 『한국기독교 100년사』(한국기독교장로회 출판사, 1992), 318.
61 윗 글, 318-323.

의 분열은 신학적으로 "교회론"과 관련된 것으로서, 이는 교회의 '가시적 거룩성'(visible sanctity)의 강조로 인한 분리주의의 결과였다. 그리고 제2차 기독교장로회의 분열은 양식사적 비평에 근거한 성서관을 가진 김재준 교수의 신정통주의 신학과 20세기초 미국의 근본주의적 축자영감설에 의한 성서관을 가진 박형룡 박사의 정통주의 신학이 충돌한 것으로 신학적으로 보수와 진보의 대립이요, 성경의 권위와 해석에 관한 논란의 결과였다. 마지막으로 통합과 합동으로 나뉘어진 제3차 분열은 WCC와 NAE측의 대립, 지방색의 대립, 그리고 박형룡 박사의 3천만 환 사건의 개입으로 말미암은 것이었다.[62] 그러므로 한국장로교회의 분열에는 교리적, 교권적인 여러 가지 원인들이 복합적으로 개입되어 있었지만, 동시에 그 가운데서 신학적인 이유가 보다 근원적인 원인이었다는 주장도 충분한 설득력을 가진다.

그리고 이형기 교수는 한국장로교회가 특히 1945년 해방 이후에 엄청난 분열을 겪은 사실에 주목하여 한국교회 분열의 원인을 사회적, 경제적, 민족적 차원, 즉 신학 외적 질문을 통해 찾아야 할 당위성을 역설하고, 그러한 신학외적 원인들로서 ① 조선조 말 유교 사회의 사색당파 싸움, ② 유교적 율법주의, ③ 불교적 타계(他界) 사상, ④ 도교와 선교(仙敎)적 자연주의와 신비주의, ⑤ 개인과 가정의 행복만을 추구하는 샤머니즘적 기복사상, ⑥ 소수 집단적 이기주의(족벌, 학벌 등), ⑦ 교권과 이권문제 등을 제시하였다.[63]

이러한 신학 외적 측면에서 한국장로교회의 분열의 원인을 재고해 볼 때, 해방과 6·25 전쟁이 가져온 대외개방과 민족과 교회의 이동, 그리고 그로 인한 지역적·인간적 패권주의를 분열의 배경으로 지적할 수 밖에 없다. 우선 신학적 입장의 다양성이 여전히 상존하고 있었고, 특히 당시 급속하게 진행된

---

62   이형기, 『세계교회의 분열과 일치 추구의 역사』, 314-320.
63   윗 글, 20.

한국교회의 국제화로 한국교회가 세계적 신학 조류와 국제적 기독교 기구와 연결된 이후 그러한 연결에 대한 견해 차이와 사상의 차이를 드러내게 되었던 것은 분명하다. 그러나 또한 남북 분단과 6·25전쟁을 겪으면서 초래된 민족의 이동이 한국교회의 대이동을 가져온 것도 분열의 배경으로 작용하였다. 선교사들의 선교지역 분할 정책으로 이미 오래 전부터 상존하고 있었던 지역적 특성이 교회의 이동으로 인한 선교 분할이 와해되는 과정에서 교회 지도자들 간에 지역 갈등의 씨앗이 되었던 것이다.

뿐만 아니라 남과 북으로의 체제 분단으로 인해 많은 기독교인들이 월남하였고, 그들이 총회 내에 중요한 세력을 형성한 것이 또 다른 분열의 배경이 되었던 것도 사실이다.[64] 한국장로교회의 최초의 분열을 보더라도 사랑을 저버린 자유주의자들, 개혁유일주의의 보수주의자들, 열심이 지나쳤던 고려신학교 후원자들, 아울러 서양 선교위원회의 선입관들 등 여러 가지 이해관계가 표출시킨 인간적 결점들[65]이 분열의 원인으로 작용하였다. 또한 제3차 분열도 보수 대 진보의 신학적 대결만이 아니라 민족분단이 가져온 이데올로기적 대립이 교회의 통일과 일치를 저해하는 요소로 작용했다는 점에서 교회일치의 문제가 단지 교회 안의 문제만이 아니며 세상과, 특히 민족의 삶의 문제와 맞물려 있다는 사실을 분명하게 보여주었다고 할 수 있다.

---

64 서정민, 『한국교회 논쟁사』 (이레서원, 1994), 229-230.
65 그러나 이 모든 인간적 결점들에도 불구하고 고려파의 분열은 "교회의 영도권 문제"로만은 이야기 될 수 없으며, 그 문제는 보다 근본적으로 신학적인 것이었다. 간하배, 『한국장로교신학사상』 (실로암, 1988), 186.

개혁교회 일반의 분열 원인

신학 외적 분열 원인

필자는 장로회신학대학교 대학원(역사신학전공, 석사과정) 시절, 개혁교회 에큐메니칼 운동의 지도로 루카스 피셔(Lukas Vischer, 1926-2008)[66] 교수를 만난 적이 있다. 피셔 교수는 그의 강의에서 개혁교회들의 약점 가운데 하나로 "교회분열"을 들고, 그 분열의 원인을 개혁교회의 역사를 살펴봄으로써 다음과 같이 네 가지 측면으로 정리한 바 있다.[67]

첫째로, 참교회를 위한 투쟁이 개혁교회 진영 안에서 분열의 원인이 되었다.

피셔 교수에 의하면 개혁교회들은 처음부터 참 교회를 위한 투쟁 속에서 수많은 교리 논쟁으로 흔들렸고, 특별히 교회의 직제(STRUCTURE)에 관한 문제들로 분열되었다. 즉, 교회 내에 어떤 형태의 직제가 필요한가? 개교회는 교회를 다스림에 어떤 역할을 해야 하는가? 교회와 국가의 적절한 관계는 무엇인가? 이러한 질문들이 수 세기 동안 다양한 개혁교회적 부속 전통들(sub-traditions), 즉, 장로교회, 회중교회, 자유교회 등을 낳았다. 또한 분열의 또 다른 유형으로, 신앙고백들의 권위와 기능, 성서의 본질과 역할에 대한 견해의 차이는 지속적인 분열을 야기하였다.

피셔 교수는 이러한 모든 분열 뒤에는 복음에 대하여 충실하고자 하는 열망이 있다고 지적했다. 오직 하나님께만 복종해야 한다, 하나님의 진리가 위

---

66   L. 피셔 박사는 장로회신학대학에서 매년 실시되는 새문안교회의 강신명 목사 석좌강의를 맡아 1994년 9월 19일부터 10월 19일까지 "에큐메니칼 운동에 있어서 개혁교회의 증거"를 주제로 강의하였다. 그는 WCC의 신앙과 직제 총무로 18년간 봉직하였고, 제네바에 있는 존 녹스 센터에서 세계개혁교회들의 선교와 일치 문제 프로그램을 주관하기도 했었다.

67   루카스 피셔, 「1994년 장로회신학대학 강신명 목사 석좌강의 강의노트」, 제10장.

협 당하는 곳에서는 어떠한 타협도 승인될 수 없다는 종교개혁자들의 기상이 이러한 분열의 배후에 작용했다는 것이다. 그러므로 개혁교회의 역사는 분열함으로써 참된 교회를 보존하려고 하는 모든 시도가 결국에는 스스로를 패배시킨다는 것을 동시에 조명해 준다. 타자와 분열함으로써 순수성을 추구하려는 사람은 누구나 분파주의로 귀결될 위험으로 나간다. 종교개혁자들은 이러한 위험을 잘 알고 있었다. 그런

루카스 피셔

까닭에 그들은 교회의 일치를 보존하기 위한 노력에서 멀어지지 않았다. 그러나 다음 세대로 갈수록 이러한 억제력은 와해되었고 거듭하여 동일한 분열 과정이 반복되었다. 결국 진정한 교회의 면목을 표현하기는커녕 그리스도의 몸의 하나됨이 불명료하게 되었다.

둘째로, 교회가 사회속에서 증거하는 것과 관계하여 분열이 일어났다.

피셔 교수에 따르면 개혁교회들은 노예제, 인종차별, 독재 정치에 대한 인정과 거부, 공산주의에 대항한 싸움 등의 문제들과 관계하여 분열되었다. 또한 피셔 교수는 미래에는 다른 종교들의 대표자들과의 대화와 협력, 여성문제들이 점증하는 분열의 원인이 될 것이라고 전망했다.

그러나 피셔 교수는 이러한 문제들이 비롯 논쟁적인 것이라 할지라도, 이것들이 교회를 분열로 이끌 필요는 없다고 했다. 즉, 분열의 대가는 조심스럽게 숙고돼야 하기에 이러한 문제들이 미래에는 논쟁의 초점이 되지 않을 수도 있기 때문이라는 것이다.

셋째로, 선교운동의 역사 안에서 분열이 일어났다.

피셔 교수에 의하면, 지난 2세기 동안 각 개혁교회들과 선교 단체들은 그들의 사역을 다른 교회와 협력하지 않고 동일한 나라에서 선교사역에 종사하였기에 몇몇의 국가에서, 여러 교회들이 출생에서부터 분열되어 탄생하였다고 한다. 그래서 그들은 기본적으로 동일한 가르침과 동일한 조직구조를 공유하더라도 분열되어 발전하였고, 그들의 역사 속에서 독특한 특징들을 획득하였다.

넷째로, 이민이 교회의 분열을 가져왔다.

피셔 교수는 다양한 종류의 교회들은 민족적(ethnic) 이민의 결과라 말한다. 그에 의하면, 가장 두드러진 예가 미국의 상황에서 제공되었는데 스코틀랜드, 네덜란드, 독일, 헝가리 이주민들이 한 교회로 모이지 못하고 오늘날에도 지속되는 그들 자신의 교회들을 형성하였다고 한다. 그리고 만약 근본적인 변화가 일어나지 않는다면, 동일한 역사적 과정은 미국에 있는 중국과 한국인 공동체에도 일어나기 쉽다고 주장한다.

한편, 1989년 WARC(the World Alliance of Reformed Churches, 세계개혁교회연맹) 서울 총회[68] 제2분과 보고서인 "Mission and Unity"는 세계 개혁교회들의 신학 외적인 분열 원인들을 다음과 같이 열거하였다.[69] ① 개혁 전통은 여러 교회적 형태들로 구성되어 있다. ② 이민과 선교는 동일한 나라 안에 다양한 자립 개혁교회들을 형성시켰다. ③ 어떤 분열들은 참된 교리를 찾는 논쟁에서 비롯했다. ④ 부흥주의 운동은 종종 교회분열의 계기였다. ⑤ 종종 진리가 계층 간의 갈등을 심화시킨다. ⑥ 정치·사회적 이슈에 대한 태도 접근 방법이 교회의 분열을 가져왔다. ⑦ 에큐메니칼 운동은 수렴과 연합의 결과뿐만 아니라 분열의 결과도 가져왔다.

---

68   이하 WARC로 쓰기로 한다.
69   윗 글, 321-324.에서 재인용.

개혁신학의 분열적 요소

그렇다면 신학적 분열 원인에는 무엇이 있는가. 피셔 교수는 또한 다음과 같이 개혁신학의 교회 분열적 요소를 지적했다.[70]

먼저, 피셔교수는 개혁교회의 "저(低)교회"(Low Church)[71] 교회관이 교회를 분열시켰다고 본다. 개혁교회는 교회를 성령의 능력 안에서 그리스도를 통하여 그들에게 선물로 주시는 교제라고 생각하기보다는 차라리 그리스도의 대의(cause)에 봉사하기 위해 부름받은 자발적인 모임으로 간주하는 경향이 있다는 것이다.

다음으로 피셔 교수에 따르면, 개혁교회의 "개교회"(the local church)를 배타적으로 강조하는 경향이 교회를 분열을 가속화시켰다. 물론 개교회에 대한 강조는 매우 중요하다. 그것은 종교개혁의 중요한 발견들 중의 하나로서, 그 저변에는 그리스도는 말씀이 전해지고 성례전이 거행되는 곳이면 어느 교회에나 현존하시기에 말씀을 듣기 위하여, 그리고 성례전에 참여하기 위하여 모이는 개교회 안에 현존하시며, 각 공동체는 그리스도의 모든 선물과 축복에 접근한다는 사상이 흐르고 있다. 그러므로 개교회는 구원을 위하여 성직 위계(hierarchy)의 중재를 필요로 하지 않는다. 왜냐하면 그리스도가 그들 가운데 계시기 때문이다. "두세 사람이 내 이름으로 모인 곳에는 나도 그들 중에 있으리라"(마 18:20)는 성구는 종교개혁자들에 의해 가장 자주 인용된 성구들 중의 하나이다.

그러나 피셔 교수는 위와 같은 지역교회에 대한 강조는 또한 부정적인 측면들을 가지고 있음을 지적한다. 특히, 그것은 보편교회(the universal

---

70 루카스 피셔, 앞 글.
71 고(高)교회(High Church)와 대조되는 명칭으로 영국 교회에서 주교, 사제 등의 교계제도와 성사를 경시한다고 하여 하(下)교회라고도 하며, 영국 국교회를 반대하는 개혁교회를 말한다.

church)에 대한 시각을 약화시킴으로써 개혁교회들로 하여금 서로를 공유하는 것을 어렵게 하였고, 보편적 차원에서 강한 공동 책임의식을 발전시키는데 실패하게 하였다. 따라서 개혁교회는 민족과 인종과 언어의 경계선들을 넘어서는 보편적 일치와 통일을 유지하지 못하는 경향이 있다.

니케아 콘스탄티노플 신조의 확정들은 지역적 차원과 보편적 차원 모두에 적용된다. 즉, 그리스도는 개교회 안에 현존하시고 동시에 모든 장소에 현존하시며 누구나 그에게 나아갈 수 있다. 그리고 지역교회들은 오직 함께 함으로 하나의, 보편적, 사도적 교회의 충만함을 표현한다. 많은 장소에 흩어진 지역교회들은 그럼에도 불구하고 하나님의 위대하신 행위들을 증언하기 위해 부름받은 한 백성, 한 보편적 공동체이다. 우리가 경험하고 고백하는 교회는 지역적인 동시에 보편적인 교회이다.

결국 개혁교회의 문제는 지역 차원과 보편 차원 사이의 상호작용이 적절하게 기능하지 않는 데 있다. 개혁 전통의 놀라운 확장에도 불구하고 개혁교회들은 원칙적으로 하나의 보편적 교제로서 증거하고 행동하는데 어려움을 겪어 왔다. 그들은 서로를 격려하고 강하게 만들기 위해, 그리고 특히 전세계적 차원에서 그들의 목소리를 내기 위해 손을 잡을 필요가 있다. 그러나 불행하게도 이것은 오직 제한된 방법 안에서만 일어나고 있다. 개혁교회들이 모이고 교류할 수 있는 보편적 차원의 틀이 적절하게 작용하지 않고 있는 것이다. 사실 WARC가 있기는 하다.[72] 그러나 세계개혁교회연맹은 모든 개혁교회들을 포함하지 못하고 있으며[73], 그리고 회원 교회들로부터도 제한된 지원을 받고 있다.

---

72 2006년 2월 WARC와 REC(Reformed Ecumenical Council)이 연합하여 새로운 기구로 탄생한 것이 "세계개혁교회커뮤니온"(World Communion of Reformed Churches)이다. WCRC는 세계 109개국 230개 교단이 소속된 개신교회의 연합 기구로 예장통합 총회와 기장 총회가 회원교단으로 되어있다.

73 WARC이외에 세계적인 차원의 개혁교회들의 연합으로 REC(the Reformed Ecumenical

1989년 WARC 서울 총회 제2분과 보고서인 "Mission and Unity"는 개혁신학의 교회 분열적 요소들을 다음과 같이 지적하였다.[74] ① 개혁교회의 역사를 통해서 보면, 개혁자들에게서 나타나는 성경이나 신앙고백서들을 우상화하는 경향이 교회를 분열시키기도 했다. ② 개혁교회들은 하나님의 자기-계시를 강조한 나머지, 친교(공동체성)와 여러 세기를 통해서 내려오는 전통의 연속성을 무시하게 되었다. ③ 개혁자들은 복음을 듣고 받아들이는 개인적 영접의 측면을 지나치게 강조한 나머지, 하나님의 은총이 교회의 친교(코이노니아)를 가져온다는 통찰을 소홀히 여겼다. ④ 개혁교회들은 선택 사상을 오해하여 자기 자신들이 선민으로서 다른 교회들보다 훨씬 우월하다는 시험에 떨어졌다. ⑤ 개혁자들은 개교회로서의 교회를 중요시하고 지나치게 강조한 나머지 개교회 혹은 어떤 특정한 나라의 교회가 보편적 교회와의 코이노니아에 대하여 폐쇄적으로 되고 말았다. ⑥ 개혁 전통은 처음부터 개인의 결단과 개인적 관계 및 공적인 삶을 포함하는 인간의 모든 삶의 영역들이 복음의 요구와 주장 하에 있음을 강조해 왔다. 교회는 설교와 신실한 순종으로 인간 사회

Council)이 있다. REC의 형성배경은 이렇다. 19세기를 지나면서 몇몇 나라들에 있는 개혁교회들은 현대 자유주의 신학의 영향에 대한 반응으로 일련의 분열 움직임에 직면하였는데, 그 대표적인 예가 네덜란드에 있는 개혁교회들이었다. 네덜란드 개혁교회에 속한 일부 구성원들은 자신들의 교회를 떠나 새로운 교회들을 설립하였고, "네덜란드에 있는 개혁교회들"이라는 이름으로 연합하여 16세기의 옛 신앙고백들에 대한 엄격한 순종을 표방하였다. 이들 교회들은 2차 세계대전 이후 북아메리카의 개혁교회로부터 이탈한 CRCNA(the Christian Reformed Church in North America), 그리고 남아프리카에 있는 개혁교회들과 연합하여 1946년 암스테르담에서 세상에 개혁교회의 증거를 강화시킨다는 목적을 내걸고 RES(the Reformed Ecumenical Synod)를 구성하였다. 그리고 1988년 모임(Harare)에서 RES는 그 명칭을 REC로 변경하였다. 1992년 10월 19일 합동개혁, 합동보수호헌, 합동정통 등 대한예수교장로회 25개 교단은 "예수교장로회협의회"(1만 5천 교회, 450만 신자 추정)를 공식 출범시켰는데, 이들은 웨스트민스터 신앙고백서와 12신조만을 내세우며 WCC, WARC 및 재통합된 미국 장로교회(PCUSA)의 노선을 따르지 않고 위의 REC와 관계를 맺고 있다. Marja van der Veen-Schenkeveld, "The Reformed Ecumenical Council:Its Identity and Ecumenical Involvement," the Ecumenical Review 46/4(November, 1994), 428-429.

74 이형기, 앞 글, 324-327.에서 재인용.

에서 정의를 위해서 싸우도록 부름받았다. 그러나 종종 이에 대한 논란이 교회의 분열을 초래하였다.

마당을 나가며

교회분열, 곧 나뉨의 역사가 오늘의 한국장로교회에 주는 교훈과 도전은 무엇인가.

분열의 역사가 현재의 시점으로부터 먼 과거가 되면서 깊게 패인 상처의 골 또한 희미해져 가고 있는 것이 사실이다. 그러므로 그 역사의 진실을 오늘의 우리가 명확하게 목도하도록 하는 것이 필요하다. 무엇보다도 그 진실의 한 면으로, 교회 분열의 원인이 신앙적, 신학적 분열인 동시에 그보다 더 인간적 분열이었다는 점을 부인할 수 없다. 그렇기에 교회들로 하여금 역사를 돌이켜 건설적인 논의를 통해 화해와 일치의 길을 가야 할 것을 요청한다.

또한 교회의 분열이 교회나 사회에 미치는 영향은 교회 내적으로는 교회의 부패상이요, 결과적으로는 교회 성장에 장애요인이며, 비기독교인들에게는 교회 권위의 상실이라는 점을 우리는 인정해야 한다. 이 점은 이미 피선교지 교회에서 선교하는 교회로 입장이 바뀐 한국장로교회로서는 교회일치의 노력을 선교 및 JPIC 차원의 증거를 위한 사회적 공신력 회복의 문제로 간주해야 한다는 것을 의미한다.

그러므로 한국장로교회는 그 분열의 원인들을 확인하고, 분열된 교회를 하나 되게 하며, 선교의 현장에서 초기 교회처럼 그리스도와 성령의 생명력을 가지고 활동하기 위해서 "하나님으로부터 주어진 일치"(a God-given unity)[75]

---

[75] 교회의 하나됨은 이미 예수 그리스도 안에서 하나님으로부터 주어진 것이다. 그 기초는 이미 닦여 있으며, 아직도 무엇인가 더 필요한 것이 아니다. 고린도전서 3:11. "이 닦아 둔 것 외에 능히 다른 터를 닦아둘 자가 없으니 이 터는 곧 예수 그리스도라"

에 근거하여 협력과 교회일치를 추구해 나가야 한다. 그리고 한국장로교회의 분열의 원인이 보다 근본적으로 신학적인 갈등의 역사에서 비롯되었다는 인식에 근거하여, 더 이상의 분열의 조짐들을 극복하고 일치를 추구해 나갈 미래를 전망함에 있어서 WCC의 〈신앙과 직제〉가 추구해 온 교회일치 운동에 주의를 기울일 필요가 있다. 이점이 필자가 이 책 셋째 마당과 넷째 마당에서 1993년 스페인의 산티아고에서 개최된 〈신앙과 직제〉 5차 세계대회의 분과 보고서 「신앙, 삶, 그리고 증거에 있어서 코이노니아를 향하여」(Towards Koinonia in Faith, Life and Witness)를 고찰하고, 이어서 한국장로교회 일치 추구의 방향들을 제시하는 이유이다.

둘째 마당

WCC의 교회론 -
일치추구를 위한 신학적 토대

WCC 교회론의 변천(變遷)

비교교회론적 접근

20세기 초엽에 촉발된 에큐메니칼 운동의 전환점이라 할 수 있는 신앙과 직제 운동의 기원과 관련하여 주목해야 할 사람은 미국 성공회(The Protestant Episcopal Church)의 감독 브렌트(Charles H. Brent, 1892-1929)다. 브렌트 감독은 에든버러 WMC(World Missionary Conference, 1910)가 폐회된 후 미국으로 향하면서 그의 친구들에게 자신의 교회(미국 성공회)로 하여금 또 다른 하나의 세계대회[76]를 주도적으로 준비하게 할 것을 결심했다고 말했다. 그는 미국 성공회 총회(the General Convention of the Protestant Episcopal Church)가 회집되기 직전인 1910년 10월 총회를 위한 대형 준비모임에서 에든버러 WMC(1910)에 대해 보고하였고, 이 대회에서 노출된 교회일치의 필요성에 대해 말했으며, 신앙과 직제에 대한 교파 사이의 상

---

76 여기서 "또 다른 하나의 세계대회"란 에든버러 WMC에서 논의되지 않은 신앙과 직제 문제를 다루기 위한 대회를 의미했다.

이점을 세계대회에서 논의하고 협력할 시기가 임박했다고 역설하였다.[77] 그 직후 미국의 성공회 총회(1910)는 다음과 같은 결의를 채택하였는데, 그것은 하나의 세계대회를 준비하기 위한 특별위원회를 임명하는 것이었다.

> 신앙과 직제에 관련된 문제들을 숙고하기 위한 대회를 개최할 수 있도록 한 협력 위원회를 임명하고, 그러한 대회를 계획하고 실행함에 있어서 우리 주 예수 그리스도를 하나님과 구세주로 고백하는 전(全) 세계에 흩어져 있는 모든 기독교 교파들에게 우리와 연합하도록 촉구한다.[78]

「로잔 대회」 문서

그 밖의 여러 교회들이 위의 결의에 지속적으로 호응함으로써 마침내 1927년에 스위스의 로잔에서 〈신앙과 직제〉 1차 세계대회가 개최되었으니, 그것은 실로 수 세기에 걸친 분열과 반목을 경험한 후에 로마가톨릭교회를 제외한 모든 주요 기독교 전통들의 대표들이 함께 모인 역사적 회동이었다.

〈신앙과 직제〉 「로잔 대회」(1927)는 "교회의 본질", "교회의 공동의 신앙고백", "교회의 직제", 그리고 "성례전"에 대한 토의들과 보고들을 통해 참여한 교파들의 서로 다른, 그리고 자주 분열의 원인이 되어 온 입장들을 진술하고 비교하기 시작했고, 분열된 세계 안에서 그들의 공동의 소명을 발견했다. 나아가 로잔 대회는 만장일치로 "일치에의 소명"(The Call to Unity)을 채택하였고,

---

77　이형기, 『에큐메니칼 운동사』(대한기독교서회, 1994), 142-143.
78　Lukas Vischer, ed., *A Documentary History of the Faith and Order Movement 1927-1963*, 199.

"세상을 향한 교회의 메시지 - 복음"(The Church's Message to the World - the Gospel)에 대한 한 보고서[79]를 역시 만장일치로 채택하였다.

로잔 대회는 '일치'의 문제에 대해서 그 출발부터 "획일적 구조화"(Uniformity)가 아닌 "다양성 안에서의 일치"(Unity in Diversity)를 전제로 앞서 나갔다. 여기서 '다양성'이란 구체적으로 교파 교회의 전통과 직제의 다양성을 말하며, 특히 예배, 세례, 성만찬, 직제 등에서의 공통점과 차이점을 함께 인정하고 존중한다는 원칙을 기초로 말하는 것이다. 이러한 접근방법을 가리켜 일반적으로 "비교교회론"(Comparative Ecclesiology)적 방법이라 부른다. 이것은 일종의 상호인정을 전제로 하는 평화공존적 연방체 형태의 일치라 할 수 있겠으나, 실제적으로 상호인정이 상호 수용으로까지 나아가는 데는 한계가 많이 남아 있었다. 즉, 로잔 대회는 '복음'으로서의 그리스도를 말하고 있기는 하지만 가시적 일치를 추구하지는 못했으며, 각 교파가 자신들의 입장에 따라서 성서, 전통, 신조에 대한 자기 나름의 충성을 나열함으로써 서로간의 다른 차이점을 인정하면서 다양한 교회론을 보여주는데 그쳤다. 그 예로, 제4분과 "교회의 공동 신앙고백"에 대한 토의에서 각 교파들은 자신의 교회의 입장을 다음과 같이 주장했다.

> 1. 주목되어야 하는 것은 이것이다. 동방정교회는 '필리오케'(filioque)가 삽입되지 않은 형태에 있어서만 니케아 신조를 받아들일 수 있다는 점과, 그리고 비록 사도 신조가 정통교회의 신앙고백들에는 포함되지 않지만 정통교회의 가르침과 일치하고 있다는 점이다.

---

[79] 윗 글, 27-39, 참조. 이 문서는 모든 에큐메니칼 운동을 위해서 대단히 중요한 역할을 수행하게 될 것이었다. 1928년 예루살렘의 IMC가 이 문서를 자신의 메시지 형성에 도입하였고, 중국의 기독교회(the Church of Christ in China)가 자신의 신앙성명을 포함하는 헌장을 위해서 채택하기도 하였다.

2. 또한 주목되어야 하는 것은 이것이다. 이 대회에 대표를 파견한 몇몇 교회들은 전통을 성서와 결합시키고 있고, 그리고 몇몇 교회들은 분명히 신조들을 성서에 종속시키고 있으며, 또 어떤 교회들은 자신의 특수한 신앙고백을 우선적으로 강조하고 있고, 그리고 일부 교회들은 신조들을 전혀 사용하지 않는다는 사실이다.

3. 그리고 다음과 같은 점을 이해한다. 이 신조들의 사용은 각 교회 안의 합법적인 권위에 의해 결정된다는 것과 몇몇 교회들은 자신들이 가진 바의 특별한 신앙고백들을 계속해서 사용할 것이라는 점이다.[80]

이어서 1937년 스코틀랜드의 에든버러에서 〈신앙과 직제〉 2차 세계대회가 개최되었다. 「에든버러 대회」(1937)는 "우리 주 예수 그리스도의 은혜", "그리스도의 교회와 하나님의 말씀", "성도들의 교제", "그리스도의 교회 : 직제와 성례전", "삶과 예배에 있어서 교회의 일치"에 대한 보고서들을 채택하였다. 특히 에든버러 대회는 "삶과 예배에 있어서 교회의 일치"에 대한 보고서에서 유기적인 혹은 단체적인 일치(unity) 및 연합(union)을 교회일치 추구의 궁극적인 목적으로 강조했다.[81]

한편 에든버러 대회는 신학적인 차원과 함께 세상 안에서의 그리스도인의 봉사의 차원이 동시에 고려되어야만 교회일치가 그 참된 모습을 확보할 수 있다는 합의를 도출해 냄으로써, 신앙과 직제 운동이 생활과 봉사 운동과 합동으로 WCC로 나아가는 길을 열었다. 결국 에든버러 대회는 로잔 대회보다 훨씬 성숙되고 진전된 모습을 보여 주었는데, 로잔이 언급한 '복음'에 이어 '은혜'를 교회들의 공통분모로 제시했다는 점과 교회일치를 위해 신학적인 차원과 함께 사회봉사의 차원을 고려해야 한다고 합의한 점이 그것이다. 그러나

80　윗 글, 33-34.
81　윗 글, 40-74.

「로잔 대회」 회의 모습

에든버러 대회 역시 여전히 가시적 일치를 추구하는 데에는 힘을 기울이지 못하였으며 비교교회론적 입장을 지향하는데 그쳤다. 이러한 비교교회론적 입장은 특히 '직제'에 관한 다음의 진술에서 두드러지게 나타났다.

> 그러나 이러한 진술들과 연결되어 있으면서도 서로 다른 해석들이 고려될 수 있다는 점이 인정되어야 한다. 예를 들어, 직제가 그 기원을 예수 그리스도에게 두고 있으며 교회에 대한 하나님의 선물이라는 점에는 모든 교회들이 동의할 것이다. 그러나 다른 한편으로 직제가 우리의 주님에 의해 '제정되었다'고 말할 때 그 의미하는 바에 있어서는 판단의 차이들이 존재한다.[82]

1948년 암스테르담에서 개최된 세계교회협의회(World Council of Churches, 이하 WCC) 제1차 총회는 〈신앙과 직제〉 로잔 대회와 에든버러 대회의 입장을 반영하여 비교교회론적인 입장을 지향했다. 암스테르담 총회 보

---

82   윗 글. 58.

고서는 그 앞부분에서 아울렌(G. Aulen)의 "신약성서에 조명한 교회", 크랙(T. Craig)의 "신약성서의 교회", 플로로프스키(J.A.F. Florovsky)의 "교회 : 그것의 본성과 과제", 그렉(F. Gregg)의 "하나의 거룩하고 보편적이며 사도적인 교회", 바르트(K. Barth)의 "살아 계신 주 예수 그리스도의 살아있는 공동체"를 나열식으로 다룸으로써 성공회, 정교회, 가톨릭교회, 개신교회 등의 교회론이 어떻게 다른가를 비교하여 보여주었으며, 특히 "우리의 가장 심오한 차이점"(S. I. II.)에서 무엇이 서로 다른가에 주의를 기울였다.

그것은 많은 형태와 깊은 뿌리들을 가지고 있다. 그것은 또한 기독교 세계 내에서 많은 다른 강조점의 차이들 가운데 있다. 어떤 사람은 명확히 이해된 의미에서 가톨릭 신자이거나 또는 동방정교회 신자이다. 또 어떤 사람은 위대한 종교개혁의 신앙고백 이후 개신교 신자이기도 하다. 또 다른 사람은 각 '지역교회'(local congregation)나 '모여진 공동체'(gathered community), 혹은 '자유교회'(free church)라는 사상을 강조하기도 한다. 그러나 이러한 의미의 미묘한 차이 가운데서도 많은 길들을 통해서 우리가 언제나 다시 돌아가게 되는 한 가지 차이점에 특별한 주의를 기울이게 된다. 역사적으로 볼 때, 그 차이점은 '가톨릭'(catholic)과 '프로테스탄트'(protestant) - 여기서 말하는 가톨릭은 로마가톨릭(Roman Catholic)을 의미하는 것으로 사용된 것이 아니며, 또한 대부분의 유럽에서 '프로테스탄트'(protestant)라는 말은 '복음적인'(evangelical)이라고 번역되는 것이 더 낫다 - 사이의 차이점으로 막연히 표현되어 왔다.[83]

---

83 이형기 역, 『세계교회협의회 역대 총회 종합보고서』(한국장로교출판사, 1993), 34.

WCC 제1차 총회 (암스테르담, 1948)

그러므로 암스테르담 총회(1948) 역시 '가시적 일치'를 추구하지는 못했다. 다만 "우리에게 주어진 일치"(S. I. I.)에서 "하나님께서는 예수 그리스도 안에 있는 당신의 백성들에게 우리의 성취가 아니요 당신의 창조인 하나됨을 주셨고, 성령의 권능의 역사로 말미암아 우리는 우리의 분열에도 불구하고 예수 그리스도 안에서 하나가 되었음을 발견하도록 다 같이 인도되었던 것"[84]이라고 확인함으로써 하나님께서 예수 그리스도 안에 있는 당신의 백성에게 선물로 주신 불가시적 일치를 말했던 것이다.

기독론적 교회론으로의 전환

한편, WCC의 교회론은 「토론토 성명」(1950)을 통해 비로서 비교교회론적 입장에서 기독론적 교회론에 근거한 가시적 일치 추구의 입장으로 한 걸음

---

84 윗 글, 33.

더 나아갔다. WCC의 교회론적 의미를 분명히 함으로써 WCC에 대한 여러 가지 오해에 대해 분명한 입장을 밝히려는 목적으로 시도된 「토론토 성명」은 WCC의 그리스도 중심성이 회원교회들의 일치의 근거가 된다고 말했다. 말하자면 토론토 성명은 암스테르담 총회에서 이미 확인된 선물이신 예수 그리스도를 교회일치 추구를 위한 디딤돌로 강하게 제시한 것이다.

> 우리의 모든 차이점에도 불구하고 우리의 공동의 주인이신 주님은 한 분이시다. 그분은 그리스도의 몸의 함양을 위하여 더 밀접한 협력으로 우리를 인도하시는 예수 그리스도이시다. 자기 백성에 대한 그리스도의 주(主)되심의 사실이 그를 인정하는 모든 사람들로 하여금 상호 간의 실제적이고 밀접한 관계속으로 들어가도록 요구한다. 그들이 많은 중요한 점들에서 차이가 있을지라도 말이다.[85]

한편 신앙과 직제 운동과 생활과 봉사 운동은 서로 연합하여 WCC로 통합됨으로써 교회들은 더 포괄적인 에큐메니칼 구조 안에서 하나의 새롭고 공식적인 에큐메니칼 헌신으로 들어갔다. 그러나 신앙과 직제 운동은 그 자신의 정관을 가진 〈신앙과 직제 위원회〉를 설립함으로써 독자적인 역할과 지속적인 중요성을 확고히 하였다. 특히 「신앙과 직제 정관」은 신앙과 직제 위원회에 WCC 회원이 아닌 교회들이 대표들을 파견하는 것과 신앙과 직제의 세계대회들을 개최하는 것을 허용하고 있다. 그리하여 암스테르담 총회로부터 4년이 지난 1952년에 〈신앙과 직제〉 3차 세계대회가 스웨덴의 룬트(Lund)에서 개최되었다.

---

85 Lukas Vischer ed., *A Documentary History of the Faith & Order Movement 1927-1963* (St. Louis, Missouri: Bethany, 1963), 172.

「룬트 대회」(1952)는 비교교회론적 입장에서 기독론 중심의 교회론으로의 전환을 더욱 발전시켰는데, 그 최종 보고서에서 교회일치를 위한 새로운 방법론으로서 그리스도 중심적인 원리를 다음과 같이 확인하였다.

> 만일 우리가 교회의 본질에 대한 우리의 몇몇 관념들을, 그리고 그것들이 구체화된 전통들을 단지 비교만 한다면, 우리는 일치를 향한 어떤 진정한 진전도 이룰 수 없다는 것이 명백해졌다. … 그러므로 우리는 우리의 분열들을 넘어서 그리스도가 그의 교회와 가지는 하나님에 의해 주어진 연합의 신비에 대한 더 깊고 더 풍부한 이해에까지 침투해 들어갈 필요가 있다.[86]

> 교회의 주님이신 예수 그리스도에 대한 사도적 증거를 기초로 하여, 그리고 그분에 대한 복종 안에서 우리는 지상에서의 교회의 분열들을 꿰뚫고 들어가 한 분 주님에 대한 우리의 공동의 신앙에 도달하고자 한다. 그리스도의 일치로부터 우리는 지상에서의 교회의 일치를 이해하고자 하며, 그리스도와 그의 몸의 일치로부터 우리는 그 일치를 지상에서의 우리의 분열들의 실제적인 상태에서 실현시키기 위한 방법을 찾고 있다.[87]

위와 같은 그리스도 중심적 원리를 기초로 한 강한 성서적 강조와 기독론적 강조는 대회 보고서의 여섯 분과들, 즉 "교회들을 향한 한 말씀", "그리스도와 그의 교회", "연속성과 일치", "예배의 방법들", "교파간 성만찬교류", "우리는 어디에서 서 있는가?"를 각각 제목으로 하는 보고서들에 특징적으로 드러나 있다.[88] 특히 첫번째 보고서는 그와 같은 그리스도 중심적 원

---

86   윗 글, 85-86.
87   윗 글, 88.
88   윗 글, 85-130.

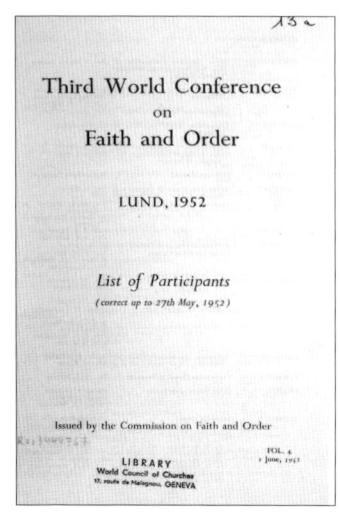

「룬트 대회」 문서

리를 다음과 같이 하나의 원리, 즉 소위 "룬트 원리"[89]로서 공식화시켰다.

> 그러므로 우리는 우리의 교회들로 하여금 그들이 하나님의 백성의 하나됨을 확증하기 위해 그들이 해야 하는 모든 것을 그들이 하고 있는지를 숙고하도록 진지하게 요청해야 할 것이다. 깊은 확신의 차이들로 말미암아 나뉘어져 행동하지 않으면 안되는 문제들을 제외한 모든 문제들에 있어서 자신들이 함께 행동하고 있는지를 우리의 교회들은 스스로 질문해야 하지 않겠는가?(S. I. 3)[90]

그러므로 룬트 대회는 다음과 같은 세 가지 점에서 커다란 변화를 가져왔다고 할 수 있다. 첫째, 그동안의 "비교교회론"을 탈피하고 "그리스도 중심적 교회론"으로의 코페르니쿠스적 대 전환을 이루었다. 특히 이것은 교파적 교회들의 "전통들"(traditions)의 정당성 여부에 관한 논의에 있어서 그리스도의 복음이 말하는 유일한 "전통"(Tradition)을 잣대로 삼아 그것에 따라 "전통들"의 개혁과 갱신을 통한 일치를 나갈 수 있는 길을 열어주게 되었다. 둘째, 분열의 "비신학적 요인들"을 파헤치는 일을 신학적 과제로 설정함으로써 일치 문제를 그러한 비신학적 요인들이 만들어 낸 제도와 체제의 개혁과 결부시켜 다루도

---

89 *Dictionary of the Ecumenical Movement* (Geneva: WCC, 1991), 633-634, 참조.
90 Lukas Vischer, 앞 글, 86.

록 만들었다. 셋째, 신앙과 직제의 정관을 새롭게 만들면서 특히 일치를 선교 및 전도와의 상관성 속에서 추진하게 되었고, 신앙, 예배, 직제의 차원을 교회의 정치, 사회, 문화, 인종 등의 차원과 연계하면서 일치 문제에 접근한다는 원칙들을 강조하고 명문화시켰다.

룬트 대회의 기독론적 가시적 일치 근거에 의해 영향 받은 에반스톤 WCC 제2차 총회 역시 교회는 "그리스도 안에서 하나"임을 말했으며, 제1분과 보고서의 "지상 순례길에 있는 교회의 하나됨"에서 이미 그리스도로부터 주어진 이 일치를 가시적인 일치로 바꾸어야 할 사명이 교회에게 있다고 강조했다.

> 처음부터 교회는 그리스도께서 그의 백성들과 자신을 동일시하심으로써 그리스도 안에서 나뉘어질 수 없는 일치를 부여받았다. 그러나 교회는 그 일치의 충만함을 결코 실현시키지 못했다. 처음부터 불일치가 그리스도의 백성의 명백한 일치를 손상시켰다(누가복음 22:24, 마가복음 10:35). 따라서 우리는 주어진 일치로부터의 충분히 확증된 일치로의 성장으로서 이 지상 순례길에서의 교회의 하나됨을 말할 수 있다(에베소서 4:3,13).[91]

삼위일체론적 일치 근거의 확인

뉴델리 WCC 제3차 총회(1961)에 앞서, WCC의 교회론의 삼위일체론적 지평을 연 계기는 1960년 「신앙과 직제 위원회」 총회가 작성한 가시적 일치 추구의 기본이 되는 세례를 통한 '한 분의 주님, 하나의 세례」

---

91 Lukas Vischer ed., *A Documentary History of the Faith & Order Movement 1927-1963*, 133.

(One Lord, One Baptism, 1960)라는 제목의 문서에서 비롯되었다. 이 문서는 「그리스도와 교회에 관한 신학위원회」(1960)에 보고된 것으로서 룬트 대회의 기독론적인 일치의 근거를 재확인하였고, 한 걸음 더 나아가서 삼위일체 하나님 안에 교회가 자리하고 있음을 다음과 같이 밝혔다.

> 예수 그리스도와 교회 사이의 불가분리의 관계를 인정하는 것은 필연적으로 삼위일체 하나님에 대한 고백을 가져온다. 성부, 성자, 그리고 성령이 한 하나님으로서 함께 교회의 기초로 보여져야 한다고 주장하는 것은 성서적으로, 그리고 신학적으로 강하게 입증되고 있다.[92]

뿐만 아니라 「한 분의 주님, 하나의 세례」는 그 부제(副題)인 "거룩한 삼위일체와 교회의 일치, 그리고 삼위일체에 대한 보고"가 시사하고 있듯이, '세례'가 가시적 일치의 구체적이며 중요한 요소가 된다는 사실에 주목함으로써 룬트 대회보다 진일보한 가시적 일치의 관점을 보여주었다. 이 문서는 "세례의 의미"의 결론 부분에서 다음과 같이 말했다.

> 세례의 의미에 대한 더 충만한 통찰은 또한 교회의 일치를 위해서 결정적인 중요성을 가진다. 세례의 가장 깊은 '그리스도 안으로의 참여'이다. 세례를 통해 우리는 그리스도의 몸의 구성원들이며, 우리의 일치이신 그리스도 안에 뿌리내리고 있다. 이것은 하나님에 의해 주어진 일치이고, 우리 자신이 세우지 않은 일치이며, 그러나 세례를 통해 우리가 들어가 결합된 일치이다. 세례를 받은 우리 모든 사람들은 그리스도와 하나이며, 그러므로 또한

---

92 「한 분의 주님, 하나의 세례」(One Lord, One Baptism, 1960), 13.

서로 서로와 하나이다. 따라서 세례는 그리스도 안에 주어진 일치, 즉 교회의 일치를 증거하고 있다.[93]

이어 개최된 뉴델리 WCC 제3차 총회(1961)는 한 마디로 말해서 WCC의 교회론 연구에 있어서 한 획을 그은 역사적인 분수령이 되었다. 암스테르담 총회와 「토론토 성명」의 교회론이 비교교회론적 차원에 머물러 있었고, 룬트 신앙과 직제가 기독론 중심의 교회론에 머물렀던 반면, 뉴델리 총회는 거기에서 만족하지 않고 삼위일체 하나님 신앙에 근거한 보다 구체적이고 가시적인 교회일치를 추구했다. 이러한 삼위일체에 대한 강조는 동방정교회의 역할에 힘입어 WCC 헌장에 새로이 명기되었다. 특히 뉴델리 총회는 이 삼위일체 하나님 안에서 "각 장소의 모든 그리스도인들(all in each place)"이라는 가시적 일치를 위한 근거를 발견했는데, 일치에 대한 분과 보고서 가운데 "교회의 일치"에서 그 가시적 일치의 징표들로서 사도적 신앙과 복음 설교, 세례, 성찬, 기도, 증거와 봉사를 다음과 같이 명백하게 제시했다.

> 우리는 하나님의 뜻이요 그의 교회에 대한 선물인 일치가, 세례 받고 예수 그리스도에게 연합되며 예수 그리스도를 주님(Lord)과 구세주(Savior)로 고백하는 각 장소의 모든 그리스도인들(all in each place)이, 하나의 사도적 신앙을 갖고 하나의 복음을 전파하며, 하나의 떡을 떼고, 공동기도에 참여하며, 모든 사람에 대한 증거와 봉사에 참여하는 공동체적인 삶을 살아가면서, 성령에 의하여 받아들여지며, 하나님께서 그의 백성을 부르시는 그 과제를 위하여 시대상황의 요구에 따라 모두가 함께 행동하고 함께 말하는 방법으로, 모든 장소와 모든 시대에 있어서 전 기독교적 교제(the whole

---

93 윗 글. 71.

christian fellowship)와 연합될 때 가시화되고 있는 중이라고 믿는다. (S. I. 2)[94]

위의 긴 문장 가운데 들어 있는 4개의 간략하고도 단순한 단어로 이루어진 "각 장소에 있는 모든 그리스도인들"(all in each place)이라는 구절이야말로, 1960년 「신앙과 직제 위원회」 총회가 가시적 일치 추구의 기본이 되는 세례를 논한 「한 분의 주님, 하나의 세례」에서 삼위일체적 교회론을 확인한 뒤 이루어진, 가시적 일치 개념을 위한 뉴델리 총회의 획기적인 확인이었다. 그러므로 뉴델리 총회는 〈신앙과 직제〉 룬트 대회 이래 추구된 교회의 가시적 일치 추구의 길을 견고하게 닦았으며, 이전까지의 비교교회론적 방법을 지양하고 〈신앙과 직제〉의 가시적 일치 추구를 WCC 차원의 과제[95]로 확인했던 것이다.[96]

특히 뉴델리 총회는 일치가 이루어지는 것은 각 장소의 모든 기독교인들에 의해서 이루어진다는 것을 강조하는 데 그치지 않고, 한 걸음 더 나아가 이러한 일치가 "모든 장소들과 모든 시대"(all places and all ages)에도 관계한다는 것을 다음과 같이 말했다.

---

94 Lukas Vischer, ed., *A Documentary History of the Faith & Order Movement 1927-1963*, 144-145.
95 룬트 대회(1952)가 비교교회론적 차원을 넘어서서 기독론 중심의 교회의 가시적 일치를 강조한 이래, 그리고 뉴델리 총회(1961)가 교회의 가시적 일치의 바람직한 징표들을 제시한 이래, 1975년 소집된 신앙과 직제 위원회는 본 위원회의 첫번째 존재목적을 수정하여 시행세칙에 규정하였다. 그리고 이 목적은 나이로비 총회(1975)에서 WCC 헌장에 채택되어 WCC의 첫번째 기능이 되었다. 이 사실은, WCC가 신앙과 직제를 단순히 여러 분과들 가운데 하나의 분과로 둔 것이 아니라 자기 자신의 첫번째 기능이 바로 신앙과 직제에 관한 것이라는 점을 분명히 했다는 것을 의미한다. WCC의 이 첫번째 기능은 다음과 같이 말해졌다. "예수 그리스도의 하나됨을 선포하며, 하나의 신앙과 하나의 성만찬 교제 안에서의 가시적 일치에로 교회들을 부르는 것인데, 이것은 세상으로 하여금 믿게 하기 위해서 예배와 그리스도 안에서 표현된다." 이형기, "신앙과 직제 제5차 세계대회(스페인의 산티아고, 1993)의 분과 보고서," 『교회와 신학』 제26집(1994년), 260-261.
96 이형기, "신앙과 직제의 역사," 『기독교사상』 (1993년 8월), 24.

모든 교회와 모든 그리스도인들은 그리스도에게 속해 있다. 우리는 그에게 속해 있기 때문에, 우리 모두는 그를 통해 모든 장소들과 모든 시대에 있는 그리스도인들과 연결되어 있다. 각 장소에서 연합된 그리스도인들은 동시에 모든 장소들에 있는 신자들과 하나이다. 하나의 몸의 지체로서, 그들은 서로의 기쁨들과 고통들에 참여한다. 보편적 친교로서의 교회는 또한 우리가 모든 시대들의 하나님의 백성의 일부분이며, 그리고 그와 같이 아브라함, 이삭, 야곱과 그리고 종말의 때까지 신앙 안에서 그들의 모든 후손들 된 사람들과 하나라는 것을 의미한다.[97]

위의 인용에서 주목하게 되는 것은, "모든 장소와 모든 시대"(all places and all ages)의 개념을 "보편적 친교"(universal fellowship)라고 표현했다는 것이다. 이것은 웁살라 총회의 '보편성' 개념과, 웁살라 총회 이후 WCC 총회들의 "협의회를 통한 친교"로서의 가시적 일치 개념을 위한 토대를 이미 제공한 것이라고 볼 수 있다.

한편, 룬트 대회의 제안들과 강조들은 4개의 신학위원회들을 설립하게 하였고, 이들 위원회들은 "제도주의"(Institutionalism), "그리스도와 교회", "예배", 그리고 "전승과 전통들"을 다루었다. 그리고 이들 신학위원회들의 최종 보고서들을 준비문서로 하여 1963년 몬트리올에서 〈신앙과 직제〉 4차 세계대회가 개최되었다.

「몬트리올 대회」(1963) 참가자들의 구성은 에큐메니칼 운동에 있어서 이룩된 새로운 발전들을 반영했다. 1952년 룬트 대회와 비교할 때, 남반구(南半球)로부터 더 많은 대표들이 참가했고, 동부 유럽의 몇몇 동방정교회 교회들이 1961년 WCC에 참가한 이래 동방정교회 교회들이 충분한 수의 대표들을

---

97 Lukas Vischer, 앞 글, 150.

웁살라 총회

파견했으며, 처음으로 로마가톨릭교회의 대표들이 발언자와 손님의 자격으로 참가했다.[98]

몬트리올 대회 다섯 분과의 보고서들을 소개하면 각각 다음과 같다. 제1분과는 "하나님의 목적 안에 있는 교회"를 주제로 그리스도와 교회에 대한 룬트의 작업을 계속하였고, 하나의 세계교회협의회의 존재에 대한 몇가지 교회론적 의미들을 말하기 위해 "교회와 세계교회협의회"에 대해 숙고하였다. 제3분과는 "그리스도의 구원 사역과 그의 교회의 직제(Ministry)"[99]를 주제로 하나님의 백성의 직제들의 맥락에서의 "특별한 직제"[100]에 대해 새롭게 연구하였다. 제4분과는 "예배와 그리스도의 교회의 하나됨"을 주제로 그 보고서에 세례와 성만찬에 대한 에큐메니칼적 관점들을 포함시켰고, "에큐메니칼 모임들

---

98 아울러 몬트리올 대회가 제2차 바티칸 공의회 회기(1962-1965) 중에 개최되었다는 점이 주목할 만한 사항이다. 로마가톨릭교회는 고대의 일곱 공의회에 이어 교황청이 인정하는 공의회들을 더 첨가하여, 트렌트 공의회를 제20차 에큐메니칼 공의회, 제1차 바티칸 공의회(1869-1870)를 제20차 에큐메니칼 공의회, 그리고 제2차 바티칸 공의회를 제21차 에큐메니칼 공의회로 보고 있으며, 그와 달리 동방정교회는 고대의 일곱 공의회만을 에큐메니칼 공의회로 인정한다. 이형기, 『에큐메니칼 운동사: 세계교회협의회(WCC)가 창립될 때까지』, 259.

99 이 주제는 에든버러 대회 이후 다루어지지 않았었다.

100 "특별한 직제"란 "안수받은 직제"를 말한다.

에서의 공동의 예배들"에 대한 룬트의 설명들과 제안들을 발전시켰다. 제5분과는 "'각 장소에 있는 모든 그리스도인들' : 함께 성장함의 과정"을 주제로 "지역교회"에 대한 숙고들, 즉 보편교회와 지역교회의 관계, 그리고 분열된 세계 안에서의 지역교회의 선교와 봉사를 숙고하였고, 특히 일치에 대한 뉴델리 총회의 성명서의 관점을 발전시켰다.

특히 몬트리올 대회의 제2분과는 "성서, 전승, 그리고 전통들"(Scripture, Tradition and traditions)을 주제로 각각에 대하여, 그리고 그 관계성에 대하여 명확하게 정의함으로써 몬트리올 보고서의 중요한 특징을 이루었는데, 이 문제는 몬트리올 대회 이후에도 계속해서 연구되었고 WCC와 로마가톨릭교회와의 대화에 크게 기여하였다.

드디어 1968년 스웨덴의 웁살라에서 WCC 제4차 총회가 개최되었다. 「웁살라 총회」(1968)는 세속 사회의 급격한 변화 상황 속에서 교회일치의 문제를 "보편성"(catholicity)의 개념으로 설명하려고 했는데, 개교회들 내지는 지역교회들의 가시적인 정체성 확립으로 만족하지 않고 한 걸음 더 나아가 다양한 개교회들과 지역교회들의 보편성(catholicity)을 강조함으로써 개교회의 다양성을 인정하면서도 전(全) 교회의 하나됨을 추구하며 호소했다. 제1분과 보고서 "성령과 교회의 보편성"은 크게 두 부분으로 나누어지는데, 첫째 부분은 신학적 기초를 제공하기 위해 교회의 보편성의 표현에 있어서 성령의 사역을 다루었고, 둘째 부분은 보편성의 네 가지 구체적 측면들, 즉 다양성의 추구, 연속성의 추구, 전체 교회의 일치 추구, 인류의 일치 추구를 논했다.[101] 분과 보고서는 성령의 활동하심의 다양성을 예로 들어 '다양성의 추구'에 대하여 다음과 같이 말했다.

---

101   Hans-Georg Link ed., *Apostolic Faith Today*, Faith and Order Paper No. 124 (Geneva: WCC, 1967), 115.

보편성의 추구는 우리가 성령의 활동하심의 다양성들을 무시함으로써 하나님의 선물을 배반하는 것은 아닌 지의 문제에 우리로 하여금 직면하게 한다. 다양성은 보편성의 왜곡일 수 있을지 모른다. 그러나 자주 그것은 교회의 사도적 소명의 진정한 표현이다. 이것은 신약성서가 예증하고 있는 바다.[102]

또한 분과 보고서는 '연속성의 추구'를 말하면서 성령께서 과거와의 연속성 속에서 교회를 보전하셨고 계속해서 교회 안에 현존하셔서 교회를 새롭게 하고 재창조하신다고 말했다.[103] 교회는 성령 안에서 이런 연속성 내지는 자기 동질성을 유지할 뿐만 아니라 역사의 파노라마 속에서 성령의 요구에 응답하여 항상 새롭게 되어야 한다(S. I. 15). 또한 교회는 성령의 권능에 의해 시간과 공간 속에 현존하며, 성령은 교회의 하나됨, 예배, 그리고 봉사와 관련된 교회 생활 속의 제요소들에 영향을 미친다. 그리고 분과 보고서는 한 걸음 더 나아가서 교회의 사도성을 보편적 교회의 연속성 차원에서 논한 다음(S. I. 15), "전 교회의 일치 추구"에 대하여 다음과 같이 말했다.

따라서 우리는 '각 장소의 모든 그리스도인들'(all in each place)에 대한 강조에다가 이제 모든 장소들에 있는 모든 그리스도인들의 일치에 대한 새로운 이해를 덧붙이고자 한다. 이것은 모든 장소들에 있는 교회들을 불러 그들로 하여금 자신들이 함께 속해있으며 함께 행동하도록 부름 받고 있음을 깨닫도록 하기 위한 것이다. 인류의 상호의존이 매우 명백한 시대에는 그리

---

102 윗 글, 118.

103 윗 글.

스도인들을 보편적 교제 안에서 묶는 연결들을 가시화하는 일이 더욱더 요청된다.[104]

그러므로 웁살라 총회가 강조한 이 "보편성"은 뉴델리 총회의 "각 장소의 모든 그리스도인들"(all in all place) 개념이 "모든 장소와 모든 시대의 모든 그리스도인들"(all in all places and times) 개념으로 발전한 것이며, 다양성과 연속성을 포함하는 보편성으로서, 성령의 사역을 통해 모든 시대와 모든 장소에 있는 그리스도인들이 보편성을 통해 일치를 이루게 되고 그 일치의 구체적 형태는 각각의 장소에 있는 모든 그리스도인들로 나타난다. 결국 이 보편성의 개념은 1975년 케냐의 나이로비에서 개최된 WCC 제5차 총회의 "협의회를 통한 친교"(conciliar fellowship) 개념으로 발전했다.

협의회를 통한 친교로의 발전

케냐의 나이로비에서 개최된 WCC 제5차 총회(1975)는 "협의회를 통한 친교"(conciliar fellowship)라는 개념을 구체화시킴으로써 WCC의 교회론에 있어서 또 한 번의 분수령을 이루었다. 나이로비 총회(1975)는 뉴델리 총회(1961)가 제시한 "교회의 가시적 일치의 징표들"을 전제한 것이며, 1968년 웁살라 총회가 말한 "교회의 보편성"의 이상을 더욱 구체화시킨 것으로서 협의회를 통한 친교로서의 교회일치를 추구했다.(S.II.2) 이 "협의회를 통한 친교" 개념은 루뱅 회의(1971)에서 제시되었고, 살라망카 회의(1973)에서 공식화된 것이다. 웁살라 총회의 "보편성" 이후로 중요한 일치의 술어로 등장한 "협의회를 통한 친교"의 개념은 두 가지 이해를 가능하게 했는데, 첫째는 각각의 교회들이 자

---

104 윗 글, 120.

신의 개별성을 유지하며 전 세계를 통하여 하나의 몸을 형성한다는 것이요, 둘째 협의회를 통한 상호과정 속에서 현대 세계로부터의 도전들에 대응할 수 있는 준비를 할 수 있다는 것이다. 이러한 이해를 바탕으로 1973년 열린 살라망카(Salamanca)의 「신앙과 직제 위원회」 총회는 "일치의 개념들과 연합의 모델들"(Concepts of Unity and Models of Union)에 대하여 논하면서 "협의회를 통한 친교"의 개념을 다음과 같이 제시했다.(S.Ⅱ.3)

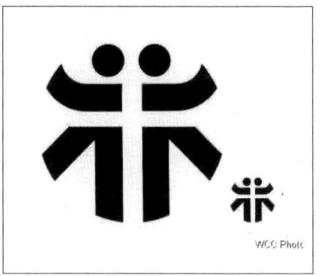

나이로비 총회 로고

우리는 가시적 하나됨이라는 목적을 이루어야 한다고 믿고 있으며, 그렇기 때문에 이전의 총회에서 그리했던 것처럼 그 목적을 보다 충분히 서술하기 위해 애써 왔다. 우리는 제3차 뉴델리 총회의 성명서를 상기하면서 재차 확인한다. 그 성명서에는 각각의 장소(in each place)와 모든 장소(in all places), 또 모든 시대에, 모든 하나님의 백성이 전적으로 참여하는 교제라는 관점에서 본 하나됨을 위한 하나님의 뜻을 기술하고 있다. 제4차 웁살라 총회는 "보편성"(catholicity)이라는 용어로 표현된 보다 깊은 내적 차원의 하나됨에 대해 말하였다. … 예수 그리스도는 하나의 교회를 창설하셨지만, 오늘날 우리는 서로 분리된 다양한 교회들 안에서 살고 있다. 그러나 우리의 미래에 대한 비전은 다시 한 번 갈라지지 않은 한 교회 안에서 형제와 자매들로 사는 것이다. 이 목표가 어떻게 묘사될 수 있을까? 우리는 다음과 같은 묘사를 교회들에게 제공하여 숙고하게 하고자 한다. 하나의 교회란 자신들끼리 참으로 연합한 개교회들 혹은 지역교회들의 협의회를 통한 친교로 묘사될 수 있다. 이 협의회를 통한 친교에 있어서 각 개교회 혹은 지역교회는 타 교회들 간의 친교속에서 완전한 보편성을 소유하고, 동일한 사도적 신앙을 증거하고, 타 교회들이 그리스도의 동일한 교회에 속했고, 동일한 성령에 의해서 인도된다는 사실을 인정한다.[105]

위에서 언급한 흐름을 따라 나이로비 총회는 "협의회를 통한 친교"를 일치의 표현이요, 목표로 받아들였다. 개교회들 내지는 지역교회들의 대표들이 협의회적 친교를 통하여 교회의 일치를 지향하는 "협의회를 통한 친교"는 개교회의 정체성, 교회들의 다양성, 교회들의 보편성을 더욱 고양시킨다.(S. Ⅱ. 4) 그것에 대한 증거로, 나이로비 총회는 협의회적 친교를 일치의 개념으로 표현함에 있어서 그 개념에 대한 바른 이해를 제시하고자 하였는데, 우리는 그러한 노력을 다음의 인용에서 확인할 수 있다.

"협의회를 통한 친교"라는 말은 종종 오해되어 왔다. 그 용어는 뉴델리 총회의 진술에서 묘사된 충만한 유기적 일치(full organic unity)와 다른 어떤 일치의 개념을 바라보는 것이 아니라 오히려 그 개념이 더욱 정교해진 일치를 말한다. 그 용어는 '모든 수준에서, 하나의 나누어지지 않은 교회(the one undivided Church)의 삶의 양상'을 서술하려는 의도에서 쓰인 것이다. 먼저 그 용어는 거리, 문화, 시간에 의해 갈라져 있는 교회들의 하나됨을, 또 개교회의 대표들이 공동모임을 위해 다같이 모였을 때 명백히 드러내는 하나됨을 표현하고 있다. 또한 그것은 각 개교회 내부의 삶의 질을 언급하고 있다. 그리고 그 용어는 진정한 하나됨은 획일적이지 않으며 각 신도들과

---

105 이형기 역, 『세계교회협의회 역대 총회 종합보고서』, 340-341.

각 개교회에게 주어진 저마다의 은사들을 무시하지 않고, 오히려 귀중히 여겨 보호한다는 사실을 강조한다.[106]

또한 나이로비 총회는 교회의 삶 속에 나타나는 진정한 협의회를 통한 친교는 "삼위일체 하나님의 협의회적 특성"(Conciliarity of the triune being of God)을 반영시킨다고 했다. 즉, 삼위일체 하나님에 기초한 교회 안에서의 다양성을 통한 일치가 이루어지고 이 일치된 교회들의 교제 속에서 협의회를 통한 친교가 진정으로 이루어질 것이라고 강조한 것이다.

진정한 협의회란 삼위일체 하나님의 교회의 삶 속에서 반영되었다. 그것은 그리스도께서 하나님 아버지께 그의 제자들이 아버지와 아들이 하나인 것 같이 하나가 되게 해달라고 간구하였을 때 기도하였던 그 하나됨이다. 교회의 하나됨의 근원은 교회의 신앙과 기쁨의 근원과 마찬가지로 십자가의 흔적을 몸에 지니고 계시는 부활하신 그리스도와 사도들의 만남이며, 이 그리스도께서 성찬식 교제 때 살아 계신 임재를 통해서 끊임없이 오늘날의 제자들과 만나는 것이다. 주님은 신자들을 성령의 교제 속으로 데리고 오시며 그들을 하나님 아버지의 자녀로 삼으신다. 그것을 통해 그들은 신적인 성품에 다같이 참여하여 부활하신 그리스도의 하나뿐인 살아있는 몸의 살아있는 지체들이 된다. … 성령의 사역에 의해 하나뿐인 살아 계신 말씀, 곧 하나님의 아들은 하나의 교회 속에, 그리스도께서 머리되시며 신자들은 하나님께 대한 진실된 경배자가 되는 한 몸 속에 성육신 하신다. 신자들은 "나는 진리다"라고 말씀하셨던 그분과 친밀히 교통한다. 이 살아 계신 진리는 하나됨을 추구하는 모든 교회가 다함께 지향해야 할 목표이다. 협의회

---

106 윗 글, 341.

는 공간과 문화 혹은 시간에 의해 분열되어 있는 교회의 내적 하나됨을 표현하며, 그리스도 안에서의 이 하나됨을 열심히 실천하고, 때때로 여러 지리적 차원에서 모든 개교회 대표들의 회의를 통한 공동회합으로 그들의 하나됨을 가시적으로 표출한다.[107]

나이로비 총회는 장차 로마가톨릭교회와 기타 비(非)WCC 회원 교회들까지 모두 포함하는 "진정으로 보편적인 에큐메니칼 협의회"(a genuinely universal ecumenical council)을 제안하기에 이르렀다.

나이로비 총회 이후에도 WCC는 계속해서 교회일치 추구에 있어서 진전을 이룩하였는데, 마침내 〈신앙과 직제〉는 1978년 벵갈로에서 교회의 가시적 일치를 위해 요구되는 2가지 요구를 확인했다. 그 첫째 요구의 충족은 1982년 리마에서 완성된 『BEM 문서』로 나타났다. 여기에서 교회의 가시적 일치는 바로 세례, 성만찬, 직제에 대한 신학적 일치요, 나아가 실천적 일치이다. 결국 지난 50년 동안 〈신앙과 직제〉는 이 문제로 부심(腐心)해 왔던 것인데, 이 문제에 대한 숙고의 역사는 1927년 로잔에서 열린 〈신앙과 직제〉 1차 세계대회에까지 거슬러 올라가며, 정식으로 이 문제에 대한 토의가 이루어진 것은 1974년 아크라(Accra)에서 모인 〈신앙과 직제〉, 1978년 벵갈로에서 모인 〈신앙과 직제〉, 1982년 페루의 리마에서 모인 〈신앙과 직제〉에서 였다. 『BEM 문서』는 복음의 본질과 교회의 예배의 정체성을 강조하는 내용을 담고 있고, 세례, 성만찬, 교직 제도에 대한 일치를 모색하였으며, 복음의 본질과 교회의 일치, 나아가 직제의 일치에 관한 에큐메니칼 신학을 제시함으로써 "교회가 정의, 평화, 화해를 증진시킴으로 인류 공동체를 새롭게 하

---

107   윗 글, 341-342.

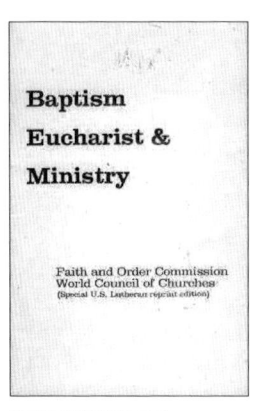

BEM문서(1982) 표지

는데" 기여하고 있다.¹⁰⁸ 그리고 뱅갈로의 둘째 요구인 '사도적 신앙의 공동표현'은 JWG의 소규모 협의회에서 착수되어 「Toward a Confession of the Common Faith」(1982)로 일단락되었다.

1983년 밴쿠버에서 개최된 WCC 제6차 총회는 이러한 과정을 기반으로 교회의 하나됨을 가시적으로 보여주는 "성례전적 친교"로 나아갈 수 있었다. 한편 밴쿠버 총회는 교회들을 "정의, 평화, 그리고 창조질서의 보전(Justice, Peace and the Integrity of Creation : JPIC)을 위한 상호헌신이라는 협의회적 과정"으로 부르는 사업에 역점을 두게 되었는데, 정의, 평화, 그리고 창조질서의 보전(JPIC)의 목적은 교회들로 하여금 새로운 어떤 것을 말하게 하려 함이 아니라 이미 교회들이 에큐메니칼 차원에서 발표한 바 있는 선언들과 헌신들을 "자기 것으로 하도록 하는 데" 있다.¹⁰⁹

1991년 호주 캔버라에서 열린 WCC 제7차 총회는 분열의 현실에 맞설 것을 촉구하면서, 이웃에 대하여 저질러진 실제 죄악을 솔직하게 인정하고 그 죄악에 대한 실제적인 회복을 이룸으로써, 진정한 회개와 진정한 용서가 만날 때, 성령은 우리를 코이노니아의 공동체로 인도할 수 있다고 말하였다.¹¹⁰ 성령 안에서의 코이노니아로서의 교회일치를 창조세계 전체와의 코이노니아로 확장시켜 나간 것이다. 특히 교회일치 추구와 JPIC를 관련시키기 위해서, WCC는 Unit I(일치와 갱신) 및 Unit II(JPIC)의 지원을 받아 〈코이노니아와 JPIC에 관한 신학협의회〉를 1993년 2월에 덴마크의 Rønde에서 개최하였는데, 이 연

---

108   이형기 역, 『세계교회협의회 40년사』, 236-237.
109   윗 글, 162-163.
110   이형기 역, 『세계교회협의회 역대총회 종합보고서』, 521.

구 모임은 캔버라 총회의 "The Unity of the Church as Koinonia : Gift and Calling"을 도약판으로 사용했다. 그 후 WCC는 〈신앙과 직제〉 5차 세계대회 (산티아고 데 콤포스텔라, 1993)에서 코이노니아 문제를 계속 다룸으로써 교회의 가시적 일치 추구를 위한 교회론적 논의를 "코이노니아" 개념으로 집중하였다.

지금까지 지난 20세기 후반 에큐메니칼 운동사에 나타난 교회론의 변천을 개략적으로 고찰하였다. 〈신앙과 직제〉 로잔 대회와 에든버러 대회, 그리

연도	개최장소	주제
제1차 (1948)	네덜란드 암스테르담	인간의 무질서와 하나님의 계획 Man's Disorder and God's Design
제2차 (1954)	미국 에반스턴	그리스도 - 세상의 희망 Christ - the Hope of the World
제3차 (1961)	인도 뉴델리	예수 그리스도 - 세상의 빛 Jesus Christ - the Light of the World
제4차 (1968)	스웨덴 웁살라	보라 내가 만물을 새롭게 하리라 Behold, I will make all things new
제5차 (1975)	케냐 나이로비	예수 그리스도는 자유롭게 하시며 하나 되게 하신다. Jesus Christ frees and unites
제6차 (1983)	캐나다 밴쿠버	예수 그리스도-세상의 생명 Jesus Christ - the Life of the World
제7차 (1991)	호주 캔버라	오소서 성령이여-모든 피조물을 새롭게 하소서 Come, Holy Spirit - Renew the Whole Creation
제8차 (1998)	짐바브웨 하라레	하나님에게로 돌아서라, 희망 중에 기뻐하자 Turn to God - Rejoice in Hope
제9차 (2006)	브라질 포르투알레그레	하나님, 당신의 은혜로 세상을 변화시키소서 God in your grace, transform the world
제10차 (2013)	대한민국 부산	생명의 하나님, 우리를 정의와 평화로 이끄소서 God of life, lead us to justice and peace

WCC 역대 총회 주제

고 암스테르담 WCC 제1차 총회로 이어진 비교교회론적 입장은 「토론토 성명」 (1950)을 전환점으로 하여 룬트 대회에 이르러 "주어진 일치"를 확인함으로써 기독론적 교회론으로 발전하였다. 그러나 WCC는 이러한 주어진 일치의 확인에 만족하지 않고 "삼위일체 하나님 안에 교회가 자리하고 있음"을 밝힌 "한 분의 주님, 하나의 세례"(1960)를 통해 보다 진일보한 가시적 일치를 위한 근거를 추구하게 되었다. 나아가 뉴델리 총회는 삼위일체 하나님 신앙에 근거한 보다 구체적이고 가시적인 교회일치를 추구하면서 이 삼위일체 하나님 안에서 "각 장소의 모든 그리스도인들"(all in each place)이라는 가시적 일치를 위한 근거를 발견했는데, 분과 보고서 중 "교회의 일치"에서 그 가시적 일치의 표지들로서 사도적 신앙과 복음 설교, 세례, 성찬, 기도, 증거와 봉사를 제시하기에 이르렀다. 이어 웁살라 총회는 세속 사회의 급격한 변화 상황 속에서 교회일치의 문제를 보편성의 개념으로 설명하려는 노력으로 교회의 보편성 (catholicity)을 강조함으로써 개교회의 다양성을 인정하면서도 전 교회의 하나됨을 추구하며 호소했다. 그 결과 나이로비 총회는 웁살라 총회가 말한 "교회의 보편성"의 이상을 더욱 구체화시킨 것으로서 "협의회를 통한 친교"로서의 교회일치를 추구할 수 있게 되었다.

필자는 이제 둘째 마당의 두 번째 과제로 넘어가고자 한다.

그것은 JWG(1990)의 "지역교회와 보편교회"에 조명하여 뉴델리 총회와 나이로비 총회에서 확인된 "각 장소의 모든 그리스도인들"과 "모든 장소의 모든 그리스도인들"의 문제를 계속해서 숙고하는 것이다. 독자들은 세계교회가 오랜 신학적 갈등의 주제인 '지역교회'와 '보편교회'의 문제를 친교(또는 코이노니아)[111]의 개념을 통하여 어떻게 신학적 수렴들에 이르고 있는가를 이해할 수

---

111   필자는 이어지는 JWG(1990)의 "지역교회와 보편교회"에 대한 숙고에서 "친교" 및 "코이노니아"를 "코이노니아"로 통일하여 번역하였다. 그 이유는 산티아고 대회의 문서 "신앙, 삶, 그리고 증거에 있

있을 것이다. 또한 코이노니아에 대한 에큐메니칼 논의가 지나친 개교회주의에 빠져 있는 한국교회들에게 주는 도전, 즉 친교를 통한 협력과 일치에의 요청을 발견할 수 있을 것이다.

JWG(1990)의 "지역교회와 보편교회"

로마가톨릭교회와 WCC는 제2차 바티칸 공의회(1962-65) 직후 "연합 연구 위원회"(JWG, Joint Working Group)[112]를 구성했다. JWG는 첫번째 공식 보고서에서 자신의 기능과 역할에 관하여 다음과 같이 언급한 바 있다.

> JWG의 과제는 영적인 것과 목회적인 것으로서, 하나님이 그의 백성을 인도하신다는 확신과 기도의 정신으로 수행되어야 한다. ⋯ JWG는 현대의 에큐메니칼 상황에서 하나님의 뜻을 분별해야 하는 과제를 위해 부름 받았다.[113]

이 JWG는 WCC 밴쿠버 총회(1983)와 캔버라 총회(1991) 사이인 1985년에 두 가지 주제에 대한 연구 과제를 특별위원회에 맡겨 연구하게 한 뒤, 1990년의 로마 회의에서 두 개의 문서를 채택했는데, 그 중 하나가 「The Church : Local and Universal」이다. 이 문서는 "코이노니아의 교회론"이 교회들 사이에 존재하고 있는 비록 불완전하지만 실제적인 코이노니아를 표현하기 위한,

---

어서 코이노니아를 향하여"에 대한 숙고를 앞두고 "코이노니아" 개념을 강조하는 데 있다. 독자들의 양해가 있기를 바란다.
112 이하 JWG라고 칭하기로 한다. 1965년 나이제리아에서 출범한 JWG는 각각 12회원의 대표들로 구성되어 있으며 통상 1년에 한번 정규 모임을 갖기로 되어 있는 자문기관이다.
113 JWG Sixth report, "The Church: Local and Universal", 3.

그리고 특별히 그것을 기초로 설 수 있는 한 방법일 수 있다는 확신을 가지고 준비되었다.[114] JWG(1990)는 "지역교회와 보편교회"의 서문에서 다음과 같이 "코이노니아의 교회론"(the ecclesiology of communion)을 제시했다.

> JWG는 또한 코이노니아의 교회론과 지역교회와 보편교회 사이의 관계 - 각각의 기독교 교파 안에서 뿐만 아니라 분열된 기독교 교파들 사이의 에큐메니칼 관계의 의미에서 - 를 토의하기 위한 기초로서의 그것(코이노니아의 교회론)의 유용성을 연구한다. JWG는 교회적 코이노니아의 다양한 표현들을 가리키고, 우리가 여기에서도 에큐메니칼 수렴의 측면들을 볼 수 있도록 돕는다.
>
> 이 연구 문서의 준비에는 코이노니아의 교회론이 교회들 사이의 계속되는 분열들에도 불구하고 그들 사이에 이미 존재하는 비록 불완전하지만 실제적인 코이노니아를 표현하고 그것을 기초로 설 수 있는 한 방법일 수 있다는 확신이 있었다.[115]

이미 앞에서 분석한 바와 같이 WCC는 뉴델리 총회에서 가시적 일치를 위한 교회의 징표들을 밝히면서 이러한 징표들이 지역교회의 차원에서도 필요불가결하게 확인되어야 함을 강조하였고, 한 걸음 더 나아가 나이로비 총회에서 협의회를 통한 친교를 유기적 일치의 이상으로 제시하면서 '보편교회'로의 길을 코이노니아(communion, koinonia)에서 찾았다. 이 두 총회에서 확인된 바가 지역교회와 보편교회의 문제를 풀어 가는 열쇠가 되었다고 할 수

---

114   윗 글. 24.
115   윗 글.

있는데, 그 증거로 지역교회와 보편교회에 대한 JWG(1990)의 연구는 앞의 두 총회의 교회론을 주요 토대로 삼았다.

JWG(1990)는 "서론 : 지역적인, 그리고 보편적인 코이노니아로서의 교회"에서 삼위일체론적 교회론을 다음과 같이 전개했다.

> 1. 교회는 삼위일체 하나님의 형상이며, 그리고 삼위일체 하나님은 교회적 코이노니아의 내적 원리이다. 부활로부터 파루시아(재림)에 이르기까지 친교는 성부 하나님이 원하시는 바요, 성자 하나님 안에서 실현된 바이며, 그리고 공동체 안에서와 공동체를 통해서 성령 하나님이 불러일으키신 바이다. 모든 진정한 기독교 공동체는 이 코이노니아에 참여하고 있으며, 그리스도와 성령 안에서 계시된 하나님의 신비에 참여하고 있다.
> 2. 하나님의 구원의 계획에는 오직 하나의 교회만이 있다. 이 하나의 교회는 전 세계에 흩어져 있는 지역교회들 안에서 현존하며 확증된다. 따라서 그의 몸이신 예수 그리스도의 동일하고 유일무이한 교회가 모든 지역교회 안에 현존한다.
> 3. 지역교회와 보편교회에 대한 모든 교회론적 고찰은 성서와 초기 신조들에 나타난 기독론적 차원과 성령론적 차원을 인정해야 한다. 교회의 기독론적 차원들은 성령의 활동 안에서, 그리고 성령의 활동을 통해서 실현된다. … 교회는 하나님의 백성이고, 그리스도의 몸이며, 성령의 전(殿)이다.[116]

이러한 삼위일체론적 교회론은 WCC의 교회론에 있어서는 〈신앙과 직제〉 룬트 대회의 기독론 중심의 교회론에 만족하지 않고 삼위일체 하나님 신앙에 근거한 보다 구체적이고 가시적인 교회일치를 추구한 뉴델리 총회의 교

---

116 윗 글, 24-25.

회론을 반영하고 있으며, 로마가톨릭교회의 교회론에 있어서는 제2차 바티칸 공의회가 "교회의 신비"를 말하면서 "온 교회는 성부와 성자와 성령의 일치에 바탕을 두고 모인 백성"[117]이라고 규정한 것을 확인시켜 주는 것이다.

코이노니아 교회론

코이노니아 또는 친교의 개념은 하나의 교회의 일치 속에 있는 지역교회들의 다양성을 이해함에 있어서 더욱더 커다란 가치를 가진다. 코이노니아는 그리스도의 몸, 하나님의 백성, 그리고 성령의 전으로서 교회 생활의 근원과 본질을 가리킨다. 특히 이 개념은 우리로 하여금 교회의 두 가지 차원, 즉 그 지역성과 보편성을 분리된 실체들로서가 아니라 하나의 실재, 즉 통합된 실체들로서 보게한다. 코이노니아는 말씀과 성례전을 통해 삼위일체 하나님의 생명에 참여함으로써 실현된다. 교회는 바로 구성원들이 성령의 생명 안에서 가지는 교제 때문에 친교, 즉 코이노니아이다. 그리고 코이노니아는 그리스도의 한 몸 안에서 우리를 함께 묶는 역동적인 실재이다.(I.7)

JWG는 교회의 코이노니아의 개념을 통해서 두 개의 차원들, 즉 그 지역성과 보편성을 분리된 실제들로서가 아니라 하나의 실재의 두 개의 통합된 차원들로서 볼 수 있도록 함으로써 WCC의 교회일치 추구에 있어서 교회론의 한 힘든 과제인 지역교회와 보편교회의 문제를 결정적으로 해결했다. 또 JWG는 코이노니아, 즉 신자들과 하나님 사이의 연합의 유대는 삼위일체 하나님에 참여함을 통해서 실현될 수 있다고 말함으로써 삼위일체론적 해석을 하였는데, 이러한 삼위일체론적 교회론의 성격은 뉴델리 총회의 삼위일체론적 교회론으로부터 강하게 영향받고 있는 것이다. 전체적으로 볼 때, 코이노니아의

---

117 Walter M. Abbot ed., *The Documents of Vatican II* (American Press, 1966), 17.

교회론은 성경과 초대교회 신조들에서 나타난 기독론적인, 그리고 성령론적인 두 차원을 인식하여야 할 뿐만 아니라 말씀과 성례전을 통한 삼위일체 하나님에 대한 참여, 더 나아가서 전 인류에 대한 관계성을 강조하고 있는데, 코이노니아 교회론의 이러한 측면은 JWG가 WCC의 교회론 연구의 발전을 따라가고 있음을 보여주고 있는 것이다. 또한 교회일치를 추구하면서 "코이노니아" 개념이 사용된 것은 "교회란 진정으로 무엇인가"에 대한 로마가톨릭교회와 WCC의 고백노력을 반영하는 것이다.

코이노니아는 교회가 단순히 제도나 기구가 아니라는 것을 분명히 말해주는 것이다. 로마가톨릭교회는 제2차 바티칸 공의회의 「교회헌장」(교회에 관한 교의헌장, Lumen Gentium)에서 교회를 교계제도라고 말하기 이전에 그리스도의 몸이요, 하나님의 백성이라고 했고, WCC 역시 자신의 구조적 성격을 "중세가 실현시켰던 단일 세계교회(One World Church)를 다시 재현시키려는 그 어떤 기구도 아니요, 모든 교파의 다양성을 없애버리는 어떤 초교회(Super-church)가 아니라 세계교회들의 협의회로서, 여러 교파들이 각각 특색을 유지하면서 사귐, 연합, 사업을 함께 하자는 운동"[118]이라고 하였다.

---

118 이형기 역, 『세계교회협의회 40년사』, 237. 1961년 뉴델리 헌장의 본문은 다음과 같이 말하고 있다. "세계교회협의회란 성경을 따라 우리 주 예수 그리스도를 하나님과 구원자로 고백하고, 한 하나님, 곧 성부, 성자, 성령의 영광을 위한 공동의 소명을 함께 성취해 나가고자 하는 교회들의 친교이다."

지역적 코이노니아와 보편적 코이노니아

지역교회

지역교회는 그 자체로서 참 교회이다. 지역교회는 자신이 처한 상황에서 교회가 되기에 필요한 모든 것을 가지고 있기 때문이다. 지역교회는 사도적 신앙을 고백한다. 지역교회는 성서 안에 있는 하나님의 말씀을 선포하고, 그 구성원들에게 세례를 베풀며, 성찬과 그밖에 다른 성례들을 집행한다. 지역교회는 성령의 임재와 그의 은사를 확언하고 응답하며, 하나님의 나라를 선포하고 고대하며, 공동체 안에서 권위의 교역을 인정한다. 이러한 다양한 모든 특징들은 지역교회가 하나님의 교회의 친교 안에 존재하기 위하여 함께 존재해야 한다.(Ⅱ.1.13)

지역교회는 행정적 혹은 사법적 보편교회의 하부단위나 일부분이 아니다. 지역교회 안에 "하나의 거룩한 보편적 사도적" 교회가 참으로 현존하며 역사하고 있다(Christus Dominus, 22). 지역교회는 하나님의 교회가 구체적으로 실현되는 곳이다. 부활하신 그리스도의 성령에 사로잡힌 바 되어 하나님의 생명에 참여함으로써 일어난 코이노니아가 바로 신자들의 모임이다.(Ⅱ.1.14)

모든 세계기독교 교파들은 일반적으로 지역교회를 그 안에서 하나님의 말씀이 선포되고, 사도적 신앙이 고백되며, 성례가 집행되고, 세상을 향한 그리스도의 구속사역이 증언되며, 주교나 그밖에 다른 교역자들에 의해 행사되는 감독(episcope)의 교역이 공동체를 봉사하는, 세례 받은 신자들의 공동체로 정의하는데 의견을 같이하고 있다.(Ⅱ.1.15)

JWG는 지역교회를 "하나님의 교회가 구체적으로 실현되는 곳"이라고 정의하였고, "지역교회는 그 안에서 하나님의 말씀이 선포되고, 사도적 신앙이 고백되며, 성례가 집행되고, 세상을 향한 그리스도의 구속사역이 증언되며, 주교나 그밖에 다른 교역자들에 의해 행사되는 감독의 교역이 공동체를 봉사하는, 세례 받은 신자들의 공동체"로 정의하였다. 이것은 뉴델리 WCC 총회가 "각 장소의 모든 그리스도인들"을 말하면서 장소(place)[119]를 "지역적 주변이나 현대의 상황 아래서 그리스도인들이 그리스도 안에서의 하나됨을 드러낼 필요가 있는 다른 지역들 모두"를 뜻한 것에 비교하여 더욱 발전된 지역교회에 대한 정의로서, 진정한 교회로서의 지역교회 안에서 교회일치 가능성을 확인한 것이라고 볼 수 있다.

보편교회

한편, 보편교회는 전 세계에 걸쳐 믿음과 예배로 일치된 모든 교회이다. 그러나 보편교회는 지역교회의 합(合)이거나 동맹(同盟), 또는 병렬(竝列)이 아니다. 모든 지역교회들은 이 세상에서 하나님이 현존하며 활동하시는 동일한 교회이다. 여기서 중심이 되는 문제는 근본적으로 교회론적인 것이지 조직적인 것이 아니다. 말씀과 성례가 거행되고 행해지는 가운데 모여진 지역교회들의 코이노니아는 하나님의 교회를 나타낸다. 그리고 보편교회의 개념은 문화적 다양성을 나타낸다. 보편성은 교회의 참된 개념에 속한다. 이 보편성은 지역적 확장을 가리킬 뿐만 아니라 지역교회들의 다양성과 그들의 코이노니아 참여를 가리킨다. 각각의 지역교회들은 전체 교회의 이익을 위하여 자신의 고유한 은사를 가지고 기여한다.(II.2.19)

가톨릭교회와 정교회는 자신들이 보편교회를 대표한다고 이해한다. 반면, 종교개혁 교회들과 자유교회들은 국가적 차원에서 조직되어야 했기 때문

---

119 장소(place)라는 난어의 기본석인 의미가 "현대의 상황 아래서 그리스도인들이 그리스도 안에서 하나됨을 드러낼 필요가 있는 다른 지역들 모두를 뜻한다"는 것은 그리스도 안에서의 하나됨이 지역 공동체 뿐만 아니라 보다 광범위한 지리적 장소를 포함한 - 인종이나 계급을 초월한 - 모든 장소에 있는 모든 그리스도인들의 하나됨을 가리킨다는 것을 의미한다.

에 자신들을 교회의 보편적인 차원으로 이해하거나 경험하는데 종종 어려움을 가진다. 그러나 에큐메니칼 운동에 관계하고 교파별 세계연합체들과 WCC의 코이노니아를 경험한 후에 위의 교회들은 한 국가나 지역의 차원으로 구성되었다는 자기 정체성을 초월하는 보다 강한 그리스도 교회의 보편성에 대한 인식을 발전시켰다. 예수 그리스도의 교회로서 보편적 친교를 함께 고백하고 표현할 수 있게 하는 일치로 교회들을 이끄는 것이 에큐메니칼 운동의 임무이다.(II.2.20)

WCC의 역사에 있어서, 웁살라 총회에서 나이로비 총회로 가는 길목에서 WCC의 교회일치 추구에 있어서 크게 기여한 것이 "협의회를 통한 친교"이었는데, 이는 무엇보다도 교회의 보편성에 대한 보다 명백한 이해를 가능하게 했다. 각 교회는 서로 다른 교회들에 의존하고, 서로 다른 교회들에 대하여 책임을 지며, 서로 다른 교회들과 코이노니아 속에서 살아간다. 이러한 코이노니아의 구성적 요소는 뉴델리 총회 이후 확인된 가시적 일치의 징표들이다. 비록 각 지역교회들이 자신들의 개별성을 유지하고 있지만, 이들은 전 세계를 통하여 하나의 몸된 교회임을 믿는다. WCC 안에서 정교회의 역할이 증가되고, 가톨릭교회가 하나의 단일한 세계 공동체(world communion)로서 그 대화의 상대자를 세계 교파교회 공동체들(world confessional families)에서 찾게 됨으로써 예수 그리스도 안에서의 하나됨의 확인은 보편적 코이노니아 안에서 그 가능성을 찾게 되었다.

우선순위의 문제

우선순위에 대한 문제를 고찰하는 한 가지 방법은 종말론적, 성령론적 교회론을 이용하는 것이다. 이러한 접근 방식은 우선순위를 배타적으로 지역교회나 보편교회에 돌리지 않는다. 오히려 둘은 동시에 존재했다고 제안한다. 둘다 필수적이다. 그러나 한편으로 하나님의 보편적 구속의 계획 아래서 보편성은 지역성보다는 전적인 우선권을 갖는다고 생각해야 한다. 왜냐하면 그리스도는 흩어진 하나님의 자녀들을 함께 모으기 위해 오셨고, 오순절에 하나님의 영이 모든 육체에 부어졌기 때문이다(참고 사도행전 2:17). 하나님은 보편적 화해와 일치의 구조 안에 교회를 세우셨다. 오순절의 경험과 그리스도의 말씀과 은혜, 이 둘은 계속적이고 보편적인 관련성을 갖는다. 구원의 복음은 예외 없이 모든 인류에게 제시되었다. 이와 같은 의미에서 보편성이 우월하고, 계속 그러할 것이다.(II.3.21)

동시에 교회는 한정된 장소에서 시작되며 현존하게 된다. 오순절이 이르렀을 때, 사도들은 모두 한곳에 모였다(사도행전 2:1). 이곳으로부터 사도들은 모든 민족에게 복음을 증거하기 시작했다(마태복음 28:19). 교회가 시작된 구체적인 역사적 상황에서 개교회는 우월성을 가졌으며 그리스도의 재림 때까지 우선순위를 유지할 것이다. 왜냐하면 복음은 한정된 장소에서 매시간 전파되기 때문이다. 즉 지역교회는 세계 내에서 다른 지역교회들과 항상, 그리고 필수적으로 코이노니아를 이루어야 함에도 불구하고 신자들은 이 한정된 곳에서 세례를 받고 성례를 거행하기 때문이다.(II.3.23)

코이노니아의 교회적 요소들

보고서 III장에서는 양측이 충만한 코이노니아를 위해서 지녀야 할 교회적 요소들을 제2바티칸 공의회와 WCC의 역사에 비추어 설명하고 있는데, 그 요소들은 5가지이다. 즉, 1) 사도적 신앙, 2) 성례전적 삶, 3) 참으로 하나의 상호 인정된 교역, 4) 협의회적 관계와 결정을 위한 구조, 5) 세상 안에서의 공농 증언과 봉사이다.

제2차 바티칸 공의회

교회적 코이노니아에 대한 해석

제2차 바티칸 공의회(the Second Vatican Council, 1962-1965)에서는 교회적 코이노니아에 대한 두 가지 양식이 묘사되었다. 첫째는 충만하고 완전한 교회적 코이노니아로서 이 코이노니아가 있는 곳에는 하나이며, 거룩하고, 보편적이고, 사도적인 교회의 교회적 요소들이 완전하게 현존한다. 둘째는 부분적이고 불완전하나, 그럼에도 불구하고 실제적인 교회적 코이노니아이다. 필수불가결한 요소들은 어떤 방법으로든 다른 기독교 교회들에서도 현존한다. 이 요소들은 기록된 하나님의 말씀, 그리스도와 삼위일체 하나님께 대한 믿음, 세례, 성례들, 은총의 삶, 믿음 소망 사랑, 성령의 내적 은사들, 기도와 다른 영적 은혜들 등이다(Unitatis Redintegratio, 3, 20-23, and Lumen Gentium, 15). 이러한 요소들은 본성상 보편적 일치의 완전한 실현을 지향한다(Lumen Gentium, 8, 15). 비록 비(非)가톨릭 공동체가 교회적 요소들 중 제도상의 완전함을 갖추지 않았다 할지라도, 이 공동체가 임재와 은혜에 대한 진정한 영적 응답과 믿음 소망 사랑의 생생한 코이노니아의 형태를 지니지 않았다고 할 수 없다. 이러한 코이노니아의 교회론은 이미 가톨릭교회와 다른 교회들 사이에 존재하는 불완전하나 실제적인 코이노니아를 설명하고 표현할 수 있는 유력한 방법을 제공하는 것이며, 이 방법에 의해 가톨릭교회는 성장하고 있는 코이노니아에 대해 말할 수 있게 되었다.(Ⅲ.1.26)

교회적 코이노니아의 요소들은 "우리가 바라는 일치"라는 관점으로 WCC에서도 숙고되었고 좀 더 분명해진 바 있다. 그리고 이러한 숙고들의 결과는 1961년 뉴델리(제3차)와 1975년 나이로비(제5차)에서 열린 WCC 총회들의 진술들에서 공식화되었었다. 먼저 뉴델리 총회의 진술은 다음과 같이 말했다.

> 우리는 하나님의 뜻이요, 그의 교회에게 주시는 선물인 하나됨이 가시화되고 있는 중이라고 믿는다. 왜냐하면 예수 그리스도와 합하여 세례를 받았으며 그를 주님이시요, 구세주로서 고백하는 각 장소의 모든 기독교인들이 성령에 의해 완전히 헌신하는 하나의 교제로 인도되어서 하나의 사도적 신앙을 갖고 하나의 복음을 전하며, 하나의 떡을 떼고 함께 공동의 기도를 드리며, 공동체적 삶을 통해서 모든 사람들에게 증거와 봉사를 하기 때문이며, 동시에 이들 기독교인들은 모든 장소, 모든 시대에 목사와 신도가 모든 사람들에 의해 받아들여지며, 또 모든 사람들이 하나님께서 자기 백성에게 요구하시는 일을 위하여 상황이 요구하는 대로 함께 행동하고 함께 말하는

방식으로 전적인 기독교적 교제(the whole Christian fellowship)과 일치되어 있기 때문이다.[120]

이어서 살라망카(Salamanca)에서 열린 〈신앙과 직제 협의회〉의 보고서를 채택한 나이로비 총회는 지역적 차원과 보편적 차원 모두에서의 가시적 교회일치의 실현을 위해 필수적인 것으로서 일반적으로 인정되는 교회적 요소들을 다음과 같이 언급했다.

하나의 교회는 진정으로 하나가 된 지역교회들의 협의회적 교제로서 가시화되어야 한다. 이러한 협의회적 친교를 통해서 각각의 지역교회는 다른 지역교회들과 교제함으로써 보편성의 충만함을 소유하며 같은 사도적 신앙을 증거하고 있다. 그 결과 지역교회는 다른 교회들도 같은 그리스도의 교회에 속해 있으며, 같은 성령에 의해 인도되고 있다고 인정한다. 뉴델리 총회가 인정한 바와 같이, 그들 교회들은 같은 세례를 받았고 같은 성찬에 참여하고 있기 때문에 하나가 되어 있다. 그들은 상대방의 신도들과 사역을 인정한다. 그들은 세상에 대해 선포하고 봉사함으로써 그리스도의 복음을 선포하는 공통된 헌신에 있어서 하나가 되어 있다. 이를 위해 각 교회는 그들의 공통된 사명을 완수하기 위해 필요할 때마다 소집되는 협의회들에서 표출되는 자매교회와의 지속되어 왔고, 또 지속되고 있는 관계를 유지하는 것을 목표로 삼고 있다.[121]

---

120 이형기 역, 『세계교회협의회 역대총회 종합보고서』, 223-224.
121 윗 글, 340-341.

뉴델리와 나이로비의 두 진술은 지역교회와 보편교회의 가시적 교회의 일치의 실현을 위해 필수불가결한 것으로 인식된 교회적 요소들을 언급하고 있다. 이 요소들은 사도적 믿음의 공동 고백, 다른 교파들이나 회원들의 사도성과 보편성의 상호 인정, 성례전과 교역들, 성만찬과 영적 삶과 세상에서의 선교와 봉사, 협의회적 모임들과 결정들에서 상호 친교의 성취 등을 포함한다. 두 진술은 지역교회적 코이노니아를 강조하고 있지만 특히 나이로비 총회에서 나타난 바와 같이, 지역적 코이노니아는 협의회적 친교의 형태로 일치의 보편적 차원과 상호 관련되어 있다. 더 나아가서 뉴델리와 나이로비의 묘사들은 단지 가시적 일치의 목적에만 국한되어 있지 않다. 동시에 그것들은 지역적 차원과 보편적 차원의 모두에서의 교회의 신앙과 삶의 기본적인 요소들을 표현하였다.(Ⅲ.1.31)

교회일치 운동에 활동적으로 참여하고 있는 모든 교회들은 성만찬적 코이노니아와 충만한 코이노니아가 아직 성취되지 않았음에도 불구하고 코이노니아의 방법들이 존재한다는 사실에 동의하였다. 이 교회들은 다른 교회들로부터 더 이상 소외되어 살아가지 않는다. 그들은 상호 이해와 존경을 발전시켜 왔다. 그들은 함께 기도하며 서로 영적 경험과 신학적 견해를 나눈다. 그들은 인류의 필요에 대해 함께 탄원한다. 그들은 양자간, 다자간 협상을 통해 교리와 교회 직제의 불화를 일으키는 이전의 사항들과 관련하여 주목할만한 성과를 이루었다. 정도의 차이는 있지만 그들은 친교의 기본적 요소를 나눈다. 그러므로 개개의 교회들 사이의 관계성에 따라 그러한 코이노니아의 표현의 정도들이 서로 다를 수 있다는 이해에 근거하여, 교회들 사이의 불완전하지만 실재하는 실제적인 코이노니아를 말하는 것이 가능한 것이다.(Ⅲ.1.33)

불완전하지만 이미 존재하는 실제적인 코이노니아에 대한 인식은 20세기 교회사의 교회일치의 노력들의 중요한 결과이며 근본적으로 새로운 원리이다.

이 인식은 하나님의 모든 인류를 위한 구원과 화해 사역을 위하여, 교회들의 갱신과 공동 증언과 봉사를 위하여 그 기초를 제공한다. 그리고 이 인식은 교회들 간에 완전한 코이노니아의 이해와 실행을 여전히 막고 있는 장벽을 극복하고자 하는 보다 많은 노력들을 위한 기초와 격려를 제공한다.(Ⅲ.1.34)

교회적 코이노니아에서 지역교회와 보편교회의 상호 의존

지역교회는 전적으로 교회이다. 그러나 그것이 전(全) 교회는 아니다. 교파별 세계 연합체들이 '지역교회'를 각기 다르게 이해한다고 할지라도, 그들의 경우에도 "지역교회가 전적으로 교회이지만 전(全) 교회가 아니다"라는 이 사실은 변하지 않는다. 또한 이 사실은 그리스도인들 사이에 충만한 일치가 실현될 때까지 결코 변하지 않을 것이다. 지역교회는 결코 따로 독립되어 보일 수 없고, 항상 다른 지역교회들과의 역동적인 관계성 속에 있다. 지역교회는 다른 교회들에 대한 관련 속에서 자신의 신앙을 표현해야 하고, 그렇게 함으로써 코이노니아를 확증한다. 교회의 보편성은 지역교회들 사이의 상호 관련성과 상호 의존성을 의미한다. 어떤 지역교회가 자신에게 몰입하여 다른 지역교회들로부터 완전히 독립하여 기능하기를 추구한다면, 그 교회는 자신의 교회적 성격의 일차적 측면을 왜곡하는 것이다. 지역교회는 자유롭게 서 있는 자기 충족적인 실체가 아니다. 지역교회는 친교의 연결망의 일부분으로서 다른 지역교회들과의 관계 속에서 자신의 실체를 유지한다.(Ⅲ.2.36)

마당을 나가며

지금까지 JWG(1990)의 "지역교회와 보편교회"를 숙고하였다. JWG는 그 서문에서 지역교회와 보편교회 두 개념은 서로 분리될 수 없는 동일개념이며, 다만 바라보는 각도에서 오는 다양성이라는 사실에 대한 인식을 밝혔다. JWG의 "지역교회와 보편교회"는 뉴델리 총회와 나이로비 총회의 가시적 일치를 위한 교회일치 개념을 받아들이고, 동시에 일치의 목표로서 "완전한 친교"를 바라보면서, 특히 협의회적 친교, 즉 지역교회들의 전통을 포기하지 않으면서 일치를 이루는 "코이노니아"의 개념을 통해 일치를 설명함으로써 WCC의 교회일치 추구의 역사에 있어서 중요한 진전을 이룩했다.

모든 교회들은 스스로를 "모든 장소들의 모든 기독교인들"과 코이노니아 속에 있는 "각 장소의 모든 기독교인들"임을 자각하고, 동시에 선물로 주어진 일치에 감사하면서 끊임없이 가시적인 일치를 향하여 나아가야 하며, 획일성으로서의 하나됨이 아니라 다양한 신학적 표현들과 교회적 삶의 형식들을 고려하면서 서로 다른 기독교 전통들의 유산을 보존하고 다양한 사회적, 문화적 상황들 속에서 형성된 교회의 토착성을 존중하는 하나됨을 이루어야 한다. 바야흐로 미래의 교회는 교회의 전통적인 주제들을 잃지 않으면서 세속 세계의 도전에 응답해야 하는 무거운 책임을 안고 있기에, 서로의 다양성을 인정하면서 일치를 이루기 위한 노력을 가일층 가속화시켜야 하는 사명을 안고 있는 것이다. 이러한 인식 위에서, 한국장로교의 분열된 교회들도 "다양성 속에서의 하나됨"의 틀 안에서 개교회들의 다양성을 인정하며 성령론적 코이노니아 개념을 가지고 일치운동으로 나아감으로써 하나님의 창조세계의 과제들을 함께 감당할 수 있어야 할 것이다.

이어지는 셋째 마당에서 필자는 본격적으로 에큐메니칼 차원에서 신앙과 직제 운동의 과정을 통해 성취된 가시적 교회일치 추구를 위한 신학적 수렴들을 고찰할 것이다.

셋째 마당

〈신앙과 직제〉
「산티아고 대회」(1993) 고찰

산티아고를 향하여

신앙(Faith)에 있어서

20세기 에큐메니칼 차원에서 지속적인 신학적 수렴의 노력으로서 신앙과 직제 운동은 근본적인 신앙의 일치에 관해 지속적으로 논의해 왔다. 물론 신앙과 직제 운동이 수행해 온 논의들 가운데는 교회를 분열시키기에 충분한 다수의 심각한 논쟁들이 있었다. 그러나 그러한 논쟁적 이슈들에도 불구하고 〈신앙과 직제〉는 항상 근본적인 신앙의 일치 위에 서 있고자 힘써 왔다. 그런 이유 때문에 역대 신앙과 직제 분과 보고서들은 사도적 신앙(apostolic faith)이 무엇인가를 말하고자 노력했다고 볼 수 있다. 이와 같은 맥락에서 〈신앙과 직제〉 로잔 대회(1차, 1927)의 제2분과 보고서[122]는 "복음"에 대해 다음과 같이 말했다.

---

122 제2분과 보고서의 제목은 "세상을 향한 교회의 메시지: 복음"(The Church's Message to the World - The Gospel)이었다.

세상을 향한 교회의 메시지는 예수 그리스도의 복음이요, 항상 복음이어야 한다. 복음은 현재와 미래를 향한 구속의 기쁜 메시지인 바, 그리스도 안에서 죄인에게 주어진 선물이다. 성령은 전체 인류 역사 속에서 활동하시사 그리스도의 오심을 준비하셨고, 무엇보다도 구약 안에 주어진 그의 계시를 통해서 그의 오심을 준비하셨는데, 때가 차서 하나님의 영원하신 말씀이 성육신하사 인간이 되신 것이다. 바로 예수 그리스도는 하나님의 아들과 사람의 아들이며, 은혜와 진리가 충만하신 분이다.(S.Ⅱ.9-10)[123]

또한 에든버러 대회(2차, 1937)의 제6분과 보고서도 "우리는 신앙 혹은 신앙고백에 있어서 본질적인 일치가 충만한 성만찬교류와 협력적인 연합을 위해 필요하다는 것을 발견한다"고 말하면서 "교회의 일치의 기초로서의 신앙"에 대해 다음과 같이 진술했다.

우리는 신·구약 성경에 포함되어 있고, 예수 그리스도 안에 요약되어 있는 하나님의 계시를 신앙의 최고 표준으로 받아들인다.
우리는 사도신경과 통상 니케아 신조라고 불리우는 신조가 신앙을 증거하고 보존한다는 사실을 인정하며, 이와 같은 신조에 담긴 사도적 신앙은 교회와 교회의 구성원들의 영적 경험으로서 계속해서 진리임이 증명된다는 사실을 주장한다. 그리고 우리는 이와 같은 문서들이 율법주의적인 표준서라기보다 기독교 신앙에 대한 거룩한 표지들이요 증거라는 사실을 기억한다.
우리는 성령의 인도하심이 성경의 경전화와 위의 신조들의 형성이 끝난 이후에도 계속해서 함께하신다는 사실과, 또한 교회 안에는 수세기를 통해서

---

123 Lukas Vischer, ed., *A Documentary History of the Faith and Order Movement 1927-1963*, 29.

그리고 지금도 그리스도의 현존에 대한 하나님에 의해 지탱되는 의식이 존재한다는 사실을 주장한다.(S.Ⅵ.127)[124]

룬트 대회(3차, 1952)는 특별히 성서와 고대 에큐메니칼 신조들을 정통신앙 형성에 있어서 결정적인 것으로 보고, "교리에 있어서 일치"라는 제목 아래 다음과 같이 말했다.

> 모든 교회들은 성경을 교회에 대한 유일한 권위 혹은 모든 교회들이 의존하고 있는 모든 권위들 위에 있는 권위로 받아들인다. 대부분의 교회들은 에큐메니칼 신조들을 성경의 진리에 대한 한 해석으로 받아들이거나, 정통신앙의 형성에 있어서 결정적인 것으로 본다.
> 많은 교파들이 그들 나름대로 성서를 읽고 기독교 신앙을 신앙고백적 문서들로 표현했다. 그러나 그와 같은 신앙고백서들은 항상 재구성될 수 있는 것으로서 모든 교회들의 신앙규범(The Rule of Faith all Churches)과 동일한 위치를 점유할 수는 없는 것이다.[125]

다음으로 몬트리올 대회(4차, 1963)의 제2분과 보고서 "성서, 전통, 그리고 전통들"(Scripture, Tradition, and traditions)은 성서와 전통의 문제에 대한 새로운 공통된 관점들을 구성하는데 성공했다. 그것에 따르면, 교회 안에서, 그리고 교회를 통해서 대대로 전달된 복음 그 자체를 의미하는 전승(Tradition)과 그 하나의 전승에 대한 다양한 표현들을 의미하는 전통들(traditions)을 구별하는 것이 매우 유익하다는 것이 증명되었다. 이러한 구별

---

124   윗 글, 64. Hans-Georg Link, ed., *Apostolic Faith Today* (Geneva: WCC, 1985), 70.
125   Hans-Georg Link, ed., *Apostolic Faith Today*, 74.

은 전승(Tradition)에 대한, 그리고 성서와의 전승의 관계에 대한 더욱 역동적인 견해를 가능하게 하였다. 전승은 성서의 기원이며 성서 안에 증거 되어 있는 복음으로 말해졌다. 또한 전승은 단 한 번에 결정되어 대대로 전수된 교리들의 합(合)이 아니라 살아있는 실재로서, 그리스도 안에서의 하나님의 계시, 그리고 역사를 통한 그 계시의 과정으로서 이해되었다. 그러나 우리는 이 전승을 그 자체로서 소유하지 못한다. 오히려 그것은 우리의 교파적 전통들의 형태로 우리에게 오는 것으로 이해되었다.

> 보고서에서 우리는 "tradition"이 가진 수많은 다양한 의미들을 구별했다. 우리는 "Tradition", "tradition", 그리고 "traditions"에 대해 말한다. "Tradition"이 의미하는 바는 교회 안에서, 그리고 교회에 의해서 세대를 통해 전해진 복음 자체, 교회의 삶 안에 현존하는 그리스도 자신이다. "tradition"이 의미하는 바는 전승과정이다. "traditions"이 의미하는 바는 두 가지로 구분되는데, 표현 형태들의 다양성과 우리가 교파적 전통들로 부르는 것 모두를 가리킨다.(S.Ⅱ.39)[126]

그리고 위의 인용에서 말하는 사도적 복음은 교파들의 신학들이 보여주는 다양성 속에서의 통일성을 지향하고 있다는 점을 다음과 같이 강조하였다.

> 전승의 과정을 통해서 전승된 것이 기독교 신앙이며, 이것은 단순히 명제적 진리들의 총화가 아니라 성령의 역사를 통해 전승된 하나의 살아있는 실재이다. 우리가 말하는 기독교 전승(Tradition)의 내용은 그리스도 안에 나타

---

126 Hans-Georg Link, ed., 앞 글, 80.

난 하나님의 계시요, 하나님의 자기 내어주심으로 교회의 삶 속에 현존하고 있는 것이다. 그러나 성령의 결과인 이 전승은 전통들에 의해 구체화된다. 기독교 역사를 통해 주어진 전통들(traditions)은 저 전승(Tradition)과 상이하면서도 관계되어 있다. 이들 전통들은 그리스도라는 하나의 진리와 실재의 다양한 역사적 표현들이다.(S.Ⅱ.46-47)[127]

몬트리올 대회 이래 〈신앙과 직제〉는 교회의 가시적 일치를 위한 필수불가결한 요소의 하나로서 하나의 기독교 신앙에 대한 공통된 신앙 이해와 고백의 재천명의 필요성을 실감하여 공동의 신앙고백의 기초를 마련하기 위해 지속적으로 노력하였다.

이러한 공동의 신앙고백의 기초를 마련하기 위한 노력의 첫 단계로서, 〈신앙과 직제〉는 1964년 아루스(Aarhus)에서 "창조, 새 창조, 그리고 교회의 일치"(Creation, New Creation, and the Unity of the Culture)에 대해 논의했고, 이 연구에 "보편사 시대에서의 그리스도의 궁극성"(The Finality of Christ in Age of Universal History)에 대한 WCC와 지역연구위원회들의 연구결과가 첨가되었으며, 마침내 1967년 신앙과 직제 위원회는 위의 연구결과들에 근거하여 준비된 보고서 "자연과 역사 안에 있는 하나님"(God in Nature and History)을 채택하였다.

위와 같은 노력의 두 번째 단계로서 〈신앙과 직제〉는 1971년 루뱅(Louvain)에서 "우리 안에 있는 소망에 대한 설명"(Giving account of the Hope that Is in Us)에 대한 연구를 결정했고, 1974년 이 문제에 대한 40에서 50개에 달하는 연구모임들의 증언들과 주장들이 아크라(Accra) 〈신앙과 직제위원회 총회〉를 위한 보고서에 수렴되었으며, 마침내 1978년 〈신앙과 식

---

[127] 윗 글, 82.

제〉는 벵갈로에서 "희망에 대한 공동의 설명"(A Common Account of Hope)을 채택하기에 이르렀다.

위의 두 단계들에서 보여진 노력들을 통해서 알 수 있는 것은 세계교회가 무엇보다도 창조세계, 세상, 그리고 인류의 보편사를 의식하면서 그들의 일치의 기초로서 공통된 신앙을 추구해 왔다는 사실이다.[128]

〈신앙과 직제〉는 1978년 벵갈로에서 "사도들이 전해준 기독교적 진리와 신앙을 수용하고, 다시 자신의 것으로 삼으며, 함께 고백해야 한다"고 하는 나이로비 총회의 요청에 대한 첫 응답으로 "우리의 신앙의 공동의 진술"(A Common Statement of Our Faith)을 내놓았고, 이어 JWG와 연합하여 공동의 신앙고백에 대한 연구를 수행하여 그 결과물을 수정, 출판하였다. 이러한 일련의 사도적 신앙의 공동고백에 대한 논의들을 거쳐 1981년[129] 스위스의 참베시(Chambésy)에서 개최된 한 작은 협의회에서 사도적 신앙을 밝히기 위한 앞으로의 연구가 중심으로 삼아야 할 대상으로 동・서방 교회의 공동신조인 니케아-콘스탄티노플 신조(381)가 선택되었다. 이어 이어 1982년 페루의 리마에서 "오늘의 사도적 신앙에 대한 공동의 표현을 향하여"(Towards the Common Expression of the Apostolic Faith Today)라고 명명된 연구가 시작되었는데, 이 연구는 오늘의 에큐메니칼 운동을 위해 이 주제와, 특히 니케아 신조가 갖는 중요성을 강조했다.

1984년 신앙과 직제 운동 역사에서 1984년은 공동의 신앙고백을 위한 추구에 있어서 중요한 결정이 내려진 해였다. 1984년 그리스의 크레테(Crete)에서 새롭게 구성된 「신앙과 직제 상임위원회」는 최초의 모임을 개최

---

128 이형기, "신앙과 직제 제5차 세계대회의 분과 보고서", 265.
129 "1981년"은 제2차 에큐메니칼 공의회(381)가 개최된 지 1600년이 되는 해라는 점에서, 니케아-콘스탄티노플 신조(381)가 초대 교회의 일치의 신조적 상징으로서 초대 교회가 표현하고 고백한 신앙으로 채택되었다는 것은 커다란 상징적인 의미를 갖는다.

하였는데, 1981년부터 1983년까지의 결정들과 토의들을 고려하면서 우리 시대를 위한 사도적 신앙에 대한 하나의 포괄적인 에큐메니칼 해석을 시도하기로, 그리고 381년의 니케아-콘스탄티노플 신조를 초대 교회의 일치의 가장 결정적인 모델로 채택하기로 결정했다.[130] 말하자면, 그 결정은 니케아-콘스탄티노플 신조를 성서적 증언들과 오늘의 세계 속에서의 기독교 신앙과 진리에 관련시켜 해석함으로써 사도적 신앙에 대한 공동의 해석(a common explication)을 만들어 내는 것을 의미했다. 1984부터 1987년에 걸쳐 연구와 수정과정을 거친 후 마침내 초안문서「Confessing One Faith : Towards an Ecumenical Explication of the Apostolic Faith as Expressed in the Nicene-Constantipolitan Creed(381)」가 작성되었고, 이 초안문서는 수정과정을 거쳐 「Confessing the One Faith as It is Confessed in the Nicene-Constantipolitan Creed(381) : A Faith and Order Study Document」라는 이름으로 「신앙과 직제 상임위원회」에 의해 받아들여졌다. 그리고 바로 이 문서 「Confessing the One Faith」는 세계교회들의 공동의 신앙고백으로서 1993년 산티아고 대회의 준비문서들 가운데 하나로 채택됨으로써 중요한 역할을 수행하게 되었던 것이다.

삶(Life)에 있어서

에큐메니칼 운동의 신학은 하나의 신앙을 표현함에 있어서 신앙고백적 전통들의 다양성과 선교와 사회참여에 있어서의 다양한 주장들과 실천들에

---

130 WCC, *Confessing the One Faith: An Ecumenical Explication of the Apostolic Faith as it is Confessed in the Nicene-Constantinopolitan Creed*(381), Faith and Order Paper No. 153 (WCC: Geneva, 1991), 108.

도 불구하고, 하나의 보편교회의 사도적 신앙과 BEM(세례, 성만찬, 직제) 중심의 교회적 삶(Life)을 기초로 하고 있다.

WCC의 역사에서 교회일치 문제는 항상 신학적 일치를 어렵고도 중요한 과제로서 수반하고 있었다. 그리고 신학적 일치의 노력에 있어서 세례, 성만찬, 직제에 관한 신학적 일치와 실천적 일치가 교회의 가시적 일치를 궁극적으로 가능하게 하는 것으로 간주되었고,[131] 이점은 다음과 같은 〈신앙과 직제〉의 목적에도 상응하는 것이다.

> 신앙과 직제의 목적은 예수 그리스도의 교회의 하나됨을 선포하며, 예배와 그리스도 안에서의 공동체적 삶에 의하여 표현되는 하나의 신앙과 하나의 성만찬적 사귐으로 이룩되는 가시적 일치를 지향하도록 교회를 부르는 것이다.[132]

역대 〈신앙과 직제〉는 로잔 대회(1927) 이후 지난 50년간 계속해서 세례, 성만찬, 그리고 직제를 그 중심 주제로 삼아왔으나, 이 주제에 대한 본격적인 논의[133]는 몬트리올 대회(1963)에서부터 시작되었다. 특히 〈신앙과 직제〉는 1974년 가나의 아크라(Accra)에서 성만찬, 세례, 직제에 관한 축적된 에큐메니칼 신학적 이해를 집약시켰고, 1974년부터 1982년까지에 걸쳐 그 집약된 문서에 대한 반응문서 분석과 다각적인 논의를 통해 1982년 페루의 리마[134]에서

---

131 이형기 역, 『BEM문서-세례·성만찬·직제』 (한국장로교출판사, 1993), 110.
132 WCC, *Baptism, Eucharist and Ministry*, Faith and Order Paper No. 111 (Geneva: WCC, 1982), viii.
133 1982년 페루의 리마에서 『BEM 문서』와 그것에 근거한 "리마 예식서"(Lima Liturgy)가 나왔기 때문에, 이 주제에 대한 본격적인 논의는 1962년(몬트리올 대회)부터 1982년까지 진행되었다고 말할 수 있다.
134 페루의 리마는 1982년에 신앙과 직제 위원회 총회가 개최된 장소이다. 이곳에서 신앙과 직제 위원회는 나이로비 총회에서 밴쿠버 총회에 이르는 기간 동안 있었던 가장 잘 알려진 WCC의 사업들

비로소 『BEM 문서』[135]와 그것에 근거한 『리마 예식서』(Lima Liturgy)[136]가 도출되기에 이르렀다.

주목할 만한 사항은 『BEM 문서』에 나타난 성만찬 신학이 사도신경과 니케아 신조에 나타난 삼위일체 하나님 신학의 구조를 가지고 있다는 것이다.[137] 삼위일체 하나님 신앙은 로잔 대회 이후 중요시되어 오다가 1952년 IMC의 "하나님의 선교" 차원에서 부각되었고, 뉴델리 총회(1961)에 이르러서는 WCC의 헌장에 첨가되었으며[138], 1989년에 작성된 〈신앙과 직제〉 문서 「하나의 신앙을 고백하면서 : 니케아-콘스탄티노플 신조(381)로 표현된 사도적 신앙의 에큐메니칼적 해석을 향하여」에서 더욱 강조되었다.

〈신앙과 직제〉는 1982년부터 1990년까지에 걸쳐 이 『BEM문서』에 대한 응답서들을 집중적으로 연구하여 Baptism, Eucharist & Ministry 1982-1990 : Report on the Process and Responses (WCC, 1990)를 출판하였고, 또한 이 『BEM 문서』가 후에 산티아고 대회(1993) 제3분과 보고서 세례, 성만

가운데 하나, 즉 세례, 성만찬, 그리고 직제(Baptism, Eucharist and Ministry : BEM)에 대해 점점 증가하는 에큐메니칼 수렴을 표현하기 위한 노력의 결과물이 더욱 공식적인 반응을 얻기 위하여 교회들에게 제출되어야 한다고 판단했다.

135 『BEM 문서』의 초안은 1979년 9월 이후 떼제공동체의 막스 투리앙(Frére Max Thurian)의 지도하에 마련되었다. 지금까지 신앙과 직제가 성취한 가장 중요한 결과물인 이 문서는 33개 언어로 번역되었고, 45만부가 인쇄되었으며, 1983년 밴쿠버 총회의 승인을 받았고, 로마가톨릭교회를 포함하여 많은 회원교회들로부터 긍정적인 반응을 불러 일으켰다. 이형기, "신앙과 직제 제5차 세계대회 분과 보고서", 264. 이형기 역, 『BEM문서-세례·성만찬·직제』 (한국장로교출판사, 1993), 100-114. 참조.

136 『리마 예식서』는 『리마 문서』와 더불어 오늘날 세계교회에서 주목을 받고 있는 자료들 가운데 하나이다. 이 예식서는 1983년 캐나다의 밴쿠버에서 개최된 제6차 WCC 총회에서 그것에 따라 "공동성만찬"이 거행됨으로써 결정적으로 주목을 받았다.

137 이형기 역, 『BEM문서-세례·성만찬·직제』, 111.

138 다음과 같은 내용으로 첨가되었다. "WCC는 성경을 따라 주 예수 그리스도를 하나님과 구주로 고백하고, 한 하나님이신 성부, 성자, 성령의 영광을 위해서 부름받은 소명을 함께 성취하려고 애쓴다. W. A. Visser't Hooft, ed., *The New Delhi Report* (N.Y. Association Press, 1962), 426. 참조.

찬, 직제를 중심한 교회적 삶(Life) 차원의 코이노니아의 중심적인 기초자료가 되었다.

증거(Witness)에 있어서

한편, 신앙과 직제 운동은 그 교회일치 추구의 역사 초기부터 에큐메니칼 사회 증거와 행동의 문제들에 관심을 가져왔다. 다시 말해서 신앙과 직제 운동의 교회일치 추구는 그 초기부터 교회 그 자체를 위한 것이 아니라 이 세계 속에서의 교회들의 선교와 봉사를 지향했다. 그러나 세계 역사 속에서의 하나님의 목적과 행동이 중요한 에큐메니칼 의제로 부각된 것은 1960년대로서,[139] 특히 웁살라 총회 이후인 1960년대 말 이래로, 〈신앙과 직제〉는 교회일치의 목표를 "선교 및 인류사회의 일치와 갱신, 즉 교회의 사회참여"에 긴밀히 연결하기 시작하였고, "증거"(선교와 사회참여)에 대한 신학적 숙고를 점증시켜 왔다.

먼저 웁살라 WCC 제4차 총회(1968)는 교회가 하나님의 보편사 속에서 선교하고 봉사해야 한다는 뜻에서 교회의 일치 추구를 "인류의 일치"와 연결했는데, 웁살라 총회의 「The Unity of the Church and the Unity of mankind」는 교회의 일치를 "장차 실현될 인류일치의 징표"로 보았다.[140] 그리고 1982년 리마에서의 「신앙과 직제위원회」 총회는 "교회의 일치와 인류공동체의 갱신"(The Unity of the Church and the Renewal of Human Community)을 향후 〈신앙과 직제〉의 연구과제 가운데 하나로 채택하였다.

---

139   이형기, "신앙과 직제 제5차 세계대회(스페인의 산티아고, 1993)의 분과 보고서", 『교회와 신학』 제26집 (1994년 5월), 267.

140   Paul A Crow and Günter Gassman, *Lausanne to Santiago de Compostela*, Faith and Order No. 160 (Geneva: WCC, 1993), 20.

교회들의 가시적 일치와 인류 공동체 속에서의 교회들의 증거와 봉사라는 두 가지 에큐메니칼 의제들에 대한 신학적 탐구의 성격을 가진 이 연구는, 1984년과 1985년에 걸쳐 교회의 일치 추구와 교회의 증거와 봉사문제가 교회와 인류의 공동의 차원이요 목표인 하나님 나라의 시야 안에서 신학적으로 연구됨으로써 그 범위와 방법론이 분명해졌다. 그리고 마침내 1990년에 「신앙과 직제 실행위원회」는 일련의(1985-1989) 연구과정의 결과들을 정리하고 수정하여 『교회와 세상 : 교회의 일치와 인류 공동체의 갱신』이란 문서를 출판하였고, 이 문서는 산티아고 대회의 준비문서들 가운데 하나가 되었다.

무엇보다도 1990년 3월 한국 서울에서 개최된 JPIC(Justice, Peace and Integrity of Creation)는 이 문제에 있어서 에큐메니칼 세계에 획기적인 진전을 가능하게 하였다. 서울 JPIC는 다음과 같은 10개 항에 이르는 일종의 "에큐메니칼 사회 신조" 내지는 "신앙고백적 선언"을 발표했다.

> 모든 권력의 행사는 하나님 앞에서 책임을 져야 함을 고백하며, 가난한 자들을 하나님이 먼저 선택하심을 고백하며, 모든 인종과 족속이 동등함을 고백하며, 남성과 여성은 하나님의 형상대로 지음받은 평등한 피조물임을 고백하며, 진리는 자유함을 입은 자들의 공동체 형성의 바탕임을 고백하며, 예수 그리스도가 평화의 주님이심을 고백하며, 모든 피조물이 하나님께 사랑받는 존재임을 고백하며, 땅이 주님에게 속함을 고백하며, 후속 세대의 존엄성을 인정하고 도와야 함을 고백하며, 인권은 하나님께로부터 받은 것임을 고백한다.[141]

---

141 박종화, "JPIC의 코이노니아 운동의 실천 방안," 『기독교사상』 제432호 (1994년 12월), 35-36.

또한 같은 맥락에서 산티아고 대회의 준비문서의 하나인 「신앙, 삶, 그리고 증거에서 코이노니아를 향하여」(Towards Koinonia in Faith, Life and Witness, 1993)는 다음과 같이 주장했다.

> 코이노니아로서의 교회는 교회공동체의 고통 뿐만 아니라 모든 사람의 고통을 함께 나누도록 부름받았다. 즉, 교회는 가난하고 소외된 자들을 옹호하고 돌봐주어야 하고, 인간 사회들 속에서의 정의와 평화추구의 노력들에 동참해야 하며, 창조세계에 대한 책임적 청지기 직분을 추진해 나가야 하고, 인류에게 소망을 심어주어야 할 것이다.[142]

「산티아고 대회」의 역사적 의의

몬트리올 대회 이후 30년이 지나도록 또다른 〈신앙과 직제〉 세계대회가 개최되지 않았다는 것은 주목할 만한 사실이다. 왜냐하면 이전의 세계대회들이 개최된 시간 간격과 비교할 때, 이러한 긴 간격은 놀라운 것으로 생각될 수도 있기 때문이다. 그러면 그 이유는 무엇이었는가? 그 첫째 이유는, 1963년 이래 〈신앙과 직제〉에 의해 수행된 많은 연구들의 과정에서 또 다른 큰 대회를 개최할 때가 이르지 않았다고 느껴졌었기 때문이었다.[143] 그리고 두 번째 이유는 1982년 초 WCC 중앙위원회에 의해 위임받은 〈신앙과 직제〉 5차 세

142　*Towards Koinonia in Faith, Life and Witness* (Geneva: WCC, 1993), para. 17, 13, in *Costly Unity* (Rønde, Denmark: WCC, 1993), 6.

143　Günter Gassmann, *Documentary History of the Faith and Order 1963-1993* (WCC: Geneva, 1993), 8.

계대회가 1983년과 1991년 사이에 개최된 몇 차례의 다른 주요 대회들 때문에 연기되었기 때문이었다.

그러나 마침내 〈신앙과 직제〉 5차 세계대회의 개최가 시기적으로 불가피하게 되었다. 1982년 「세례, 성만찬, 그리고 직제」(BEM 문서)에 의해 시작된 토의와 반응의 광범위한 과정, 「교회와 세상」(Church and World, 1990), 그리고 『하나의 신앙을 고백하기』(Confessing the One Faith, 1991) 등의 연구 문서들과 같은 주요

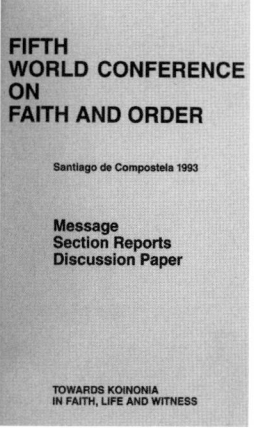

「산티아고 대회」(1993) 문서

신앙과 직제 연구결과물들이 검증되어야 했고, 또한 그것들이 내포하는 교회론적 의미들이 토의되어야 했기 때문이었다. 교회의 가시적 일치 추구에 대한 그 밖의 다른 연구들, 양자간 대화들, 그리고 연합된 교회들의 기여들, 더 나아가서 일치에 대한 캔버라 성명서도 토의되어야 했다. 그리고 무엇보다도 이 "에큐메니칼 세기", 즉 20세기가 끝나가는 시점에서 "에큐메니칼 운동의 미래의 방향"이라는 좀 더 근본적인 질문이 제기되었던 것도 한 중요한 이유였다.

이윽고 1993년 8월 3일부터 14일까지 스페인의 서북부에 위치한 산티아고 드 콤포스텔라(Santiago de Compostela)에서 〈신앙과 직제〉 5차 세계대회[144]가 개최되었다.

산티아고에 모인 참가자들은 몬트리올 〈신앙과 직제〉 4차 세계대회에서 모였던 참가자들보다 훨씬 더 다양했는데, 가톨릭교회, 정교회, 영미 계통의 성공회, 루터교회, 개혁교회, 감리교회 등으로부터 총 400여 명이 참가했고, 그 가운데 상임위원 120명 중 가톨릭교회 대표들이 12명, 정교회 대표들이 25

---

144 산티아고 대회에는 기장의 박근원, 감리교의 이경숙, 그리고 예장 통합측의 이형기 교수가 참가하였다.

「산티아고 대회」

퍼센트를 차지하였다. 특이할 만한 사항은, 참가자들 가운데 절반 이상이 아시아, 아프리카, 라틴 아메리카, 카리브해와 태평양 연안 지역들에서 왔다는 사실이다. 그리고 가톨릭교회의 대표들이 처음으로 공식적인 대표 자격으로 참가했고, 오순절 교회 그리스도인들이 대거 참가했으며, 여성과 평신도 대표들의 수가 크게 늘었다. 그리고 무엇보다도 젊은 신학자들이 전체 회의 진행에 생동감 있는 비평을 아끼지 않았다. 실로 여러 가지 의미에서 산티아고 대회는 WCC 순례 여정에 있어서 대단히 중요한 이정표가 되기에 충분한 대회였다.[145]

1990년대에 들어와서 에큐메니칼 운동이 적지 않은 난관에 부딪혀있다는 것은 새삼스러운 비밀이 아니다. 무엇보다도 열정 주의자들은 이 운동의 진전의 미약함에 대해 실망하고 있었다. 그리고 비판자들은 이 운동을 교회들로 하여금 자신들의 본래의 증거와 선교로부터 이탈하게 하고, 결국에는 교회들을 죽이는 일이라고 매도하고 있었다. 이러한 상황적 배경에 직면하여 산티아고 대회의 과제는 세 가지로 설정되었다. 즉, 첫째는 지난 30년 동안 우리

---

145 이형기, "신앙과 직제 제5차 세계대회(스페인의 산티아고, 1993)의 분과 보고서", 『교회와 신학』 제26집, 258-259.

가 어디까지 왔는가에 대한 교회들의 기억을 새롭게 하는 것이고, 둘째는 우리를 미래로 인도해 갈 비전을 발견하는 것이며, 셋째는 교회들로 하여금 일치, 증거, 그리고 선교를 연결하도록 돕는 것이었다.[146]

한편 산티아고 대회의 중요한 특징은 그동안 「신앙과 직제위원회」의 작업들을 총정리하고 일치의 방법으로 코이노니아 개념을 설정하였다는 것과, "신앙"(주로 복음과 니케아-콘스탄티노플 신조에 나타난 삼위일체 하나님)과 "삶"(BEM) 차원의 코이노니아가 "증거"(선교와 JPIC를 포함한 교회의 사회봉사) 차원의 코이노니아와 맞물려 있다는 데 있다.

산티아고 대회는 "신앙, 삶, 그리고 증거에서 코이노니아를 향하여"라는 주제 아래, 제1분과는 "코이노니아 개념의 성서적, 신학적 이해"라는 주제 아래 코이노니아의 성서적 근거를 논했고, 제2분과는 "하나님의 영광을 위해 하나의 신앙을 고백하며"라는 주제 아래 하나의 신앙과 사도성의 문제를 논했으며, 제3분과는 "그리스도 안에서 공동의 삶을 나누면서"라는 주제 아래 세례, 성만찬, 직제, 교회론에 대하여 논했고, 그리고 마지막으로 제4분과는 "새로워진 세계를 위한 공동의 증거에로의 부름"이라는 주제 아래 하나님의 공동증거 문제를 논했다.

코이노니아로서의 교회의 일치

코이노니아는 에큐메니칼 운동의 전망에 있어서 어떤 약속을 가져다주고 있는가? 코이노니아는 분열된 교회들로 하여금 일치를 위한 노력에 있어서 다음 조지들을 취하도록 설득할 수 있는 어떤 힘을 가지고 있는가? 필자는 이

---

146 Susan Hardman Moore, "Towards Koinonia in Faith, Life and Witness", *the Ecumenical Review* 47/1(January 1995), 3-4.

단락에서 무어(Susan Hardman Moore)[147]가 산티아고 대회로부터의 신학적 통찰들과 강조들에 관하여 the Ecumenical Review에 기고한 글[148]에서 산티아고 대회에서의 코이노니아의 의미에 대한 부분을 발췌하여 소개하고자 한다.

첫째, 코이노니아는 우리를 위하시는 하나님에 대한 공동의 경험에 기초해 있으며, 그러한 경험은 예배를 통해서 가장 극적으로 가능하다. 우리가 추구하는 일치를 가장 가깝게 깨닫는 시간은 예배이다. 예배는 에큐메니칼 운동을 위한 가장 심오한 자원이다. 예배에 대한 관점들이 교회들 서로를 향한 "교회됨"의 인정을 가능하게 할 수 있다. 사도적 공동체란 예수께서 현존하시는 공동체이며, 부활하신 그리스도를 증거하고 예배하는 공동체이다. 산티아고 대회에서 가장 깊은 분열은 성만찬 참여가 일치를 향한 한 수단일 수 있다고 믿는 사람들과 성만찬 참여는 일치의 최종적 표현으로서만 일어날 수 있다고 믿는 사람들 사이에 있었다. 그러나 산티아고 대회는 그리스도인들에게 서로의 성만찬 예배에 참여하고, "지속된 분열의 고통을 향해 우리가 이미 공유하고 있고 증거하고 있는 교제의 정도를 경험하도록" 촉구한다. 우리는 성만찬에서 이미 존재하는 자비의 표현들을 기독교적 애정의 진정한 표현들로 사용해야 한다.

둘째, 코이노니아는 일치와 다양성을 함께 붙들고, 우리로 하여금 두가지 모두를 위협이 아니라 선물로 보도록 허락하며, 우리의 공동의 삶에서 구조나 제도보다 인격적이고 관계적인 것에 더 우선권을 둔다. 그러므로 코이노니아는 정적인 것이 아니라 역동적인 것이다. 코이노니아 주제가 가진 큰 힘은 그

147　무어(Susan Hardman Moore, of the department of theology and religious studies of the School of Humanities, King's College, London, England)는 산티아고에서 영국감리교회를 대표했다.

148　Susan Hardman Moore, 앞 글, 7-9.

것이 일치와 다양성을 함께 붙들고 있다는 사실에 있다. 그러므로 코이노니아는 다양성을 합법적인 것으로, 심지어는 선물로 봄으로써 전통들을 위해 다양성으로의 건설적인 접근을 개방한다. 이 점에 있어서 기독론적 일치로부터 삼위일체론적 일치로의 교회론적 변천이 크게 기여하고 있다. 즉, 우리가 삼위일체의 코이노니아로부터 교회의 코이노니아를 생각할 수 있다면, 교회의 삶은 다양성과 일치 모두를 표현해야 한다. 그리고 교회의 모든 구조들은 관계적인 것이어야 한다. 따라서 각각의 지역교회는 절대적으로 상호의존적인 일치로 초청받았고, 또한 다양성으로 초청받은 것이다.

셋째, 코이노니아는 일치, 증거, 그리고 선교를 상호 경쟁적인 요소들로 분리시키지 않고 상호보충적인 요소들로 포괄한다. 삼위일체의 사랑의 교제는 그 중심에 십자가를 가지고 있으며, 항상 하나님의 생명 안에 세상을 끌어안고자 손을 내민다. 산티아고 대회의 목적 중 하나는 교회들이 일치 추구를 자신들의 소명으로 연결할 수 있도록 돕는 것이다. 이 점에 있어서 코이노니아 개념은 강력한 동기를 제공한다. 게다가 예배에 있어서 코이노니아가 일치에 대한 비(非)이기적이고 창조적인 경험들을 우리에게 줄 수 있는 것처럼 코이노니아는 우리가 연합되어 있다는 증거를 제공할 수 있다. 남아프리카 성공회 성직자이며 신학자인 데스몬드 투투(Desmond Tutu)는 이에 관해 다음과 같은 이야기를 들려 주었다.

> 나는 한 동료의 억류에 항의하는 데모로 인해 요한네스버그에서 약 50명의 성직자들로 구성된 한 에큐메니칼 그룹이 체포되었던 일을 기억합니다. 감옥에서 재판을 기다리고 있을 때, 우리는 기도예배를 드렸습니다. 교회일치위원회(the church unity commission) 의장이었던 요셉 윙(Joseph Wing) 목사님이 울음을 터트리며 다음과 같이 말했습니다. '나는 여러 해 동안 교

회일치를 위해 일해 왔습니다. 그러나 나는 교회일치를 지금처럼 강하게 경험해 본 적은 없습니다.'[149]

데스몬드 투투는 "교회가 분열될 때, 정의를 추구하는 일은 무한히 더 위험한 일이 된다"고 경고했다. 오직 치유된 교회 만이 확신을 가지고 세상을 향해 치유를 선포할 수 있다. 복음 메시지는 그 메시지를 가진 사람들의 불일치에 의해 훼손되는 것이다. 반면 코이노니아는 새로운 차원의 인간 공동체를 미리 경험하게 하며, 코이노니아를 통해 교회는 피조 세계를 위한 공동 증거를 수행할 수 있는 것이다. 그러므로 일치, 증거, 그리고 선교는 각각 주목받아야 할 경쟁자들이 아니며, 오히려 기독교 비전의 서로 다른 측면들인 것이다. 이에 필자는 산티아고 대회의 분과 보고서 「신앙, 삶, 그리고 증거에 있어서 코이노니아를 향하여」를 분석하고, 그것에 조명하여 분열된 교회들 간의 협력과 일치 추구의 방향들을 계속 숙고해 보겠다.

---

149 윗 글, 9.

분과 보고서
「신앙, 삶, 그리고 증거에 있어서 코이노니아를 향하여」

제1분과 : 코이노니아에 대한 이해와 함의들

제1분과 보고서[150]는 "코이노니아에 대한 이해와 함의들"이라는 제목 아래, 서론, '선물로서의 코이노니아', '소명(과제)으로서의 코이노니아', '코이노니아의 여정에 참여하는 방법'으로 구성되어 있으며, 특히 코이노니아에 대한 성서적 근거를 확고히 하고 있다.

보고서는 먼저 서론에서 "코이노니아" 개념이 모든 시대를 통하여 교회와 그리스도인들의 경험을 이해하는 열쇠가 되어 왔으며 따라서 이 주제가 성서와 동방교회와 서방교회의 교부들의 신학, 그리고 종교개혁자들의 글들에서 지배적으로 나타난다고 말했다.(S. I. 1)[151]

다음으로 보고서는 코이노니아 개념이 에큐메니칼 운동의 역사에서도 지배적인 것이었으며, 〈신앙과 직제〉 3차 세계대회(Lund, 1952)와 그 후 WCC 총회들이 코이노니아가 그리스도인들을 함께 모으는 삼위일체 하나님에 대한 경험과 실재라는 인식을 심화시켰다고 말했다.(S. I. 2)[152]

몬트리올 대회(1963) 이후 일련의 양자간 대화들을 통해 코이노니아 주제는 중심적인 초점이 되었으며, 실로 코이노니아는 교회의 가시적 일치를 표현함에 있어서 중심적인 용어가 되었다. 따라서 산티아고 대회는 "신앙, 삶, 그리고 증거에 있어서 코이노니아를 향하여"란 주제 하에 교회의 일치를 향한 추

---

150   이하 "보고서"라 칭한다.
151   WCC, *Fifth World Conference on Faith and Order, Towards Koinonia in Faith, Life and Witness* (WCC: Santiago de Compostela, 1933), 6.
152   윗 글.

구에 기여할 수 있는 코이노니아 개념과 그것이 가진 의미들을 명백히 밝히고자 했던 것이다.

선물로서의 코이노니아(Koinonia as gift)

코이노니아는 과제이기 전에 선물이다. 즉, 코이노니아는 하나님의 선물인 것이다. 코이노니아는 무엇보다도 하나님으로부터 세상과 인류가 받은 선물의 부요함을 표현하는 그리스도 안에 있는 은총의 교제이다. 우리 그리스도인들은 예수 그리스도 안에서 만인을 위해 주어진 코이노니아 및 소외된 사람들까지 포함하는 인간 상호 간의 코이노니아를 기초로 하여, 예수 그리스도에 의해 밝혀진 삼위일체 하나님 자체 내의 코이노니아로 나아간다. 그리고 마침내 성령의 능력으로 예수 그리스도 및 하나님에게 연합되었다고 말하고, 코이노니아로서의 교회와 코이노니아를 실현시키는 교회에 대해서 주장하게 된다는 의미에서 코이노니아는 기독론적, 삼위일체적, 성령론적 근거를 가지고 있다.

보고서는 코이노니아의 기독론적 근거를 다음과 같이 말함으로써 예수 그리스도로 인하여 하나님과 인간, 인간과 인간 사이의 코이노니아의 관계가 회복되었음을 확인했다.

예수님의 교역, 가르침, 그리고 무엇보다도 그의 죽으심과 부활의 빛에 비추어 기독교 공동체는 하나님이 그의 아들을 보내어 각 사람에게 다른 사람 및 하나님과의 코이노니아를 가능케 하셨다는 사실을 믿는다. 예수의 비유들, 기적들, 다른 사람들에 대한 용서와 헌신의 교역 및 소외된 자들을 하나님의 백성으로 삼으시는 일은 하나님께서 모든 사람들에게 코이노니아를 제공하셨다는 사실을 말해 주는 것이다.(S. I. 6)[153]

또한 보고서는 삼위일체 하나님의 내적인 코이노니아를 설명함으로써 코이노니아의 삼위일체적 근거를 다음과 같이 제시했다.

예수 그리스도는 그의 삶, 교역, 죽으심과 부활을 통하여 자기 자신과 그분이 거하시는 바 그의 아버지 및 자신 안에서 역사하시는 성령의 능력과의 친밀한 관계를 계시하셨다. 이 예수 그리스도와 그의 아버지와 성령의 신적 코이노니아의 신비스러운 삶은 인격적이고 관계적이다. 즉, 그 삶은 자신들 사이에서 넘쳐 흐르는 사랑을 주고 받는 삶이다. 이것은 그 심장부에 십자가를 품고 있는 코이노니아의 삶이요, 항상 자신을 초월하여 밖을 향해 나아가 모든 것을 자기 자신의 삶속에 포함시키고 포용한다.(S. I. 7)[154]

그리고 보고서는 한걸음 더 나아가서 코이노니아의 성령론적 근거를 다음과 같이 강조했다.

성령의 능력을 통해서 그리스도인들은 그리스도와 함께 죽고 그리스도 안에서 새로운 삶으로 일어나게 되고, 그렇게 함으로써 하나님 아버지께 연합된다.[155]

---

153 윗 글, 6-7.
154 윗 글, 7.
155 로마서 6:4-5. "그러므로 우리가 그의 죽으심과 합하여 세례를 받음으로 그의 함께 장사되었나니 이는 아버지의 영광으로 말미암아 그리스도를 죽은 자 가운데서 살리심과 같이 우리로 또한 새 생명 가운데서 행하게 하려 함이니라 만일 우리가 그의 죽으심을 인하여 연합한 자가 되었으면 또한 그의 부활을 본받아 연합한 자가 되리라".

코이노니아는 이러한 역동적인 관계를 나타내는 것으로서, 그 관계는 하나님의 은총의 실재로 참여하는 것에 기초한다.(S. I. 8)[156]

우리가 함께 나누는 삶의 기초는 삼위일체 하나님의 섭리(economy)이며, 교회 안에서 이 코이노니아를 실현시키는 분은 성령이시다.(S. I. 9) 그리고 우리의 삶 속에서 일치와 다양성은 불가분리의 관계에 있다. 그러나 교회의 통일성이 하나님의 선물인 것과 마찬가지로 다양성도 하나님의 선물인 것이다. 그러므로 교회의 일치와 다양성의 상호의존은 삼위일체 하나님께 근거되어 있다.(S. I. 10) 보고서는 그러한 교회의 일치와 다양성이 하나님의 선물인 교회의 코이노니아의 본질이라고 말했다.

교회의 코이노니아의 본질인 일치와 다양성의 상호의존은 예수 그리스도 안에 계시된 삼위일체 하나님에 기초해 있다. 성부, 성자, 그리고 성령의 삼위일체는 일치와 다양성에 대한 완전한 표현이며, 관계적 삶의 궁극적 실재이다. 성령 안에서 그 삼위일체 하나님은 인간들을 그 자신의 것이기도 한 이 관계적 삶의 참여자로 만드신다.(S. I. 10)[157]

그러므로 교회의 코이노니아는 또한 보편적이다. 하나의 공동체는 다른 나머지 공동체들로부터 분리될 수 없다. 말하자면, 진정한 관계성의 원리는 개별적인 공동체들을 보편적인 공동체 안에 묶는 것이다. 하나의 교회가 있고 동시에 많은 지역교회들이 있다.(S. I. 17)

---

156 WCC, *Towards Koinonia in Faith, Life and Witness*, 7.
157 윗 글.

과제로서의 코이노니아(Koinonia as calling)

보고서는 앞 항에서 선물로서의 코이노니아에 대하여 말했다. 그러나 코이노니아는 선물인 동시에 또한 과제이다. 본 항목에서 보고서는 과제로서의 코이노니아에 대하여 다음과 같이 말했다.

> 코이노니아는 하나님의 선물이며 과제이다. 우리를 교제로 이끄시는 하나님의 역동적인 활동은 그리스도인들과 기독교 공동체들에게 코이노니아를 인류를 위한 하나님의 의지의 징표이며 그것에 대한 미리 맛봄인 것을 확증하도록 요구한다.(S. I. 19)[158]

코이노니아의 역동적 과정은 인간들의 상호 보충성에 대한 인정을 포함한다. 개인적으로든 공동체 안에서든 우리는 신학적, 윤리적, 그리고 문화적으로 다른 사람들과 대면해 있다. 그러므로 코이노니아는 우리에게 다른 사람들에 대한 존경과 다른 사람들의 말을 경청하고 그들을 기꺼이 이해하려는 태도를 요구한다. 이런 맥락에서 본 항목에서 보고서는 코이노니아 확립에의 추구는 다른 사람들을 위한 고난의 과정으로서의 "케노시스 - 자기 내어줌과 자기 비움"(Kenosis - a self-giving and a self-emptying)을 교회에게 요구한다고 진술했다.

> 개인적이든 공동체 단위든 다른 사람들과의 대면은 항상 고통스러운 과정이다. 왜냐하면 그것은 우리 자신의 삶의 스타일, 확신들, 경건 및 사고방식을 위협하기 때문이다. 하나님의 선물에 근거하여 코이노니아를 추구하려는 과정에서 다른 사람들을 만나는 일은 케노시스(a kenosis), 즉 자기 헌

---

158 윗 글. 8.

신과 자기 비움을 요구한다. 그러한 케노시스는 정체성 상실에 대한 위협을 초래하고, 우리를 상처받기 쉬운 자리로 초대한다. 그러나 그것은 예수님께서 인간들을 하나님과, 다른 사람들과의 교제로 이끌고자 하셨을 때 겪은 위험과 죽음의 고통에 비하면 아무것도 아니다. 예수님은 코이노니아를 가져오는 화해의 유형이며 후원자이시다. 개인적으로, 단체적으로 우리는 케노시스의 사역을 통해 코이노니아를 건설하도록 부름받았다.(S.I.20)[159]

그러므로 보고서는 코이노니아로서의 교회는 모든 사람들의 고난에 참여하고, 인류 공동체의 JPIC, 즉, 정의, 평화, 그리고 창조의 보전을 위한 노력에 동참해야 한다고 말했다.

코이노니아로서의 교회는 그 자신의 공동체의 고난 뿐만 아니라 모든 사람들의 고난에 참여해야 하도록 부름받았다. 그리고 그 참여는 가난한 자, 결핍된 자, 그리고 소외된 자들을 위해 변론하고 관심을 기울임으로써, 인간 사회들 속에서 정의와 평화를 위한 모든 노력들에 참여함으로써, 그리고 피조물에 대한 책임적인 보호를 실행하고 지원하며, 나아가 인류의 마음에 희망을 살아있게 함으로써 이루어져야 한다. 전(全) 세계에 대한 "디아코니아"와 "코이노니아"는 상호 분리될 수 없다.(S.I.21)[160]

---

159 윗 글, 9.
160 윗 글.

코이노니아의 여정에 참여케 하는 방법(Steps on the way)

본 항목에서 보고서는 코이노니아의 여정에 참여케 하는 방법을 제시하였는데, 그 첫 번째로 영적 에큐메니즘(spiritual ecumenism)을 꼽았다.

영적 에큐메니즘이 코이노니아를 촉진시키기 위한 모든 노력들을 뒷받침해야 한다. 신앙과 직제의 활동에서 계속적으로 강조되어야 하는 바는 기도와 신학이 병행되어야 한다는 것과 기독교적 영성이 하나님이 교회에게 주시기를 원하시는 코이노니아를 사람들로 하여금 받도록 준비시키는 수단이라는 사실이다.(S. I. 27)[161]

보고서에 따르면, 진지하게 추구되는 일치를 확증하기 위해 교회들이 함께 나아갈 때 하나님에 대한, 그리고 서로에 대한 태도들이 변화되어야 한다는 것이다. 이것은 회개(metanoia)와 비움(kenosis)에의 요청을 의미한다.(S. I.27) 다음으로 보고서는 코이노니아를 증진시키기 위하여 서로 다른 신학적 언어와 문화적 에토스를 이해하는 일이 요구된다고 주장했다.

우리가 완전한 궁극적 코이노니아를 향하여 순례의 길을 가고 있을 때 우리는 상호 간의 신학적인 언어와 문화적인 에토스를 이해해야 할 필요가 있다. 우리의 여정에 있어서 우리는 지역별 에큐메니칼 기구들에 의해서 적절히 지원을 받는 콘텍스트간 대화, 신앙과 직제의 해석학에 대한 새로운 연구에 의한 교파들 간의 대화 및 가시적 일치에 이르게 할 더 적절한 도구를 마련해 줄 새로운 신학방법들에 의해서 도움을 받을 것이다.(S. I.28)[162]

---

161 윗 글. 10-11.
162 윗 글. 11.

이 밖에도 보고서는 코이노니아의 여정에 참여하는 방법으로 JPIC 과정에의 참여, 성만찬 예식에의 참여 내지는 인정 등을 제시했다.

지금까지 산티아고 대회의 제1분과 보고서를 통해 코이노니아에 대한 개념적 이해와 역사적 발전 과정을 고찰하고, 특히 코이노니아 개념의 성서적, 신학적 근거를 살펴보았다.

코이노니아는 하나님의 선물로서 교회의 본질이며, 그것은 삼위일체 하나님과 성령의 사역을 통해 확증된다. 그런데 교회 안에서 그 통일성이 하나님의 선물인 것과 마찬가지로 다양성도 하나님의 선물이다.

코이노니아에 대한 개념적 이해와 신학적, 성서적 근거를 통해 분열된 교회들은 그 분열을 극복하고 일치를 추구해 가기 위한 개념적 기초와 신학적, 성서적 근거를 확인할 수 있다. 무엇보다도 기독론, 삼위일체론, 성령론 등 교리와 관련한 코이노니아의 성서적, 신학적 근거는 이미 모든 교회들이 "주어진 선물"(a given gift)로 공유하고 있기 때문에 근본적으로 그들은 이미 주어진 선물로서의 코이노니아를 함께 나눌 수 있고, 그 기초 위에서 일치와 협력을 추구해 나갈 수 있는 것이다.

WCC 신앙과 직제 운동은 통일성과 다양성 안에서의 코이노니아를 교회의 본질적 선물이며, 또한 교회의 협력과 일치 추구를 위한 선교적 과제로 인식해 왔다. 앞서 '보고서' 소개에서 언급한 것처럼 우리는 코이노니아의 역동적 과정 안에서 신학적으로, 윤리적으로, 그리고 문화적으로 서로 다른 사람들과 대면해 있다. 말하자면 선물로서의 코이노니아에서 과제로서의 코이노니아로 끊임없이 나아가야 하는 것이다.

제2분과 : 하나님의 영광을 위한 하나의 신앙을 고백함

산티아고 대회의 제2분과 보고서[163]는 "하나님의 영광을 위한 하나의 신앙을 고백함"이란 제목 아래 '신앙을 고백함에 있어서 코이노니아', '사도성에 대한 인정', '한 신앙의 다양한 표현', '일치를 돕는 구조들'로 구성되어 있다.

신앙을 고백함에 있어서 코이노니아(Koinonia in confessing the faith)

〈신앙과 직제〉는 하나의 신앙을 고백하기 위한 연구의 결과로써 "하나의 사도적 신앙의 공동고백"으로서 "필리오케"(Filioque) 없는 니케아-콘스탄티노플 신조(381)를 확정한 바 있다. 그러므로 "신앙을 고백함에 있어서 코이노니아"에서 "신앙"은 복음 다음으로 중요한 니케아-콘스탄티노플 신조이다.[164]

본 항목에서 보고서는 「신앙과 직제 위원회」의 업적 가운데 하나인 니케아-콘스탄티노플 신조에 대한 해설[165]이 신앙에 있어서의 우리의 코이노니아를 명백하게 했다고 다음과 같이 선언했다.

> 우리는 많은 양자간, 그리고 다자간 대화들의 노력들을 통해 많은 것이 성취되었음을 기뻐한다. 이 성취들 가운데 하나가 신앙과 직제의 연구물 "Confessing the One Faith"(Faith and Order Paper No. 153, 1991)인데, 그것은 니케아-콘스탄티노플 신조를 해설함으로써 신앙에 있어서의 우리의

---

163 이하 『보고서』라 칭한다.
164 이형기, "신앙과 직제 제5차 세계대회의 분과 보고서", 279.
165 「Confessing the One Faith as It is Confessed in the Nicene-Constantinopoli-tan Creed(381)」

코이노니아를 정교하게 한다. 이 연구는 우리로 하여금 상호인정으로 나아가게 하는 이해의 견고한 에큐메니칼 도구로 기여할 수 있다.(S.Ⅱ.2)[166]

그리고 나서 보고서는 "세례와 신앙 사이의 깊은 내적 관계에 대한 이해에 따라 많은 공동체들이 '물과 삼위일체 하나님(사도신경과 니케아-콘스탄티노플 신조에 나타난 삼위일체 하나님'에 의해 다른 교파의 세례를 인정하고 있는 바", 재세례를 금할 것을 요구했다(S.Ⅱ.3).[167] 그러나 다른 한편으로 그리스도인들에게는 자신들에게 주어진 상황들에 따라 자신들의 신앙을 고백해야 할 책임이 있다. 다시 말해서, 신앙을 고백한다는 것은 단지 신학적 표현의 문제가 아니라 매일매일의 삶 속에서 예배에서와 주어진 상황 - 때로는 국가적 압제, 경제적 착취, 그리고 시민적 갈등 등 - 에서 삶으로 실천돼야 하는 것이다. 이런 맥락에서 보고서는 지역교회들은 자신들에게 주어진 상황에서 각각의 신앙을 고백해야 하지만, 그들의 증거는 더 넓은 에큐메니칼 공동체 안에서 함께 참여됨으로써 기도와 행동적인 연대 안에서의 코이노니아가 고난의 시대를 사는 그리스도인들을 도울 수 있다고 말했다.

> 주어진 상황에서 자신들의 신앙을 고백해야 하는 것은 그 지역에 있는 각각의 교회들이지만, 그들의 증거는 더 넓은 에큐메니칼 공동체 안에서 함께 참여됨으로써 기도와 행동적 연대 안에서의 코이노니아가 시련의 때에 있는 교회들을 도와야 하고, 그들에게 구조와 치유를 제공해야 한다. … 이런 의미에서 전통적인 표현인 communio sanctorum은 코이노니아 신학과 맥을 같이한다.(S.Ⅱ.4)[168]

---

166 WCC, *Towards Koinonia in Faith, Life and Witness*, 14.
167 윗 글.
168 윗 글, 14-15.

사도성에 대한 인정(Recognizing apostolicity)

본 항목에서 보고서는 사도성을 "니케아 콘스탄티노플 신조에서 하나의, 거룩한, 보편적, 사도적 교회라고 고백하는 교회의 신앙의 사도적 특성을 뜻하고, 안수례 받은 직제뿐 아니라 성직자, 평신도, 여성, 남자를 포함하는 교회 전체의 특성"(S.II.6)을 말한다고 진술했다.[169]

그리고 사도적 신앙을 가진 교회는 "교회의 영구적인 사도적 징표는 모든 그리스도인들의 과제인 사도적 신앙에 대한 증언과 복음 선포, 교역적 책임의 전수 및 그리스도인들의 살아있는 공동체와 세계에 대한 교회의 봉사이다. 그래서 사도적이라는 개념은 세계 도처에 파송되어 정의, 평화, 창조질서의 보존에 참여하는 것"(S.II.7)[170]이라고 진술했다.

그러므로 어떤 의미에서 사도적이라는 것은 교회의 신앙과 삶, 그리고 교회의 구조를 비판하는 개념이다.

한 신앙의 다양한 표현(Multiplicity of expression of the one faith)

세계는 우리 앞에 사회적으로, 문화적으로, 그리고 종교적으로 커다란 다양성을 제시한다. 따라서 주어진 상황에서 자신의 신앙을 표현하도록 부름받은 우리는 신앙 표현의 다양한 형식들을 피할 수 없다. 이 점에 대하여 산티아고 대회의 토의 문서는 이미 이렇게 말했다.

> 하나님의 영광을 위해서, 그리고 하나님이 그토록 사랑하시는 세상을 위해서, 우리는 많은, 다양한 사회적, 문화적, 그리고 종교적 상황들에서 하나의 신앙을 고백하는 공동체가 되도록 부름받았다. 우리는 하나의 사도적 교회

---

169 윗 글. 15.
170 윗 글. 15-16.

가 또한 보편적이라는 에큐메니칼 수렴을 기뻐한다. 많은 상황들에서, 다양한 표현 형태들로 하나의 신앙을 해석하고, 살고, 고백하고, 축하해야 할 필요성은 일치에 대한 위협으로 간주되어서는 안되고, 오히려 기독교 신앙의 성육신적 성격의 필연적인 결론으로 간주되어야 한다.(S.Ⅱ.3.55)[171]

이러한 관점을 더욱 발전시켜 보고서는 한걸음 더 나아가 신앙에 있어서의 코이노니아가 획일적 통일성을 의미하는 것이 아니며, 신앙 표현의 다양성은 교회를 향한 충만한 축복이라고까지 진술했다.

따라서 신앙에 있어서 코이노니아는 표현의 다양성을 배제하는 획일적 통일성을 의미하지 않는다. 그리스도 안에 나타난 하나님의 계시가 모든 시간, 모든 장소의 인류에게 말해졌다는 사실은 그것이 다양한 언어적, 문화적, 그리고 신학적 형식들로 표현되어야 함을 요구한다. 표현 다양성은 모든 진리에로 인도하는 성령이 부여하신[172], 교회를 향한 충만한 축복으로 생각되어야 한다.(S.Ⅱ.14)[173]

그러나 보고서에 따르면 그 다양성에는 한계가 있다. 좀 더 구체적으로 말하면 다양성이 신앙에 있어서의 교회의 코이노니아를 희미하게 하거나 위협할 수는 없다. 어떤 다양한 표현들은 불가피하게 보이기도 하지만 사도적 신앙을 표현하려는 어떤 시도들은 때때로 "복음의 진리"[174]와 일치하지 않는 것으로 판명되는 경우도 있다. 이 점에 있어서 다음에 소

---

171 WCC, *Towards Koinonia in Faith, Life and Witness: A Discussion Paper*, 25-26.
172 로마서 16:13 참조.
173 WCC, *Towards Koinonia in Faith, Life and Witness*, 17.
174 갈라디아서 2:5, 14 참조.

개하는 WCC 캔버라 총회의 진술의 재인용은 시사하는 바가 크다. 니케아-콘스탄티노플 신조로 요약되는 사도적 신앙, 그리고 성경이 일치를 위한 원리로 간주되어야 한다는 점에서 특히 그렇다.

> 예수 그리스도를 어제나, 오늘이나 그리고 영원토록 동일하신 하나님과 구세주로 함께 고백하는 것, 그리고 성경이 선포하고 사도적 공동체가 설교한 구원과 인류의 최종적인 운명에 대하여 함께 고백하는 것을 불가능하게 할 때, 그 다양성은 부당한 것이다.(S.Ⅱ.17)[175]

그러므로 교회의 통일성과 다양성은 성경의 통일성과 다양성에 근거한다.

> 경전으로서의 성경은 복음 진리와 훗날 니케아-콘스탄티노플 신조 안에 제시되었고 부연된 가르침들 위에 교회의 통일성을 기초시키고 있다. 이 통일성과 이 가르침들을 거부하는 사람들은 기독교인이 아니고, 교회가 아니다. 성경은 또한 교회의 다양성의 기초이다. 그도 그럴 것이 성경은 다양한 메시지들과 가르침들을 제시하고 있으며, 이 성경이 기록된 상황들이 다양하고, 이 성경에 대한 접근방법과 해석방법이 다양하며, 교회 공동체들의 입장들이 다양하기 때문이다. … 성경이라고 하는 하나의 경전이 그처럼 풍요로운 신학의 다양성을 보여주기 때문에, 교회들은 전체 성서적 증언들을 자기 것으로 삼아 보편성(catholicity)을 향해 성장하도록 도전을 받고 있는 것이다.(S.Ⅱ.18)[176]

---

175 WCC, *Towards Koinonia in Faith, Life and Witness*, 17.
176 윗 글, 17-18.

일치를 돕는 구조들(Structures serving the unity)

신앙에 있어서 우리의 일치를 확인하기 위해서는 공동의 의사결정과 공동의 가르침을 위한 구조들이 요구된다. 그리고 교회들이 그러한 공동의 구조들을 발견하고자 한다면, 성경, 전통, 그리고 교회의 관계의 상황에서 "사도적"이란 개념을 이해하는 일이 절대적으로 필요하다. 신앙과 직제는 이미 이 주제에 대한 연구에 있어서, 더 많은 연구의 과제를 남겨두고는 있지만, 많은 진전[177]을 이루었다. 따라서 본 항목에서 보고서는 앞의 이러한 사도성에 대한 진술(S.Ⅱ.6-7)[178]을 기초로 교회일치를 증진시키기 위한 구조들에 대해 말했다.

교회의 한 근본적인 구조는 선포와 가르침을 수행하는 안수례 받은 교역이다. 그것은 사도적 신앙에 있어서 일치를 유지하기 위해 필요한 교역이며, 또한 성례전을 집례하기 위한 예전적 교역이다. 이것과 병행하여 기타 봉사직들과 직제들도 교회의 삶을 이루는 구조에 포함된다.[179] 그러나 역사적으로 볼 때, 공동의 의사결정과 공동의 가르침을 위한 공동의 구조에 있어서 무엇보다도 중요한 것은 감독들의 교역이었다. 감독들의 교역의 기원에 관해서는 일반적으로 두 가지 입장이 있다. 하나의 입장은 가르치는 역할을 수행하면서 가정교회를 이끌던 지도자가 한 특정한 지역 내의 교회 공동체의 지도자로 승격되었다고 주장하고, 또 다른 하나의 입장은 이 감독들은 기원은 직접 그리스도로부터 임명받은 사도들의 기원에서 찾아져야 한다는 입장이다. 그러나 보

---

177 특히 몬트리올 대회(1963)와 『BEM 문서』가 그것이다.
178 WCC, *Towards Koinonia in Faith, Life and Witness*, 15-16.
179 이 부분에 있어서는 특히 교회들 간의 고통스러운 논쟁의 원인이 되고 있는 "여성안수"를 포함하여 많은 수렴되지 않은 문제들이 있다. 신앙과 직제는 더 많은 근본적 신학적 차이들을 극복하기 위해 계속적인 연구를 수행해야 할 것이다. 필자는 이 논문에서 많은 수렴되지 않은 논쟁적 문제들이 여전히 남아있음에도 불구하고 수렴된 문제들을 중심으로 숙고하고 있음을 차제에 밝혀 둔다.

고서는 이 두 가지 입장 모두가 교회의 기원과 통일성을 사도적 복음에 근거시키고자 하는 의도를 공유하고 있다고 말했다(S.II.24-26).[180]

결론적으로 보고서는 교회의 진정한 신앙을 보존하기 위한 한 믿을 만한 수단이 된 고대 교회의 공의회들, 오늘날의 노회들과 그 밖의 교회적 모임들, 심지어는 예언적 은사들을 포함한 교회 개별 구성원들의 은사들까지, 이 모든 요소들이 성령께서 이끄시는 코이노니아의 과정인 상호 수용의 과정에 참여한다고 말함으로써 궁극적으로는 복음의 진리에 근거한 교회의 보편성과 통일성을 확립하기 위한 하나의 보편적 에큐메니칼 협의회를 지향하였다.

> 가르침과 교회의 일치에 관한 개인적, 교역자적, 그리고 노회적 책임의 연관은 또한 보편적 차원에 있어서의 교회의 구조들을 위해 근본적으로 중요하다. 여기서 우리는 원칙적으로는 모든 교회들의 대표들이 참여했던 고대 교회의 에큐메니칼 회의들을 한번 더 상기하게 된다. 오늘날 에큐메니칼 대화들은 복음의 진리에 기초한 교회의 보편적 일치를 향한 한 봉사의 주제를 다시 한 번 채택하여야 한다. 그러한 봉사는 목회적으로 수행되어야 한다. … 그리고 이 교역은 모든 교회들과 그들의 지도자들의 공동체에 위임되어야 하며, 결과적으로 그것은 하나님의 전(全) 백성을 봉사하게 된다.(S.II.27)[181]

끝으로 보고서는 〈신앙과 직제〉에 세 가지를 추천하였다. 첫째, 〈신앙과 직제 위원회〉로 하여금 "기독교적 일치의 보편적 교역"(a Universal Ministry of Christian Unity)에 대한 연구를 하도록 추천하였고, 둘째, 제네바의 WCC

180　WCC, *Towards Koinonia in Faith, Life and Witness*, 19.
181　윗 글.

와 로마의 기독교 일치 증진을 위한 교황청 협의회로 하여금 1998년[182] "에큐메니칼 총회"(an Ecumenical Assembly)를 개최하도록 요청하였고, 셋째, 교회의 사회적 사역들이 어떻게 사도적 신앙에 의해 기초하고, 또한 그것에 의해 형성되는가에 관한 계속적인 문제들을 논의하기 위해 JPIC에 참여하는 교회들과의 대화를 진지하게 고려하는 태도를 신앙과 직제에 제안했다.[183]

지금까지 산티아고 대회의 제2분과 보고서 "하나님의 영광을 위한 하나의 신앙을 고백함"을 숙고하였다. 우리가 이 보고서에서 발견하게 되는 도전은 분열된 교회들이 일치를 향해 나아가기 위해서는 우선적으로 각 교회들이 "사도적 신앙"에 대한 연구를 통해 일치를 위한 공통분모를 찾아야 한다는 것이다. 그 공통분모는 사도들의 복음, 사도들의 예수 그리스도에 대한 증언들, 사도들의 증언에 나타난 삼위일체론적 뿌리, 사도들의 신앙과 순종, 사도들의 세례와 성만찬, 사도들의 교역과 선교 등이다. 한 마디로 요약하면, 사도들의 신앙의 내용이다. 분열된 교회들은 서로 무엇이 다른가를 찾아내려고 애쓰기 보다 무엇이 서로 같은가를 찾아내고, 또한 그것을 강조함을 통해 하나의 같은 신앙 안에서 서로가 형제임을 고백해야 한다. 이것이 분열된 교회들이 일치 추구의 길에서 이루어야 할 과제이다.

한편, 보고서는 다양성이 가지는 위험성을 또한 지적했다. 말하자면 신앙 표현의 다양성이 신앙에 있어서의 교회의 코이노니아를 희미하게 하거나 위협해서는 안 된다는 것이다. 예를 들어 수를 헤아릴 수 없는 다수의 교파 및 교단으로 분화되어 있는 한국교회와 같은 상황에서 신앙 표현의 다양성이 가지는 명분이 무제한적으로 용인되어서는 안된다는 것을 의미한다.

---

182   1998년은 WCC 창립 이후 희년이 되는 해이다.
183   WCC, *Towards Koinonia in Faith, Life and Witness*, 20.

제3분과 : 그리스도 안에서 나누는 삶

산티아고 대회의 제3분과 보고서는 「신앙, 삶, 그리고 증거에 있어서 코이노니아를 향하여」의 두 번째 요소인 "삶"에 관한 것으로서 "그리스도 안에서 나누는 삶"이란 제목 아래 세례, 성만찬, 직제[184]를 다루었다. "삶에 있어서 코이노니아"는 세례, 성만찬, 직제를 교파간 인정하고 나누는 그리스도 안에서 교제하는 공동의 삶을 말한다.

성례와 성례적 특성(Sacrament and sacramentality)

"성례"(Sacrament)는 세례, 성만찬 등 개별적인 성례를 뜻하고 "성례전적 특성"(Sacramentality)은 개별적 성례 이전의 기독교적 핵심 메시지의 성례적 특성을 말한다.[185] 보고서는 본 항목에서 개별적인 성례전들에 대해서는 일치하지 않는 점들을 주장하는 교회들도 이 "성례적 특성"(Sacramentality)에 대해서는 일치한다고 보고, 그것을 다음과 같이 소개했다.

하나님께서는 예수 그리스도의 성육신, 삶, 죽으심 및 부활을 통해서 세상을 구원하시는 그의 사랑의 신비를 효과적으로 전달하셨다. 그리고 부활하신 그리스도께서는 성령의 능력을 통하여 우리 가운데 임재하시고 행동하심으로써 하나님의 이 구원행동을 계속하고 계신다. 이 목적을 위해서 하나님께서는 사람들, 사람들의 말들, 징표들, 그리고 창조의 물질들을 통해서 계속 행동하신다. 이처럼 하나님께서는 자신의 구원의 약속과 은혜를

---

184 1902년 리마(Lima)에서 작성된 『BEM 문서』는 그리스도 안에서 공동생활을 나누는 데 있어서 여전히 장애가 되고 있는 것이 성례전과 교역이라는 점에 착안하여 특별히 세례, 성만찬, 직제에 집중 연구하여 얻는 성과이다.
185 이형기, "신앙과 직제 제5차 세계대회의 분과 보고서", 『교회와 신학』 제26집(1994년), 284.

믿는 자들에게 전달하시고 이들의 증거를 통해서 세상에 전달하신다. 이 하나님의 은혜 행동을 신앙으로 듣고 받아들이며 신뢰하는 사람들은 그것에 의하여 죄의 노예상태로부터 해방되고 삶의 개변을 가져온다. 이 선물을 받아들이는 사람들은 감사와 찬송으로 반응하여, 성 삼위일체 하나님 및 믿는 사람들 상호 간의 교제에 돌입하고 온 세상에 복음을 전하기 위해서 파송받는 것이다. 말들과 징표들과 행동들을 통해서 전달되는 이 성례적 행동을 통해서 이 공동체 곧 교회는 성령에 의해서 죄악되고 분열된 세상 속에서 하나님의 화해 및 재창조의 사랑을 증거하도록 부름을 받았고, 무장되었고, 파송되었고, 능력을 받았고, 인도함을 받는다. 그리하여 신앙 안에서 그리스도 안에서의 충만한 삶을 갈망하는 모든 사람들은 이미 현존하는, 그러나 신천신지에서 완전히 이룩될 하나님 나라의 첫 열매를 맛볼 수 있는 것이다.(S.Ⅲ.5)[186]

세례(Baptism)

본 항목에서 보고서는 『BEM 문서』에 대한 교회들의 반응이 대체로 세례의 의미에 대해서 세계교회들이 일치하고 있고, 세례의 효력에 대해서도 뜻을 같이하고 있다고 말하면서(S.Ⅲ.11), 다음과 같이 세례의 상호인정과 공동 인정을 촉구했다.

> 세례의 상호인정 혹은 공동의 세례는 하나의 포괄적인 공동체로서의 세상에 있는 교회의 모범적인 본질을 표현한다. 거기에서 여러 다양한 문화와 인종들의 남자들과 여자들, 그리고 어린이들이 동등한 기초위에서 이

---

186 WCC, *Fifth World Conference on Faith and Order, Towards Koinonia in Faith, Life and Witness*, 23. *Baptism, Eucharist and Ministry 1982-1990: Report on the process and Responses* (Geneva: WCC, 1990). 참조.

하나의 세례에 참여하고, 거기에서 사회적, 경제적 불평등이 극복될 수 있고, 그리고 거기에서 삼위일체 하나님에 대한 신앙과 형제자매에 대한 사랑의 줄로 묶여서 서로 상대방의 전통들과 능력들을 존경할 수 있게 된다.(S. Ⅲ.15)[187]

위의 인용이 보여주는 바와 같이 세례를 이해함에 있어서의 교회들간에 증가하는 공감대야말로 코이노니아를 지향해 가는 에큐메니칼 운동에 있어서 가장 긍정적인 요소들 가운데 하나이다.

성만찬(Eucharist)

성만찬은 기독교 신앙과 교회의 삶의 참 중심과 관련이 있기 때문에 그것은 필연적으로 에큐메니칼 운동의 중심에 있다.[188] 따라서 에큐메니칼 활동의 모든 형태들은 계속적으로 성만찬, 성만찬의 거행, 그리고 그것의 규율에 관하여 질문들을 던져오고 있다. 이러한 성만찬에 대한 이해에 있어서 세계교회들은 상당한 수렴을 이루어 가는 과정에 있으며, 성만찬을 우리가 추구하는 코이노니아의 본질적 표현으로 보고 있다.

특히 『BEM 문서』에 근거하여 성만찬을 "회상"(anamnesis) 개념과 "성령초대"(epiklesis) 개념으로 이해하여 "성만찬의 희생제사적 성격"과 "그리스도의 임재의 본성"에 대한 여러 가지 상이한 입장들이 서로를 이해하고 수렴의 방향으로 나아가게 되었다(S.Ⅲ.16).[189] 성만찬에 관한 이해에 있어서 교회들간에 여전히 상호 배타적인 입장을 견지하는 것이 사실이나, "주님의 만찬"에 대해서는 대체로 같은 내용을 인정하고 있다. 즉, 주님의 만찬으로서의 성만찬

187　윗 글, 25.
188　Günter Gassmann, ed., *Documentary History of Faith and Order 1963-1993*, 89-90.
189　WCC, *Towards Koinonia in Faith, Life and Witness*, 25.

에서 우리는 우리 가운데 임재하신 그리스도의 죽음과 부활을 축제로 드리며 그리스도와 하나가 된다(과거적 회상). 또한 우리는 말씀 선포와 감사 기도, 성령의 은사를 간구하는 기도를 드리며, 죄용서와 성령의 임재로 화해받고 화해하는 공동체로서(현재적 임재), 새하늘과 새땅을 기원하면서(미래적 임재) 이 식탁에 기쁨으로 참여한다.

그러나 문제는 성만찬에 관한 신학적 수렴이 증가하고 있음에도 불구하고 여전히 모든 교회들 간의 성만찬 참여를 허락하는 단계에 까지는 이르지 않았다는 것이다. 이것이 바로 모든 그리스도인들에게 있어서 심각한 관심의 문제이기도 하다. 그럼에도 불구하고 우리 교회들 안에 있는 많은 그리스도인들이 그들의 공동의 세례에 대한 깊은 확신과 그것을 기초로 성만찬 초대에 기꺼이 응하는 것이 사실이다. 물론 그들의 행동의 배후에 공동체의 경계들을 위반하고자 하는 의도가 있는 것이 아니라 더 충만한 일치로 가는 길에서 성만찬을 하나의 은혜의 수단으로 이해하고 있기 때문이다. 그러나 오늘날 성만찬의 교회론적인 문제성은 일부 교회들이 성만찬을 교회의 가시적 일치의 수단에 불과한 것이 아니라 그것의 궁극적 표현이며, 오직 성만찬만이 그것을 가능하게 한다고 보고 있다는 데 있다. 그럴 경우, 다른 교회의 성만찬에의 충만한 참여는 오직 참가자 자신의 교회가 그 성만찬을 집행하는 교회와 교제를 이루고 있을 때 가능해지는 것이다. 이 점에 있어서 보고서는 교회들이 성만찬의 상호교류의 현실을 인정하고 그것에 효과적으로 응답해야 한다고 말하고, 다음과 같이 제안했다.

우리는 교회들이 서로의 성만찬 교리, 예식, 그리고 규칙들을 존중하면서, 서로의 성만찬 예배에 빈번하게 초대할 것을 제안한다. 그렇게 함으로써 우리 모두는 우리 이미 나누고 있는 교제의 정도를 경험하고, 더 나아가서 지금까지 계속된 분열이 주는 고통을 증거하게 될 것이다.(S.Ⅲ.17)[190]

또한 보고서는 성례전적 나눔의 삶을 강조했다. 그리스도 안에서 영적이고 물질적인 자원은 서로 나눌 때 더욱 풍요롭게 된다는 것이다.

한편, 보다 더 큰 문제는 "성만찬 예배를 누가 집례하는가" 인데, 이 점에 있어서 현재 로마가톨릭교회와 동방정교회는 개신교의 성만찬 예배에는 참석하나 떡과 즙은 받지 않고 있다.

직제(Ministry)

세례, 성만찬, 직제 가운데 "직제"의 문제가 교회일치에 있어서 가장 큰 걸림돌인 것이 사실이다. 그러나 본 항목에서 보고서는 삼위일체 하나님의 이름으로 공동의 세례를 받은 모든 기독교인들은 예수 그리스도와 그의 구원사역에 대한 증인이 되도록 도전받았고, 세례 받은 자들의 소명과 교역이 안수례 받은 교역자들의 특수 소명과 교역에 달라야 한다고 동의했다(S.Ⅲ.20).[191] 그러나 그럼에도 불구하고 코이노니아로 가는 도상에 아직도 해결되지 않은 문제로 남아있다. 예컨대 세례 받은 자들의 교역과 특수 교역과의 관계, 안수례 받은 직제의 체제 유형과 구조, 안수례 받은 교역자와 성만찬 집례자와의 관계, 여성 안수 문제, 감독직과 수위권의 문제들이 아직도 더 논의되어야 한다.

지금까지 필자는 제3분과 보고서 "그리스도 안에서 나누는 삶"을 통해 세례, 성만찬, 직제를 통한 코이노니아의 추구를 살펴보았다. 물론 이 부분은 세

---

190 윗 글.
191 윗 글. 18.

계교회와 신앙과 직제 차원에서 계속해서 더 연구되고 논의될 문제들을 많이 내포하고 있었던 것이 사실이다.

보고서 "그리스도 안에서 나누는 삶"에서 "삶"은 그리스도 안에서 세례, 성만찬, 직제를 교파 상호 간에 인정하고 나누며 교제하는 공동의 삶을 말한다. 세례, 성만찬 등, 각각의 성례에 대해서는 일치하지 않는 점들을 주장하는 교회들도 개별적 성례 이전의 기독교의 핵심 메시지의 "성례전적 특성"(sacramentality)에 대해서는 일치하고 있다(S.III.5). 무엇보다도 『BEM 문서』에 대한 세계교회들의 반응이 대체로 세례의 의미에 대해서 일치한 바 있고, 세례의 효력에 대해서도 뜻을 같이하는 가운데 세례의 상호인정과 공동인정을 촉구한 바 있다(S.III.11). 또 많은 기독교인들이 그들의 공동의 세례에 대한 깊은 확신과 그것을 기초로 성만찬 초대에 기꺼이 응해 왔으며, 더 충만한 일치로 가는 길에서 성만찬을 하나님의 은혜의 수단으로 이해해 왔다(S.III.16). 실로 성만찬은 기독교 신앙과 교회의 삶의 참 중심과 관련이 있는 것으로서 반드시 에큐메니칼 운동의 중심에 있어야 하며, 우리가 추구하는 코이노니아의 본질적 표현이어야 한다. 분명히 지적되어야 할 것은 세례, 성만찬, 직제 가운데 "직제"의 문제가 교회일치에 있어서 가장 큰 걸림돌이 되었으며, 무엇보다도 직제의 문제는 성만찬의 공동의 나눔에도 심각한 이슈가 되어 왔다는 점이다.

오늘날 분열된 교회들도 세례와 성만찬에 대하여는 일치된 이해를 가지며, 따라서 이미 그들 사이에 서로의 세례와 성만찬과 기도와 예배에 참여할 수 있는 상호 인정이 이루어져 있다. 다만 하나님의 구원으로의 부르심에 대한 기쁨과 감사를 함께 고백하고 나누어야 할 자리를 상실했던 것이다. 또한 교회의 가시적 거룩성 논란으로 초래된 이념과 진영 상 대립들은 직제의 문제와 심지어 강단 교류의 금지로 이어져 왔다. 따라서 일치 추구의 길에서는 이미 주어진 성례전적 삶에서의 공동의 기독교 전통을 회복하고, 그것을 더욱 가시적으로 표현하고 강화해 나가야 한다. 이를 위해서 이미 세계교회가 시도해 오고 있는 『리마 예식서』를 분열된 성만찬 공동체들을 한자리에 모이도록 하기 위해 적용할 수 있을 것이다. 주의 만찬이 교회를 향해 주시는 하나님의 선물이라는 확신을 토대로 서로 다른 교회들이 주의 만찬을 축하하는 것을 받아들일 뿐 아니라 서로를 이 성만찬 자리에 진심으로 초청해야 한다. 함께 모여 같이 기도하고 찬양하고 예배하는 가운데 보다 높은 일치를 위한 견고한 토대가 구축될 수 있을 것이다. 이런 맥락에서 범 교단적으로 에큐메니칼 기구를 통하여 세례, 성만찬, 직제에 대한 공동의 이해 문서를 추구하는 것이 필요하다고 할 수 있다.

제4분과 : 새로워진 세계를 위한 공동 증거에로의 소명

사도적 신앙과 성례전적 삶에서의 코이노니아는 증거하는 공동체를 전제한다. 에큐메니칼 운동은 그 시작부터 교회일치와 공동 증거, 그리고 인간 공동체의 갱신을 추구해 왔다. 교회들 사이의 모든 가시적 일치의 실현은 교회 구성원들 사이의 깨어진 관계의 회복과 동시에 세상 안에서의 갱신과 정의와 평화를 위한 활동을 전제로 한다. 이러한 모든 노력을 통한 공동 증거와 공동 활동은 교회들 사이의 일치를 발전시키고 심화시키는 것이다.

산티아고 대회의 제4분과 보고서는 "새로워진 세계를 위한 공동증거에로의 소명"이란 제목 아래 "증거"(Witness)의 부분을 다루었는데, '하나님 나라를 바라보고 나가는 교회와 인류', '선교와 복음전도에 있어서 공동증거', '타 종교인들과 대화하는 공동증거', '공동증거 : 공동체적 도덕적 헌신으로서의 제자의 도', '창조세계의 배려에 있어서의 공동증거'로 구성되어 있다.

하나님 나라를 바라보고 나가는 교회와 인류
(Church and humanity in the perspective of the kingdom)

먼저 보고서는 교회의 증거가 전통적인 복음 전도 차원을 넘어서서 인류 사회와 창조 세계의 회복 차원으로 나가야 한다고 주장함으로써 인류 및 창조 세계와의 관계에서 교회의 위치를 밝혔다.

> 교회는 자기 자신을 삼위일체 하나님과 전(全) 창조세계의 코이노니아의 미리 맛봄과 기대로 이해하는 바, 이것이 성경 안에 있는 그리스도의 몸을 통해서 실현되리라고 믿는다. 그래서 우리는 교회, 인류, 우주를 총체적으로 보아야 하고 하나님 나라의 전망에서 바라보아야 한다. 하나님의 나라는 선물이며, 그것의 완전한 실현은 하나님의 사역에 달렸다. 그러나 교회의 구성원들은 이 세상 속에서 하나님의 나라의 가치들을 실현시키기 위해서 하나님의 동역자들(고전 3:9)로 부름받았다.(S.Ⅳ.8)[192]

신앙과 직제 운동이 교회일치를 교회 자체를 위한 것이 아니라 세상 속에서 인류 공동체를 위한 선교와 봉사를 위한 것으로 생각하게 된 것은 세계 역사 속에서 하나님의 행동들과 목적들이 중요한 에큐메니칼 의제로 부각되던 1960년대에 들어오면서 본격적으로 가시화되었다. 이 점에서 웁살라 총회는 교회가 하나님의 보편사 속에서 선교하고 봉사해야 한다는 뜻에서 교회의 일치 추구를 "인류의 일치"와 연결시켰고, 웁살라 총회의 『교회의 일치와 인류의 일치』는 교회의 일치를 "장차 실현될 인류 일치의 징표"로 보았던 것이다.[193]

---

192 윗 글, 33.

193 Paul A. Crow and Günter Gassmann, *Lausanne to Santiago de Compostela* (Geneva: WCC, 1993), 20.

다음으로 보고서는 인류 및 세계와의 관계에서 교회는 삼위일체 하나님과의 코이노니아와 하나님의 나라를 미리 보여주는 "신비"요, 하나님의 나라 실현을 위한 "예언자적 징표"이며 "도구"라고 말하고, 이들 용어들이 나타내는 바에 대해 다음과 같이 설명했다.

최근 수년동안 신앙과 직제 연구들은 교회, 세상, 그리고 하나님의 나라 사이의 관계를 서술하고자 할 때, "신비"와 "예언자적 징표"라는 용어들[194]을 사용했다. 이들 용어들은 몇몇 기독교 전통들에게는 익숙하지 않지만, 교회는 그것의 경험적, 역사적 표현을 초월하는 실재이며, 성령에 의해 움직여지는 교회는 그 자체가 아니라 그 자체를 넘어서서 하나님의 나라를 가리킨다는 것을 나타내기 위해 사용될 수 있다.(S.IV.12)[195]

그러므로 교회와 인류, 그리고 우주는 하나님 나라의 관점에서 보아야 한다. 이미 우리 가운데 와 있으면서도 아직도 그 성취의 시점이 기다려지는 하나님의 통치라는 종말론적인 관점에서 갱신과 일치를 위한 투쟁 가운데 있는 교회와 세계의 상호관계가 이해되어야 한다. 진실로 교회는 삼위일체 하나님과의 코이노니아와 장차 실현될 하나님 나라를 미리 맛봄이요, 그것의 징표이며, 그것의 이룩하는 도구이다.[196] 또한 보고서는 교회가 인류 사회의 갱신과 창조 세계의 회복을 가져오기 위해서는 '회개'와 '영성의 심화'를 기해야 한다고 다음과 같이 강조했다.

194　*Church and World* (WCC, 1990), chapter 3 and *Confessing the One Faith* (Geneva: WCC, 1991), part Ⅲ. 참조.

195　WCC, *Towards Koinonia in Faith, Life and Witness*, 33.

196　Paul A. Crow and Günter Gassmann, 앞 글, 21.

교회와 세상의 갱신은 새로운 삶의 질과 스타일을 요구할 것이다. 그리고 그러한 삶의 질과 스타일의 이행 여부는 열정적이고, 모든 것을 포괄하는 영성의 재발견에 달려 있다. 또한 진정한 영성은 진정한 회개에 관련되어 있다. 회개를 통해 사람들은 자신들의 삶 속에서 역사하는 하나님의 사역과 현존을 향해 자신들을 자유롭고 완전하게 개방하고, 겸손하게 그들 자신의 잘못들을 깨닫는다. 그리고 교회의 역사를 보면 그러한 회개와 영적 깊이의 삶들이야말로 기독교의 진정한 선교적 힘의 근원이 되었다.(S.IV.11)[197]

선교와 복음전도에 있어서 공동증거
(Common witness in mission and evangelism)

본 항목에서 보고서는 교파들이 "심오한 확신의 차이로 각각 개별적으로 증거하지 않으면 안 되는 상황들을 제외하고는 공동 증거를 추구해야 한다"고 하는 룬트 원칙(1952)을 상기시키면서, 신앙과 직제로 하여금 선교와 복음전도를 방해하는 세 가지 장애들, 즉 ① 교회들 사이의 개종, ② 종교의 자유, ③ 복음과 문화를 계속 연구하여 극복해 나갈 것을 제안하였다. 보고서는 특히 교회들 사이의 개종에 대해 다음과 같이 말했다.

우리는 그러한 활동들에 참여하는 대다수 모임들과 사람들이 그들이 선포하는 대상들의 구원에 진정한 관심을 가지고 있다고 믿는다. 그러나 그들은 대화에 참여할 필요가 있으며, 그들의 방법들과 의도들은 여전히 도전받을 필요가 있다. 많은 이유들 때문에 교회들 사이에 주목할 만한 사람들의 이동이 있다는 사실을 우리는 주목한다. 교회들이 신앙, 삶, 그리고 증거에 있

197　WCC, *Towards Koinonia in Faith, Life and Witness*, 33.

어서 영적 생명력을 보여주는 곳이면 어디에서나, 강제, 계략, 그리고 개종을 일반적으로 실패하는 것처럼 보인다.(S.IV.16)[198]

타 종교인들과 대화하는 공동증거
(Common witness in dialogue with people of other living faiths)

다른 신앙들을 가지고 있는 사람들을 포함한 다른 사람들을 향한 그리스도인들의 접근은 성령에 의해서 계시된 예수 그리스도 안에 있는 하나님의 사랑에 대한 경험에 기초되어 있으며, 그리고 그 경험은 그리스도인들로 하여금 다른 사람들을 사랑하도록 부른다. 그리스도인들 사이의 대화와 그리스도인들과 다른 신앙의 사람들 사이의 대화는 서로 다른 목적을 가진다. 전자가 충만한 가시적 일치를 목적하고 있다면, 그와 비교할 때 후자는 인간의 필요, 상호 증거, 그리고 진리에 대한 공동의 추구에 응답하여 상호 이해와 협력을 증진시키는 것을 목적으로 한다. 하나님의 영이 상호 이해의 방법들과 상호 협력의 자리들에서 끊임없이 역사하신다. 그러므로 그리스도인들은 하나님의 다 발견될 수 없는 부요하심과 그가 인류에게 대면하시는 방법을 식별하고자 노력해야 한다. 이러한 관점에서 출발하여 그리스도인들은 예수 그리스도 안에서 일어난 하나님의 구원의 메시지를 모든 사람들과 모든 민족들과 함께 나누어야 할 "위임명령"[199]을 수행해야 한다.(S.IV.20, 22-23)[200]

사실상 교회의 가시적 일치의 증진을 목적하는 대화들은 우리가 살고 있는 종교 상호 간 상황을 충분하게 고려할 필요가 있다. 왜냐하면 종교 상호 간 대화에 대한 서로 다른 신학적 이해가 초래한 그리스도인들 간의 상호 거부로 인해 결과적으로 기독교적 코이노니아가 감소되었기 때문이다. 예를 들

---

198 윗 글, 34.
199 마태복음 28:19 참조.
200 WCC, *Towards Koinonia in Faith, Life and Witness*, 35-36.

면 어떤 그리스도인들은 기독교가 아닌 다른 신앙 공동체들 안에서의 성령을 통한 하나님의 임재와 행동에 대해서 말한다. 이러한 접근을 취하는 이들은 관용을 위한 일과 종교 상호 간 협력이 교회 선교의 결정적인 한 부분이라고 믿는다. 그러나 반대로 다른 그리스도인들은 오직 그리스도 안에서의 하나님의 구원하시는 사역의 유일무이성에 대한 증거를 강조한다. 그러므로 그들은 종교간 대화가 복음전도에 위배되는 행위라고 믿는다. 그러므로 기독교적 코이노니아의 증진을 위해서도 종교간 대화는 요청되는 일이다.

기독교적 코이노니아는 종교간 대화에 의해서 풍요로워 질 수 있다. 기독교인들은 이 대화에서 자신들의 신앙을 겸허하게 제시하는 것을 배우고, 하나님께서 창조세계 속에 다양하게 현존하신다는 사실을 경험하게 된다.(S. IV.24)[201]

한편 보고서는 다른 신앙을 가진 종교인들의 대화에 있어서 여러 가지 입장이 있으며 타 종교와의 대화가 필요하다고 강조하면서도 그리스도인의 기본적인 정체성을 가지고 대화에 임할 것을 주문했다.

사도적 신앙의 공동고백과 성례전적 삶의 나눔에 근거한 코이노니아 추구는 기독교적 정체성에 대한 우리의 의식을 고양시키고, 나아가서 타 종교인들과의 대화에 있어서 우리의 대화의 질에 기여한다.(S.IV.24)[202]

---

201   윗 글, 36.
202   윗 글.

공동증거 : 공동체적 도덕적 헌신으로서의 제자의 도
(Common witness : discipleship as corporate moral commitment)

본 항목에서 보고서는 교회들로 하여금 JPIC 차원에서의 참여를 가능하게 할 수 있는 공동체적 도덕적 헌신으로서의 제자의 도에 대하여 다음과 같이 말했다.

교회는 성령을 통하여 예수 그리스도와 연합하였고 이 예수 그리스도의 제자들로서 하나님의 화해 및 창조세계의 치유와 회복을 증거하고 여기에 참여하기 위하여 파송받은, 하나님에 의해 부름받은 사람들의 공동체이다. 그리스도에 대한 교회의 관계는 도덕적 헌신의 의미를 지닌 제자도의 관계이다. 그러므로 교회의 기초와 사명은 정의와 평화, 그리고 창조의 보전을 위한 선포와 구체적인 행동들을 통해서 생생하게 증거된다. (S.IV.25)[203]

다음으로 보고서는 제자의 도의 모델에 대해서 다음과 같이 주장했다.

제자의 도의 모델들은 나사렛 예수의 삶과 가르침, 그리고 성경에 근거한다. 우리는 하나님의 살아 계신 말씀에 응답하여, 인간들이 아니라 하나님께 순종함으로써 제자의 도로 부름받은 바, 우리들 자신의 죄된 행동을 회개하고 다른 사람들을 용서하며 희생적 봉사의 삶을 살아야 한다.(S.IV.26)[204]

---

203 윗 글. 36.
204 윗 글. 37.

그러므로 「신앙, 삶, 그리고 증거에 있어서 코이노니아를 향하여」에 있어서 "증거"는 교회의 선교와 사회봉사(JPIC)에 의한 인류 공동체의 갱신에 관한 것이다.[205] 따라서 신앙과 직제 역사상 산티아고 대회야말로 신앙과 직제 운동을 "증거" 차원과 가장 강하게 연결시켰다고 할 수 있다.[206]

창조세계의 돌봄에 있어서 공동증거
(Common witness in the case of Creation)

본 항목에서 보고서는 "역사 속에서 행동하는 삼위일체 하나님은 또한 모든 창조의 세계를 지탱하고 계신다"(S.Ⅳ.33)고 진술함으로써 코이노니아 논의에 인류 공동체의 문제들뿐만 아니라 이 인류와 전(全) 창조세계 사이의 코이노니아의 문제들도 포함시켜야 한다고 말한다. 인류의 반역과 죄악이 이 코이노니아를 붕괴시키고, 지상의 생명의 근거들이 위협받고 있기 때문에 특히 그러하다(S.Ⅳ.33)는 것이다.[207]

그리고 보고서는 그리스도인들에게 "창조세계와 인류의 깨어진 관계에 대한 하나님의 치유에 참여할 소명"과 "새로운 기독교적 인간론"을 정립을 요구하고 나서(S.Ⅳ.34), 환경보호를 위한 성서적 근거를 다음과 같이 제시했다.

> 창조세계의 선함(창세기 1-2), 창조세계의 최고의 응답인 하나님의 영광에 대한 예배(창세기 1)와 자연의 신격화나 예배에 대한 거부(로마서 1:23, 명기 4:16, 예레미야 10:15), 인간이 흙으로부터 하나님의 형상을 따라 창조되었다고 하는 것은 인류와 창조세계의 관련성을 생각나게 한다, 성경의 지혜전승(시편 8, 24), 죄의 현실과 그로 인한 땅과 다른 인간들에 대한 착취, 하나님

---

205 1989년부터 1990년 사이에 신앙과 직제는 『교회와 세상 : 교회의 일치와 인류 공동체의 갱신』을 출판하였는데, 그것은 후에 1993년 산티아고 대회의 연구자료들 가운데 하나가 되었다.
206 Paul A. Crow and Günter Gassmann, 앞 글, 22.
207 WCC, *Towards Koinonia in Faith, Life and Witness*, 38.

의 공의에 대하여 응답하는 정의의 요구, 땅을 지배하는 것이 아니라 땅을 돌보고 가꾸어 가야 할 하나님으로부터 부여받은 인류의 책임(창세기 1:27 이하, 2:15), 그리스도인들은 "청지기들"일 뿐만 아니라 "사제들"로 부름받았으며 그것은 그리스도인들이 이미 하나님께 속한 것을 하나님께 돌려드려야 한다는 것을 의미한다(히브리서 5:1이하, 베드로전서 2:9).(S.IV.35)[208]

지금까지 제4분과 보고서를 통해 "증거에 있어서의 코이노니아" 문제를 숙고하였다. 보고서는 신앙과 성례전적 삶에 있어서의 코이노니아는 곧 증거하는 공동체를 전제하고 있다고 말한다. 개교회와 그 교회의 구성원들이 그리스도의 몸 안에서 살며 예수 그리스도에 관해 증거하는 것은 그리스도인으로서의 삶의 본분이며, 나아가 성령이 그리스도의 제자들에게 능력을 부여하여 사랑의 증거 행위 안에서 하나님과의 코이노니아를 삶으로 표현하게 하신다.(S.IV.1) 그러므로 사도적 신앙과 성례전적 삶에 있어서의 코이노니아는 증거하는 공동체를 의미하고, 또 전제한다. 이런 의미에서 분열된 교회들은 선교와 사회참여, 그리고 창조질서 보존에 있어서 협력하기 위한 기구를 구성할 것을 요청받는다.

〈신앙과 직제〉는 1960년대부터 교회일치를 교회 자체를 위한 것이 아니라 세상 속에서 인류 공동체를 위한 선교와 봉사를 위한 것으로 간주하기 시작했고, 세계 역사 속에서 하나님의 행동들과 목적들을 중요한 에큐메니칼 의제로 부각시켜 왔다. 말하자면, 하나님의 영이 상호 이해와 협력의 자리들에서 끊임없이 역사하시므로 그리스도인들은 하나님의 다 발견될 수 없는 부요하심과 그가 인류를 만나시는 방법을 식별하고자 노력해야 한다. 궁극적으로 그리스도인늘은 예수 그리스노 안에서 일어난 하나님의 구원의 베시

208　윗 글.

지를 모든 사람들과 모든 민족들과 함께 나누어야 할 그리스도의 "위임명령"을 그리스도의 사랑을 가지고 성실하게 수행해야 한다.

그러므로 교회의 증거는 전통적인 복음전도 차원을 넘어서서 인류 사회와 창조세계의 회복 차원으로 나아가야 한다. 왜냐하면 "역사 속에서 행동하는 삼위일체 하나님은 또한 모든 창조의 세계를 지탱하고 계시기" 때문이다. 그러므로 다른 사람들에 대한 관심은 JPIC 차원에서의 참여를 가능하게 할 수 있는 공동체적 도덕적 헌신으로서의 제자의 도를 요구한다.(S.IV.25) 그리고 "증거에 있어서의 코이노니아"라고 할 때, '증거'의 결과는 교회의 JPIC를 통한 선교와 사회봉사에 의한 인류 공동체의 갱신이다. 나아가 증거에 있어서 코이노니아는 인류 공동체 뿐만 아니라 이 인류와 전(全) 창조세계 사이의 코이노니아를 지향해 가야 한다. 기독교인들은 "창조세계와 인류의 깨어진 관계에 대한 하나님의 치유에 참여할 소명"과 "새로운 기독교적 인간론"을 정립하고, 환경보호를 포함한 창조의 보전을 위해 협력하도록 요청받고 있는 것이다.

넷째 마당

「산티아고 대회」 분과 보고서에 조명한 한국장로교회 일치 추구

불과 130년 짧은 역사의 한국 개신교회는 경이적인 양적 성장을 세계교회 앞에 보여 주었다. 그러나 동시에 세계교회의 역사에서 그 유례를 찾아 볼 수 없는 폭발적인 분열의 길을 걸었다. 그리고 한국에서의 장로교회는 그 분열의 역사에서 늘 가장 먼저 지목된다.

WCC가 걸어 온 길이 잘 보여주듯이, 지난 세기 세계교회는 명실공히 성서와 공통된 신앙 유산의 토대 위에서 복음전도, 사회참여, 그리고 창조의 보전을 위해 교파를 초월한 협력과 일치를 추구해 왔다. 이에 부응하여 2013년 10월 30일부터 열흘간 부산에서 개최된 WCC 제10차 총회를 계기로 한국장로교회도 하나님 앞에서 그 분열의 역사를 반성하고, 공동의 신앙 위에서 교회의 하나됨을 향한 하나님의 비전에 참여하기 위해 적극 나섰던 일은 역사적인 사건이 아닐 수 없었다.

종교개혁 이래 세계교회는 성장과 분열의 역사를 동시에 걸었다. 주목해야 할 점은 유럽의 복음주의 부흥운동과 북아메리카의 대각성운동의 열매로 전 세계에 걸쳐 이루어진 선교사역은 19세기를 "위대한 선교의 세기"로 불리게 했고, 그에 따른 기독교의 확장은 선교지에서의 초교파적 협력과 일치를 요구하게 되었으며, 결과적으로 19세기 중엽 이후 다양한 형태의 교파 상호 간 협력과 연합 활동들이 현실화되었다는 사실이다. 그리고 마침내 1910년 에든버러(Edinburgh)에서 개최된 8차 세계선교사대회(World Missionary Conference)를 기점으로 20세기 에큐메니칼 운동의 역사, 즉 세계교회 차원의 협력과 일치 추구의 역사가 시작되었다. 에든버러 WMC가 기폭제가 되어 1921년 국제선교사대회(IMC), 그리고 1925년 〈생활과 봉사〉, 그리고 1927년 〈신앙과 직제〉 등 일련의 세계 대회들이 각각 개최되었고, 〈생활과 봉사〉와 〈신앙과 직제〉는 결국 연합하여 1948년 암스테르담에서 개최된 WCC 제1차 총회를 낳았으며, 뒤이어 IMC는 1961년 뉴델리에서 개최된 제3차 총회에서 WCC에 통합되기에 이르렀다.

유감스럽게도 한국장로교회는 다름 아닌 WCC 참여 문제로 인해 분열을 겪었는데,[209] 지난 부산 총회를 앞두고 여전히 WCC의 신학과 활동에 대한 편견과 오해가 다수의 보수교단들의 지도자들과 성도들 가운데 팽배해 있었고, 심지어 총회 개최 자체를 무산시키려고 애썼다는 것은 실로 안타까운 일이었다.[210]

이 글에서 필자가 먼저 지적하고 싶은 것은, WCC 부산 총회를 계기로 분열의 아픈 역사를 넘어 화합과 연합의 모습을 보여주었어야 마땅한 한국장로교회가 오히려 반대와 대결 국면에서 벗어나지 못했던 안타까운 현실의 이면에는 오랜 지속적인 신학적 대화로서의 〈신앙과 직제〉의 활동과 결실에 대한 올바른 이해가 교계 전반에 매우 부족했다는 것이다. 처음부터 WCC는 분열

---

209 1956년 제41차 예장 총회는 "단일교회 운동"에는 저항하지만 "친교와 협조를 위한 에큐메니칼 운동"에는 응한다는 결의를 했으나, 1958년 제43회 총회부터는 WCC에 대한 노골적인 공격이 NAE(National Association of Evangelism)측 지도자들에 의해 가해졌고, 급기야 1959년 제44회 총회에서 WCC를 반대하는 측은 서울 승동교회에서 모여 WCC를 탈퇴를 선언함으로써 "예장 총회"는 "합동측"과 "통합측"으로 나뉘었다.

210 한국기독교총연합회는 지난 5월 11일 부산역 광장에서 소속 교단 지도자, 기독교인 등 5000여명이 참여한 가운데 '2013 WCC 부산총회 반대 전국대회'를 열기도 했다.

된 교회의 모습은 하나님의 뜻일 수 없음을 고백하면서 가시적 일치 추구를 위해 노력해 왔고, WCC 일치 추구의 역사에서 〈신앙과 직제〉의 활동은 지속적으로 그 핵심적인 역할을 담당해 왔다. 예를 들어, 1975년 나이로비에서 개최된 WCC 제5차 총회는 〈신앙과 직제〉의 목적과 기능을 WCC의 7가지 목적들과 기능들 가운데 첫 번째 항목으로 삼았는데, 이것은 〈신앙과 직제〉의 주된 기능이 WCC 자체의 주요 관심사가 되었다는 사실을 증명해 보이는 것이다.

이번 마당에서 필자는 한국장로교회 분열의 진행과 원인을 다시 간략하게 요약할 것이다. 또한 WCC 일치 추구의 근거가 되는 신학적 수렴들로서의 WCC 교회론 변천의 핵심을 요약하면서, 특히 〈신앙과 직제〉의 일치 추구에 있어 의미심장한 진전들로 평가되는 "코이노니아 교회론"과 "지역교회와 보편교회" 문제 또한 다시 간략하게 언급할 것이다. 아울러 제5차 산티아고 대회(1993)에 이르기까지 〈신앙과 직제〉가 추구한 신앙, 삶, 그리고 증거에 있어서의 신학적 숙고와 수렴의 과정을 개괄하고, 산티아고 대회의 의의를 잠시 언급한 후, 산티아고 대회의 보고서「신앙, 삶, 그리고 증거에 있어서 코이노니아를 향하여」에 비추어 한국장로교회 일치 추구의 방향들을 제안할 것이다.

분열의 원인과 남겨진 짐

한국에서 장로교회의 제1차 분열은 해방 후 교회재건의 과정에서 신사참배로 인한 출옥성도들과 기존 교회지도자들 사이의 갈등에서 비롯되었다. 예장총회가 출옥성도들의 거룩성에 대한 지나친 독선을 문제 삼았던 것이 계기였고, 결과적으로 출옥성도를 중심으로 한 고려신학교측과 결별했다. 그리고 제2차 분열은 신학방법론에 있어서 보수주의와 자유주의 사이의 신학 사상의 갈등에서 비롯되었다. 즉, 보수주의 신학의 박형룡 박사와 자유주의 신학의 김재준 박사의 대립이 부각되었는데, 예장총회는 조선신학교와 장로회신학교의 합동 문제를 놓고 총회 직영신학교 문제로 논란을 벌였던 것이고, 결과적으로 교단이 분열되어 양 신학교 모두 직영을 취소당하고 총회신학교(예장)가 신설되기에 이르렀다. 이에 그치지 않고 예장 총회는 WCC와 경기노회 총대 문제로 1959년 제44회 총회에서 "통합측"과 "합동측"으로 나뉨으로써 제3차의 분열을 겪었다.

분열의 원인들을 들여다 보면, 제1차 분열은 신학적으로 "교회론"과 관련된 것으로서 이는 교회의 가시적 거룩성(visible sanctity)을 절대시 한 분리주의의 독선으로 초래된 것이고, 제2차 분열은 양식사적 비평에 근거한 성서관을 가진 김재준 교수의 신정통주의 신학과 20세기 초 미국의 근본주의적 축자영감설 성서관을 가진 박형룡 박사의 정통주의 신학이 충돌한 것으로 성경의 권위 문제와 성경해석에 관한 보수와 진보의 대립이 원인이었으며, 제3차 분열은 WCC측과 NAE(National Association of Evangelism)측의 대립, 지방색의 대립, 그리고 교권다툼으로 비롯된 것이었다. 그러므로 한국장로교회의 분열에는 지역색의 차이, 교권 다툼, 교리적 대립 등 인간관계와 신학적 대립을 포함한 여러 가지 원인들이 복합적으로 작용했던 것이고, 그 가운데서도 특히 신학적인 이유가 중요하게 작용했다는 사실이 간과되어서는 안된다.

한편 한국장로교회의 분열 원인을 사회적, 정치적 측면들에 관련시켜 재고해 볼 때, 먼저 해방과 6·25 한국전쟁이 가져온 대외개방과 민족과 교회의 대이동을 그 배경으로 지적할 수 있다. 특히 선교사들의 선교지역 분할 정책으로 이미 오래 전부터 상존하고 있었던 지역적 특성이 교회의 대이동으로 인해 선교 분할이 와해되는 과정에서 지도자들 간에 지역 갈등의 씨앗이 된 것도 사실이다. 뿐만 아니라 남과 북으로의 체제 분단으로 인해 많은 기독교인들이 월남하였고, 그들이 총회 내에 중요한 세력을 형성한 것도 또 다른 분열의 배경이 되었다. 이와 같이 복잡해진 지도자들의 인간적 관계 외에도 특히 신학적 입장의 다양성이 상존하고 있었던 가운데, 당시 급속하게 진행된 한국교회의 국제화로 세계적 신학 조류와 WCC와 같은 국제적 기독교 기구와 연결됨으로써 한국장로교회는 지도자들 사이에 형성된 신학적 견해 차이와 신학 사상의 차이로 인해 대립과 분열의 길을 피하지 못했던 것이다.

한국교회의 분열상과 계속되는 반목과 갈등은 교회 내적으로 그 성장 가능성과 잠재력을 약화시켰고, 사회 전반으로는 한국교회를 향한 사회의 기대와 신뢰의 상실로 이어져 오늘날 복음전도와 한국교회의 성장에 큰 장애가 되고 있다. 더 이상 피선교지 교회가 아닌 선교하는 교회로 탈바꿈한 한국교회는 교회일치의 노력을 사회적 공신력 회복의 문제로 간주해야 하는 것이다. 한국장로교회 또한 이 점을 아프게 인정하고 위기의식을 가져야 한다. 즉, 한국장로교회는 그 분열의 원인을 역사적, 사회적, 그리고 신학적 측면에서 찾을 수 있으나 그에 못지않게 먼저 인간적 측면, 즉 몇몇 지도자들의 과오에서도 찾아야 한다. 오늘의 교단지도자들, 목회자들, 그리고 심지어 신학자들까지도 분열의 역사를 거울삼아 뼈아픈 반성과 회개의 자리를 거듭 마련하고 화해와 일치의 길을 결심하고 나아가야 할 과제를 가지고 있는 것이다. 책임적인 눈으로 불행한 과거를 직시할 때 비로소 현재의 과제를 제대로 직시할 수 있기 때문이다.

한편 한국장로교회는 그 분열의 역사를 뒤로하고, 국내외의 선교의 현장에서 초기 교회처럼 그리스도와 성령의 생명력을 가지고 활동하기 위해서 무엇보다 "주어진 일치"(a God-given unity)에 근거하여 협력과 일치 추구의 길을 모색하도록 도전받고 있다. 그러므로 한국장로교회의 분열의 원인이 보다 근본적으로는 신학적인 갈등에서 비롯되었다는 인식을 공유한다는 전제 위에서, 우리는 WCC의 〈신앙과 직제〉가 추진해 온 신학적 일치 추구 운동으로부터 배움으로써, 특히 산티아고 대회의 분과 보고서인 『Towards Koinonia in Faith, Life and Witness』를 통해 한국장로교회의 일치 추구의 방향을 모색할 수 있을 것이다.

일치 추구를 위한 신학적 토대 - WCC 교회론

지난 세기 WCC 차원의 에큐메니칼 신학적 대화에서 중심적인 주제의 하나는 "교회론"이었다. 이형기 교수의 말을 빌리면, "20세기 에큐메니칼 운동과 WCC를 통한 세계교회들의 일치 추구에 있어서 처음부터 오늘에 이르기까지 걸림돌로 작용해 온 것은 세례, 성만찬, 직제, 하나의 거룩한·보편적·사도적 교회, 불가시적 교회와 가시적 교회, 교회의 표지, 교회의 전통, 그리고 보편교회와 지역교회 등 교회론적인 문제였다."[211] 한국장로교회는 그 협력과 일치를 향한 길에서 WCC의 교회론의 변천에 나타난 신학적 수렴들로부터 협력과 일치를 위한 교회론적 공통분모를 찾아내야 하고, 그것을 기초로 복음증거와 사회참여, 그리고 창조의 보전을 위한 교단을 넘어선 적극적인 협력과 가시적 일치를 향한 방향을 모색할 수 있을 것이다.

---

211 이형기, 『세계교회의 분열과 일치추구의 역사』 (장로회신학대학교, 1994), 328.

교회론의 변천과 코이노니아를 향하여

〈신앙과 직제〉 로잔 대회(1차, 1927)[212]와 에든버러 대회(2차, 1937), 그리고 WCC 암스테르담 총회(제1차, 1948)로 이어진 "비교교회론적 입장"(Comparative Ecclesiology)은 「토론토 성명」(1950)을 전환점으로 삼아 〈신앙과 직제〉 룬트 대회(3차, 1952)에 이르러 "주어진 일치"를 확인함으로써 "기독론적 교회론"(Christ-centered Ecclesiology)[213]으로 발전했다. 이것은 단순한 비교의 방법에서 본격적인 대화의 형식으로 나아간 것으로 공통된 성서적, 기독론적 기초로부터 논쟁적 이슈들에 접근하는 하나의 진정한 "신학적 대화"가 시작된 것을 의미한다.

그러나 WCC는 그 주어진 일치의 근거를 확인하는데서 만족하지 않고 "한 분의 주님, 하나의 세례"(1960)를 통해 보다 진전된 가시적 일치를 위한 근거를 마련했고, 이어 WCC 뉴델리 총회(제3차, 1961)는 삼위일체 하나님 신앙에 근거한 보다 구체적이고 가시적인 교회일치를 추구하면서 이 삼위일체 하나님 안에서 "각 장소의 모든 그리스도인들(all in each place)"이란 가시적 일치를 위한 근거를 발견했다. 그리고 그 가시적 일치의 표지들로서 사도적 신앙과 복음 설교, 세례, 성찬, 기도, 증거와 봉사를 명백하게 제시하기에 이르렀다. 이어 웁살라 총회(제4차 1968)는 급격하게 변화하는 세속 사회의 상황 속에서 교회일치의 문제를 교회의 보편성(catholicity)의 개념으로 설명함으로써 개(個)교회의 다양성을 인정하면서도 전(全)교회의 하나됨을 추구하며 호소

---

212   정교회, 성공회 등 127개 교단이 모여 "우리는 우리가 서로 일치하는 사항들과 우리가 서로 다른 사항들을 숙고하기 위해 모였다."라고 선언함으로써 자신들의 신앙고백들을 제시하고 어디에서 일치하고 어디에서 일치하지 못하는지를 비교했다.

213   소위 "코페르니쿠스적 혁명(Copernican Revolution)"으로 마치 태양인 자신들의 교회를 다른 교회들이 돌고 있다는 인식에서 예수 그리스도, 삼위일체 하나님 중심으로 모든 교회들이 돌고 있다는 깨달음으로 나아간 것이다.

하는 데까지 나아갔다. 그 결과 나이로비 총회(제5차, 1975)는 웁살라 총회가 말한 "교회의 보편성"의 이상을 더욱 구체화시킨 것으로서 "협의회를 통한 친교"(Conciliar Fellowship)로서의 교회일치를 추구할 수 있게 되었다. 그리고 "삼위일체론적 가시적 일치 근거 확인"과 "협의회를 통한 친교로의 발전"은 "각 장소의 그리스도인들" 안에서의 교회의 진정한 일치가능성과 "모든 장소들의 모든 그리스도인들" 간의 교회들의 진정한 일치가능성을 확인해 주었다. 이러한 교회론의 지속적이고 의미 있는 변천 과정을 기반으로 밴쿠버 총회(제6차, 1983)는 교회의 하나됨을 가시적으로 보여주는 "성례전적 친교"로 나아갔고, 이어 캔버라 총회(제7차, 1991)는 성령 안에서의 코이노니아(Koinonia)로서의 교회일치를 정의하고, 한 걸음 나아가 그 코이노니아의 지평을 창조세계 전체와의 코이노니아로 확장시켜 나갔던 것이다.

지역교회와 보편교회

한편 몬트리올 대회(4차, 1963)를 기점으로 〈신앙과 직제〉 차원의 신학적 대화에 로마가톨릭교회가 광범위하게 참가한 것은 세계교회의 에큐메니칼 운동의 범위에 큰 확대를 가져왔다. 과거에는 단지 특정한 수의 교파 전통들만 참가했지만 바야흐로 전체 기독교 교회들이 대표단을 파견하게 되었으며, 이것은 곧 성만찬을 포함한 신학적 주제들에 관한 질문이 교회론에 대한 차원으로 마침내 온전하게 검토되고 다루어질 수 있게 되었다는 것을 의미한다.

실로 교회론 논의에 있어서 가장 큰 어려운 문제는 다양한 직제와 예전을 가진 교회들에게 있어서 지역성과 보편성에 대한 개념의 일치를 확립하는 일이었다. 전통적으로 지역교회와 보편교회의 문제는 로마가톨릭교회와 개신교 사이의 대립의 원인이었다. 즉, 로마가톨릭교회와 동방정교회는 보편교회

(universal church)를 강조하여 왔고, 반면에 종교개혁 전통 위에 서 있는 개신교회는 지역교회(local church)를 강조해 왔던 것이다. 그러나 오늘날 에큐메니칼 현장에서 지역교회와 보편교회는 결코 상호별개의 차원에 있는 실체들이 아니라 오히려 내적·외적 차원에서 상호 연결된 실체들이라고 이해되고 있다. 그리고 이러한 지역교회와 보편교회에 대한 발전적 이해는 WCC가 추구해 온 진정한 의미에서의 세계적 교회일치 추구에 크게 기여해 왔다. 위에서 지적한 바대로 WCC는 뉴델리 총회에서 가시적 일치를 위한 교회의 징표들을 밝히면서 이러한 징표들이 지역교회의 차원에서도 필수적으로 확인되어야 함을 강조했고, 나아가 나이로비 총회에서는 "협의회를 통한 친교"를 유기적 일치의 이상으로 제시함으로써 보편교회로의 길을 "코이노니아"(communion, KOINONIA)에서 찾았다. 결국 이것이 지역교회와 보편교회의 문제를 푸는 열쇠가 되어 "지역교회와 보편교회"에 대한 JWG(Joint Working Group)의 연구 문서 『The Church : Local and Universal(1990)』[214]가 만들어졌던 것이다.

서로의 다양성을 인정하면서 일치 노력을 가속화시켜야 할 사명을 안고 있는 오늘의 교회들은 스스로가 "모든 장소들의 모든 기독교인들"과 코이노니아 속에 있는 "각 장소의 모든 기독교인들"임을 자각해야 한다. 또한 선물로 주어진 일치에 감사하면서 동시에 끊임없이 가시적인 일치를 향하여 나아가야 하며, 획일성으로서의 하나됨이 아니라 다양한 신학적 표현들과 교회적 삶의 형식들을 고려하면서 서로 다른 기독교 전통들의 유산을 보존하고 다양한 사회적, 문화적 상황들 속에서 형성된 교회의 토착성을 존중하는 하나됨을

---

214 JWG(1990)의 "지역교회와 보편교회"는 뉴델리 총회와 나이로비 총회의 가시적 일치를 위한 교회일치 개념을 받아들이는 동시에 일치의 목표로서 "완전한 교제"를 바라보면서, 특히 협의회적 교제, 즉 지역교회들의 전통을 포기하지 않으면서도 일치를 추구하는 "코이노니아"의 개념을 통해 교회일치를 설명함으로써 WCC의 일치추구의 역사에서 한 중요한 진전을 이룩했다.

이루어 나가야 한다. 마찬가지로 한국의 분열된 장로교회들도 "다양성 속에서의 하나됨"의 틀 안에서 개교회들의 다양성을 인정하는 성령론적 코이노니아 개념을 가지고 하나 된 교회를 향해 나아감으로써 하나님의 창조세계의 과제들을 함께 감당해야 할 것이다.

실로 〈신앙과 직제〉 활동은 세계교회의 에큐메니칼 운동의 신학적 근거요 기초가 되었으며, 그 에큐메니칼 신학의 틀을 명쾌하게 제시한 연구결과가 1993년 산티아고에서 개최된 〈신앙과 직제〉 5차 세계대회의 분과 보고서[215]인 「신앙, 삶, 그리고 증거에 있어서 코이노니아를 향하여」(Towards Koinonia in Faith, Life and Witness)이다.

「산티아고 대회」 분과 보고서에 조명한 일치 추구

〈신앙과 직제〉는 항상 근본적인 "신앙"(Faith)의 일치라는 기초 위에 서고자 힘써 왔다. 즉, 역대 〈신앙과 직제〉 대회들은 사도적 신앙이 무엇인가를 말하고자 노력해 왔다. 예를 들어 로잔 대회(1927)는 "복음"에 대해 말했고, 에든버러 대회(1937)는 신앙 또는 신앙고백에 있어서 본질적인 일치가 충만한 성만찬교류와 협력적인 연합의 필요성을 역설했다. 룬트 대회(1952)는 특히 성서와 고대 에큐메니칼 신조들을 정통신앙 형성에 있어서 결정적인 것으로 보았고, 이어 몬트리올 대회(1963)는 "성서, 전통, 그리고 전통들"(Scripture, Tradition, and traditions)의 관계성을 신앙 표현의 다양성을 인정하는 방향에 서서 명백하게 정의하는 동시에, 사도적 복음은 교파들의 신학들이 보여주는 다양성에도 불구하고 그 속에서의 통일성을 지향하고 있다고 강조했다. 계속해

---

215 WCC, *Towards Koinonia in Faith, Life and Witness*, Fifth World Conference on Faith and Order (Geneva: WCC, 1993).

서 〈신앙과 직제〉는 교회의 가시적 일치를 위한 필수불가결한 요소의 하나로서 공통된 신앙내용의 재천명의 필요성을 의식하고 공동의 신앙고백의 기초를 마련하기 위해 노력했는데, 특히 창조세계, 세상, 그리고 인류의 보편사라는 관점에 입각한 일치의 기초로서의 공통된 신앙을 추구하였다. 그리고 그 노력의 최종적인 결실인 「Confessing the One Faith as It is Confessed in the Nicene-Constantipolitan Creed(381) : A Faith and Order Study Document」[216]가 산티아고 대회의 토의문서로 사용되었던 것이다.

또한 에큐메니칼 운동의 신학은 하나의 보편교회의 사도적 신앙뿐만 아니라 BEM(세례, 성만찬, 직제) 중심의 교회적 "삶"(Life)을 기초로 하고 있다. WCC의 신학적 일치의 노력에 있어서 세례, 성만찬, 직제에 관한 신학적 일치와 실천적 일치는 교회의 가시적 일치를 궁극적으로 가능하게 하는 것으로 간주되어 왔다. 역대 〈신앙과 직제〉는 로잔 대회 이후 지난 50년간 계속해서 세례, 성만찬, 직제를 그 중심 주제로 삼아왔으나 그 본격적인 논의는 몬트리올 대회부터 시작되었다. 특히 1974년 아크라(Accra)에서 〈신앙과 직제〉는 성만찬 세례, 직제에 관한 축적된 에큐메니칼 신학적 이해를 집약시켰고, 1974년부터 1982년까지에 걸쳐 그 집약된 문서에 대한 반응문서 분석과 그밖에 다각적인 논의를 통해 1982년 페루의 리마(Lima)에서 비로소 「BEM문서」와 그것에 근거한 「리마 예식서」를 도출시켰다. 특히 「BEM 문서」에 나타난 성만찬 신학은 사도신경과 니케아 신조에 나타난 삼위일체 하나님 신앙의 구조를 가지고 있는데, 이러한 삼위일체 하나님 신앙은 로잔 대회 이후 중요시 되어 오다 1952년 빌링겐 IMC의 "하나님의 선교" 차원에서 중요하게 부각되었고, WCC 뉴델리 총회(1961)에 이르러서는 WCC의 헌장에 첨가되었으며, 1989

---

216 WCC, *Confessing the One Faith: An Ecumenical Explication of the Apostolic Faith as it is Confessed in the Nicene-Constantinopolitan Creed*(381), Faith and Order Paper No. 153 (Geneva: WCC, 1991).

년에 작성된 〈신앙과 직제〉 문서 「하나의 신앙을 고백하면서: 니케아-콘스탄티노플 신조(381)로 표현된 사도적 신앙의 에큐메니칼적 해석을 향하여」에서 더욱 강조되었던 것이다. 〈신앙과 직제〉는 1982년부터 1990년까지에 걸쳐 이 「BEM 문서」에 대한 응답서들을 집중적으로 연구하여 「BEM 1982-1989 : Report on the Process and Responses」[217]를 출판하였고, 이 문서가 산티아고 대회 제3분과의 중심적인 기초자료로 사용되었다.

한편, 〈신앙과 직제〉는 초기부터 에큐메니칼 사회적 "증거"(Witness)와 행동의 문제들에 관심을 가져왔다. 특히 웁살라 총회 이후, 〈신앙과 직제〉는 교회일치의 문제를 선교 및 인류사회의 일치와 갱신의 문제에 관련시키기 시작하면서 "증거"(선교와 사회참여)에 대한 신학적 숙고를 점증시켜 왔다. 특히 1982년 리마 〈신앙과 직제〉는 "교회의 일치와 인류 공동체의 갱신"(The Unity of the Church and the Renewal of Human Community)을 향후 〈신앙과 직제〉의 연구과제 가운데 하나로 채택하기에 이른다. 교회들의 가시적 일치와 인류 공동체 속에서의 교회들의 증거와 봉사라는 두 가지 에큐메니칼 의제들에 대한 신학적 탐구의 성격을 가진 이 연구는, 1984년과 1985년에 걸쳐 교회의 일치 추구와 교회의 증거와 봉사문제가 교회와 인류의 공동의 차원이요 목표인 하나님 나라의 시야 안에서 신학적으로 연구됨으로써 그 범위와 방법론이 더욱 분명해졌다. 그리고 마침내 1990년에 「신앙과 직제 실행위원회」가 「교회와 세상 : 교회의 일치와 인류 공동체의 갱신」을 출판했고, 이 문서가 산티아고 대회의 제4분과의 준비 문서가 되었다.

---

217 WCC, *Baptism, Eucharist and Ministry 1982-1990: Report on the Process and Responses* (WCC: Geneva, 1990).

산티아고 대회

몬트리올 대회(1963) 이후 30년 만에 스페인의 산티아고(San-tiago de Compostela)에서 개최된 〈신앙과 직제〉 5차 세계대회(1993)는 이전 대회들과는 다른 급변하는 세계 상황과 이러한 상황에서 세계교회가 가시적 일치를 향해 전진하도록 도전받는 에큐메니칼 상황을 배경으로 하고 있었다. 즉, 산티아고 대회의 주제 "신앙, 삶, 그리고 증거에 있어서의 코이노니아를 향하여"는 급격한 변화의 새 물결을 분석하고 그에 상응하는 에큐메니칼 운동의 새로운 이정표를 마련하자는 취지를 담고 있었던 것이다.

산티아고 대회의 과제는 세 가지로 요약될 수 있는데, 첫째는 지난 30년 동안 〈신앙과 직제〉가 걸어온 길에 대한 교회들의 기억들을 새롭게 하는 것이고, 둘째는 〈신앙과 직제〉를 인도해 갈 비전을 발견하는 것이며, 셋째는 교회들로 하여금 일치, 증거, 그리고 선교를 연결시키도록 돕는 것이었다. 그것을 위해 산티아고 대회는 「신앙과 직제 위원회」의 신학적 수렴들을 총정리 한 후, 그 일치의 방법으로 코이노니아 개념을 설정하였고, "신앙"(주로 복음과 니케아-콘스탄티노플 신조에 나타난 삼위일체 하나님)과 "삶"(BEM) 차원의 코이노니아를 "증거"(선교와 JPIC[218]를 포함한 교회의 사회봉사) 차원의 코이노니아와 연결시켰다.

대회의 주제 "신앙, 삶, 그리고 증거에 있어서 코이노니아를 향하여"가 보여주듯이, '코이노니아' 개념이 그 중심 주제로 부각되었는데, 그 의미를 요약하면 다음과 같다. 첫째, 코이노니아는 우리를 위하시는 하나님에 대한 공동의 경험에 기초해 있으며, 그러한 경험은 예배를 통해서 가장 극적으로 가능하다. 즉, 우리가 추구하는 일치를 가장 가깝게 깨닫게 되는 시간은 예배이다.

---

218 정의, 평화, 그리고 창조질서의 보전(Justice, Peace, and Integrity of Creation, JPIC).

둘째, 코이노니아는 일치와 다양성을 함께 붙들고, 우리로 하여금 두 가지 모두를 위협이 아니라 선물로 보도록 허락하며, 우리의 공동의 삶에서 구조나 제도보다 인격적이고 관계적인 것에 더 우선권을 둔다. 다시 말하면, 코이노니아 주제가 가진 가장 큰 힘은 그것이 일치와 다양성을 함께 붙들고 있다는 사실에 있다. 그러므로 코이노니아는 다양성을 합법적인 것으로, 심지어는 하나님으로부터 주어진 선물로 봄으로써 전통들을 통해 다양성에 대해 건설적으로 접근할 수 있도록 한다. 셋째, 코이노니아는 일치, 증거, 그리고 선교를 상호 경쟁적인 요소들로 분리시키지 않고 상호보충적인 요소들로 포괄한다. 즉, 산티아고 대회의 목적들의 하나는 일치 추구를 인류와 피조세계를 위한 하나님의 목적에 구체적으로 연결시키는 것이었다.

이제 필자는 산티아고 대회의 보고서 「신앙, 삶, 그리고 증거에 있어서 코이노니아를 향하여」를 토대로 한국장로교회 일치 추구의 방향들을 보다 구체적으로 제안하고자 한다.

선물인 동시에 과제로서의 코이노니아

산티아고 대회의 제1분과 보고서에 따르면, '코이노니아' 개념은 하나님의 선물로서 하나님으로부터 오고 피조 세계와 인류에 의해 받아들여진 선물의 부요함을 표현하는 그리스도 안에 있는 은총의 교제이다. 즉, 이 하나님의 선물은 모든 피조 세계와 인류, 그리고 예수 그리스도에 대한 신앙에 응답하는 사람들에게까지 확장된다. 그리스도인들은 예수 그리스도 안에서 만인을 위해 주어진 코이노니아 및 소외된 사람들까지 포함하는 인간 상호 간의 코이노니아를 기초로 하여 예수 그리스도에 의해 밝혀진 삼위일체 하나님 자체 내의 코이노니아로 나아가고,[219] 마침내 성령의 능력으로 예수 그리스도 및 하나님께 연합된다.[220] 그러므로 교회는 코이노니아로서의 교회이며, 궁극적으로 이 코이노니아를 실현시키는 교회이어야 한다. 하나님의 선물로서의 코이노니아의 기초는 삼위일체 하나님의 섭리이며, 교회 안에서 이 코이노니아를 실현시키시는 분은 성령이시다. 그런데 교회 안에서 그 통일성이 하나님의 선물인 것과 마찬가지로 다양성도 하나님의 선물이다. 즉, 교회의 일치와 다양성이 모두 하나님의 선물인 코이노니아의 본질이다.

한편 코이노니아는 선물인 동시에 또한 과제이다. 코이노니아의 역동적 과정 안에서 상호보완적 관계에 있기 때문에 우리는 개인적으로든, 공동체 안에서든, 신학적으로, 윤리적으로, 그리고 문화적으로 다른 사람들과 대면해 있다. 따라서 과제로서의 코이노니아는 우리 각자에게는 다른 사람들에 대한 존경과 이해, 그리고 다른 사람들을 위한 고난의 과정으로서의 "케노시스-자기내어줌과 자기 비움"을, 코이노니아로서의 교회에게는 모든 사람들의 고난에의 참여와 인류 공동체의 정의, 평화, 그리고 창조질서의 보전(JPIC)을 위한 노력에의 동참을 요구한다. 그러므로 전체 세계를 향한 '디아코니아'(diakonia)와 '코이노니아'(koinonia)는 분리될 수 없다.

지금까지 살펴 본 바, 에큐메니칼 운동에서 발전되어 온 코이노니아 개념이 분열된 한국장로교회들을 향해 주는 메시지는 무엇인가?

무엇보다도 먼저 선물인 동시에 과제인 교회의 본질로서의 코이노니아는 대립과 분열의 역사를 거듭하여 온 한국장로교회에 분열의 과거에 대한 회개

---

[219] 그의 삶과 사역, 그리고 죽음과 부활에서 예수 그리스도는 자신과 그의 아버지 사이의 친밀한 관계성을 나타내셨다. 요한복음 15:10, "내가 아버지의 계명을 지켜 그의 사랑 안에 거하는 것 같이 너희도 내 계명을 지키면 내 사랑 안에 거하리라"

[220] 로마서 6:4-5, 5절 "만일 우리가 그의 죽으심을 본받아 연합한 자가 되었으면 또한 그의 부활을 본받아 연합한 자가 되리라"

를 촉구한다. 한국장로교회의 분열 과정이 역설적이게도 오늘날과 같은 교회의 성장을 이룩한 배경으로서 한 원인이라고도 하나, 그것은 결과만을 과장시켜 표현하고, 교회의 본질을 왜곡시키는 표현이 아닐 수 없다. 모든 그리스도인들이 예수 그리스도를 믿는 하나의 믿음 안에서 형제적 사귐과 일치를 회복하지 못하고 또 누리지 못한다면, 그러한 상황은 이미 교회의 본질을 떠나 있는 것이다.

코이노니아는 하나님의 선물로서 교회의 본질이며, 그것은 삼위일체 하나님과 성령의 사역을 통해 확증된다. 그런데 교회 안에서 그 통일성은 하나님의 선물인 것과 마찬가지로, 다양성도 하나님의 선물이다. 그러므로 "주어진 선물"(a given gift)로서의 코이노니아를 공유하고 있는 한국장로교회는 선물로서의 코이노니아를 확인하고 함께 나누며, 그것을 기초로 복음전도와 사회 참여를 위한 일치와 협력을 통해 과제로서의 코이노니아로 나가야 할 것이다. 특히 오늘날 세계교회의 선교는 지역교회와 보편교회의 역동적 코이노니아가 없이 진행되고 있으며, 그로 인한 선교지 현장에서의 많은 문제들을 고려할 때, 특시 경쟁적으로 이루어지는 한국장로교회의 선교 현장들이야말로 일치와 코이노니아가 요청되고 있는 것이다.

한편, 에큐메니칼 신학에서 사용되는 '코이노니아' 또는 '사귐'에 해당하는 말(개념)은 '평안' 또는 '평화'로 이해될 수 있다. 왜냐하면 '평화'는 곧 '코이노니아'의 결과적 상태라고 할 수 있기 때문이다. '평화'는 개인과 교회에게 하나님이 주시는 가장 좋은 선물이며 가장 큰 선물이다. 그것이 하나님의 선물인 이유는, 우리가 강단에서 선포하는 것처럼 진정한 평화는 힘으로 얻어지는 '평화'(Peace)가 아니라 하늘에서 내리시는 '샬롬'(Shalom)이기 때문이다. 우리에게 평화를 주기 위해 예수 그리스도는 힘이 아니라 평화의 방법인 십자가에서 돌아가시는 희생을 택하셨다. 그러므로 예수 그리스도가 선물로 주신 평화는 이제 우리의 양보와 타협 속에서 열매를 맺어야 한다. 따라서 '평화'는 교회가 유지하고 지켜가야 할 가장 중요한 선물이다. 그런 의미에서 한국장로교회 지도자들이 교계 전반의 협력과 일치 추구를 위해 일할 때 가장 관심을 집중해야 하는 일은 무엇보다도 화해시키는 일이고, 그렇기에 그들에게 요구되는 것은 화해와 협력의 리더십이다.

신앙을 고백함에 있어서의 코이노니아

〈신앙과 직제〉는 하나의 신앙을 고백하기 위한 연구의 결과로 "하나의 사도적 신앙고백"으로서의 「니케아-콘스탄티노플 신조」(318)를 확정한 바 있으며, 따라서 분과 보고서 "신앙을 고백함에 있어서의 코이노니아"에서 "신앙"은 복음 다음으로 중요한 니케아-콘스탄티노플 신조이다.[221] 보고서에 따르면, 한편으로 지역교회들은 자신들에게 주어진 상황에서 각각의 신앙을 고백해야 하지만, 동시에 그들의 증거는 더 넓은 에큐메니칼 공동체 안에 함께 참여함으로써 기도와 행동적인 연대 안에서의 코이노니아를 통해 고난의 시대를 사는 그리스도인들을 도울 수 있어야 한다.[222] 여기서 "사도성"은 니케아-콘스탄티노플 신조에서 하나의, 거룩한, 보편적, 사도적 교회라고 고백하는 교회의 신앙의 사도적 특성이고, 사도적 신앙을 가진 교회의 영구적인 사도적 징표는 모든 기독교인들의 과제인 사도적 신앙에 대한 증언과 복음 선포, 교역적 책임의 전수 및 기독교인들의 살아있는 공동체와 세계에 대한 교회의 봉사이며, 나아가 세계 도처에 파송되어 정의, 평화, 창조질서의 보전에 참여하는 것이다.(S.II.7)[223]

---

221 이형기, "신앙과 직제 제5차 세계대회의 분과 보고서," 「교회와 신학」 26(1994), 279
222 WCC, *Towards Koinonia in Faith, Life and Witness*, 14.
223 윗 글, 15-16.

우리는 사회적으로, 문화적으로, 그리고 종교적으로 지극히 다양한 세계에서 살고 있다. 따라서 주어진 상황에서 자신의 신앙을 표현하도록 부름받은 우리는 신앙 표현의 다양한 형식들을 피할 수 없다. 그러므로 신앙에 있어서의 코이노니아가 획일적 통일성을 의미하는 것은 아니며, 오히려 신앙 표현의 다양성은 교회를 향한 충만한 축복이다.(S.II.14)[224] 그러나 그 다양성에는 한계가 있으며, 다양성이 신앙에 있어서 교회의 코이노니아와 "복음의 진리"[225]를 희미하게 하거나 위협해서는 안된다. 그러기에 보고서는 하나의 사도적 신앙의 공동 고백이 기독교 정체성의 근본 조건이며, 니케아-콘스탄티노플 신조로 요약되는 사도적 신앙, 그리고 성경이 일치 추구를 위한 원리로 간주되어야 한다고 강조한다. 신앙에 있어서 우리의 일치를 확인하기 위해서는 공동의 의사 결정과 공동의 가르침을 위한 구조들이 요구되며, 교회들이 그러한 공동의 구조들을 발견하고자 할 때, 성경, 전통, 그리고 교회의 관계의 상황에서 "사도적"이란 개념을 이해하는 일이 절대적으로 필요하다.(S.II.23) 교회의 진정한 신앙을 보존하기 위한 믿을 만한 수단인 고대 교회의 공의회들, 오늘날의 노회들과 그 밖의 교회적 모임들, 심지어는 예언적 은사들을 포함한 교회 개별 구성원들의 은사들까지, 이 모든 요소들이 성령께서 이끄시는 코이노니아의 과정인 상호 수용의 과정에 참여하고 있음을 확신하면서,[226] 오늘 우리는 복음 진리에 근거한 교회의 보편성과 통일성을 확립하기 위한 하나의 보편적 에큐메니칼 협의회를 지향해 나가야 할 것이다.[227]

---

224 윗 글, 17.
225 갈라디아서 2:5, 14.
226 WCC, *Towards Koinonia in Faith, Life and Witness*, 19.
227 윗 글, 20.

그렇다면 산티아고 대회 제2분과 보고서 "하나님의 영광을 위한 하나의 신앙을 고백함"이 특히 일치 추구를 모색해야 하는 한국장로교회에 무엇을 도전하고 있는가?

그것은 한국장로교회는 그 일치와 협력을 향한 길에서 우선적으로 각 교단들이 "사도적 신앙"에 대한 연구를 통해 일치를 위한 공통분모를 찾아야 한다는 것이다. 그것은 앞선 마당에서도 요약했듯이, 사도들의 "복음," 사도들의 예수 그리스도에 대한 증언들, 사도들의 증언에 나타난 삼위일체론적 뿌리, 사도들의 신앙과 순종, 사도들의 세례와 성만찬, 사도들의 교역과 선교 등 사도들의 신앙의 내용을 오늘날 한국교회들이 찾아내야 하는 과제이다.

한편 보고서는 다양성이 가지는 위험성을 지적한 바 있다. 신앙 표현의 다양성이 신앙에 있어서의 교회의 코이노니아를 희미하게 하거나 위협해서는 안된다는 것이다. 한국교회의 상황에서도 신앙 표현의 다양성이 가지는 명분이 무제한적으로 용인되어서는 안된다. 역시 앞선 마당에서도 말했듯이, 한국교회의 그리스도인들은 서로 무엇이 다른가를 찾아내려고 애쓰기보다 무엇이 서로 같은가를 찾아내고 그것을 강조함으로써 신앙 안에서 서로가 형제임을 고백해야 한다. 한국장로교회도 그들이 자랑하는 종교개혁 이후의 개혁교회의 신앙고백 보다 어쩌면 더 중요하다고 할 수 있는 초기 에큐메니칼 협의회의 신조 (니케아-콘스탄티노플 신조)를 중심으로 신앙 표현의 다양성의 인정과 그 한계를 명백하게 하고, 가깝게는 장로교회의 일치를 위해서, 그리고 궁극적으로는 모든 기독교회의 일치를 위한 신앙적 토대를 구축하기 위해서 그 위에 함께 서야 할 것이다.

특히 한국교회는 대사회관에 있어서 서로 다른 입장을 가진 신학들의 유입을 경험하였다. 그리고 그것은 결과적으로 교단의 분열을 촉발시키는 원인이 되었던 것이 사실이다. 3차에 걸친 분열의 기간 동안 신학적으로 근본주의와 진보주의의 교리논쟁이 항상 있었고, 일부 한국장로교회들은 여전히 신학적 성향의 차이, 교리상의 차이에 대한 피상적인 편견 위에서 분열된 상태를 유지하고 있다. 분열의 때마다 신학적으로 근본주의와 진보주의로 대립되는 교리적 논쟁을 치룬 한국장로교회는 진보 대(對) 보수라는 대립구조 속에서 진정 우리가 하나님, 예수 그리스도, 그리고 성령의 삼위일체, 즉 한 하나님을 신앙하고 있다는 것을 잊고 살아왔다고 해도 과언이 아니다. 그러므로 사도적 신앙에 대한 공동의 이해를 추구함으로써 재일치를 위한 대화를 진전시켜 나가며, 더 이상의 분열의 시도들의 명분에 쐐기를 박을 수 있을 것이다.

다시 말하지만, "신앙을 고백함에 있어서의 코이노니아"의 의미는 사도적 신앙의 중요성과 복음의 원리를 위협하지 않는 선에서 신앙 표현의 다양성을 인정하는 것이다. 이를 위해서는 전통적인 신앙고백을 위에서 살펴 본 에큐메니칼 협의회들을 통한 코이노니아 신학의 발전 과정에 두고 재조명하는 일이 필요하고 중요하다. 신앙의 색깔과 신학적 해석의 차이를 교단 분열의 이유로 내세우는 한국장로교회는 신학적 성향의 진보 대 보수라는 대립에서 벗어나 진정 우리가 한 하나님, 예수 그리스도, 그리고 성령의 삼위일체에 대한 신앙을 공유하고 있다는 사실을 기억할 필요가 있기 때문이다.

한국교회는 성장 위주의 패러다임에서 벗어나 원래의 신앙 정체성을 회복하는 것이 시급하며, 구체적으로 말하면, 다시 사도신경으로, 그리고 성경으로 돌아가고, 하나님께서 우리에게 물려준 영적 유산 위에서 함께 서야 한다. 교회들의 협력과 일치를 위한 노력들을 수행함에 있어서 분명 하나의 사도적 신앙을 고백함에서 출발하되, 그 과정 속에서 사도적 신앙과 복음의 원리 위에서 더 나아가 신학적 보수주의와 진보주의를 뛰어넘을 수 있을 것이기 때문이다. 가까운 한국장로교회의 협력과 일치 추구의 경험들에서 신학적 차이와 교단 간 분열을 극복하고 양보와 타협의 열매로 가능했던 예들은 이미 수없이 많다. 그 가운데 하나를 기억한다면, 2007년 7월 서울 상암 월드컵 경기장에서 열린 "2007 한국교회 대부흥 100주년 기념 상암 서울대회"를 들 수 있을 것이다. 그 대회에 한국기독교총연합회(한기총), 한국기독교교회협의회(KNCC), 한국교회 교단장협의회를 비롯하여 보수와 진보 교단들이 망라되어 참여한 바 있다.

그리스도 안에서 공동의 삶을 나누는 코이노니아

제3분과 "그리스도 안에 있는 공동의 삶을 나누는 코이노니아"에서 "삶"은 그리스도 안에서 세례, 성만찬, 직제를 교파 상호 간에 인정하고 나누며 교제하는 공동의 삶을 말한다.[228] 세례, 성만찬 등 각각의 성례에 대해서는 일치하지 않는 점들을 주장하는 교회들도 개별적 성례 이전의 기독교의 핵심 메시지의 "성례전적 특성"(sacramentality)에 대해서는 일치하고 있다.(S.III.5) 무엇보다도 『BEM 문서』[229]에 대한 세계교회들의 반응이 대체로 세례의 의미에 대해서 일치한 바 있고, 세례의 효력에 대해서도 뜻을 같이하는 가운데 세례의 상호인정과 공동 인정을 촉구한 바 있다.(S.III.11) 또 많은 기독교인들이 그들의 공동의 세례에 대한 깊은 확신과 그것을 기초로 성만찬 초대에 기꺼이 응해 왔으며,[230] 더 충만한 일치로 가는 길에서 성만찬을 하나님의 은혜의 수단으로 이해해왔다.(S.III.16) 실로 성만찬은 기독교 신앙과 교회의 삶의 참 중심과 관련이 있는 것으로서 반드시 에큐메니칼 운동의 중심에 있어야 하며, 우리가

---

228 1982년 리마(Lima)에서 작성된 『BEM 문서』는 그리스도 안에서 공동생활을 나누는 데 있어서 여전히 장애가 되고 있는 것이 성례전과 교역이라는 점에 착안하여 특별히 세례, 성만찬, 직제에 십수 년누아너 읽은 심파니디.

229 WCC, *Baptism, Eucharist and Ministry 1982-1990: Report on the Process and Responses* (WCC: Geneva, 1990).

230 WCC, *Towards Koinonia in Faith, Life and Witness*, 25.

한국교회 대부흥 100주년 기념대회 (출처 : 명성복지재단)

추구하는 코이노니아의 본질적 표현이어야 한다. 끝으로 지적 할 것은 세례, 성만찬, 직제 가운데 "직제"의 문제가 교회일치에 있어서 가장 큰 걸림돌이 되었으며, 무엇보다도 직제의 문제는 성만찬의 공동의 나눔에도 심각한 이슈가 되어 왔다는 점이다.

그렇다면 에큐메니칼 신학의 차원에서 세계교회가 노력해 온 세례, 성만찬, 직제를 통한 코이노니아의 추구가 우리 한국장로교회에 주는 의미는 무엇인가?

한국장로교회 내에서도 세례와 성만찬에 대하여는 이미 일치된 이해가 있었고, 서로의 세례와 성만찬과 기도와 예배에 참여할 수 있도록 상호인정이 이루어져 왔다. 그러나 한국장로교회는 인간적인 이기심으로 인해 각자의 교단, 심지어 개교회의 이익만을 추구하는 방향으로만 부심해 왔고, 하나님의 구원에로의 부르심에 대한 기쁨과 감사를 함께 고백하고 나누어야 할 자리를 온전히 누리지 못해 온 것이 사실이다. 또한 교회의 가시적 거룩성으로 야기된 제1차 분열, 그리고 에큐메니칼 진영과 복음주의 진영의 갈등으로 야기된 제3차 분열은 특히 직제의 차원에서 교회의 하나됨에 크게 부정적인 영향을 끼쳤고, 그 결과 강단의 교류를 관례적으로 회피해 온 것도 사실이다. 따라서 이미 주어진 성례전적 삶에서의 공동의 기독교 전통을 회복하고 그것을 더욱 가시적으로 표현하고 강화하는 시도들이 계속되어야 한다.

"삶에 있어서의 코이노니아"에서 "삶"은 예수 그리스도 안에서 세례, 성만찬, 직제를 교파 상호 간에 인정하고 나누며 교제하는 공동의 삶을 말한다. 다시 말하면, "어떻게 우리가 함께 고백한 신앙이 우리의 삶으로 표현되어야 하는가"라는 질문 앞에서 우리는 리마(BEM)문서의 가시적 일치를 기반으로, 성례전적인 삶, 교역과 섬김의 삶, 그 밖의 공동의 삶의 실천을 통해 가시적 일치를 추구하도록 도전받는다. 교회의 "삶"을 통해 코이노니아 경험을 위해서 이미 세계교회가 시도하여 오고 있는 『리마 예식서』를 우리의 분열된 성만찬 공동체들을 한자리에 모이도록 하기 위해 적용할 수 있을 것이다.

주의 만찬이 교회를 향해 주시는 하나님의 선물이라는 확신을 토대로 갈라진 형제 교회들이 주의 만찬을 축하하는 것을 받아들일 뿐 아니라 그들을 이 성만찬 자리에 진심으로 초청해야 한다. 함께 모여 같이 기도하고 찬양하고 예배하는 가운데 이루어지는 가운데 보다 높은 일치를 위한 토대를 마련할 수 있을 것이다. 또한 그렇게 하는 동안에 협력을 넘어 분열된 교회의 일치 가능성이 움틀 수도 있을 것이다. 이런 맥락에서 한국장로교회 내에서 범 교단적으로 에큐메니칼 기구를 통하여 세례, 성만찬, 직제에 대한 공동의 이해 문서를 주구하는 것이 필요하다. 이를 위해서는 특별히 각 교단의 신학대학의 교수 간의 대화와 협력이 절실히 요구된다. 특히 『리마 문서』가 온통 세계교회의 관심의 대상이 되어 왔음에도 불구하고 여전히 한국교회의 감각에 와닿지 않고 있다는 사실은 각 신학교의 적극적인 반응의 결여에도 그 책임이 있다고 할 수 있다.

한편, 한국교회는 교파와 교단을 초월한 집회들에서 성만찬에 함께 참여하고, 특히 교단 간 강단을 교류함에 있어서 전향적인 태도를 보여 왔다. 이미 앞서 언급한 바 있지만, 2007년 7월 서울 상암 월드컵 경기장에서 열린 "2007 한국교회 대부흥 100주년 기념 상암 서울대회"는 한국교회의 일치 가능성을 보여준 한 사례로서 25개 교단장들이 연합하여 10만의 성도들이 참여함으로써 치러진 지금까지의 교회연합운동사에서 최고의 정점을 이룬 한국교회의 기념비적인 행사로 평가되었다. 또한 위와 같은 연합집회들에서 그 연합과 일치 추구의 의미를 상징적으로 보여주는 사건은 단연 말씀과 성찬식 중심의 예배였다. 비가 내리는 가운데 열린 '2008년 부활절 연합예배'의 성찬식에 목사, 장로 8백여 명이 성찬 위원으로 위촉되어 참석했는데, 당시 성찬 준비위원인 이요한 목사는 "성찬 위원뿐만 아니라 성찬에 참여한 모든 성도들이 하나가 되는 뜻깊은 순간이었다"라고 전한 바 있다.

강단 교류와 관련하여 예장통합 총회는 교단 분열 이후 지난 1963년 제48회 총회에서 초교파 인사와 교리상 확실치 못한 교파 인사들에 대한 강단 금지만을 결의한 바 있으며, 예장합동 총회는 강단 교류 문제를 당회에 맡겨 처리하도록 되어 있다. 지난 1959년 WCC 가입문제로 분열되어 현재에 이르고 있는 예장합동 교단과의 강단교류에 대한 의지와 실천은 교계 지도자들의 결단으로 분명하게 가시화되어 왔다. 한 예로, 이미 오래 전 일이지만, 서울 신일교회와 부산 온천제일교회에서 각각 있었던 예장합동 총회장 장차남 목사와 예장통합 총회장 이광선 목사의 강단교류는 2007년 새해 벽두에 한국교회는 물론 일반 언론에도 보도되며 새로운 역사의 출발점으로 평가받은 바 있었다. 이러한 예장통합 총회와 예장합동 총회의 대화 및 교류는 강단교류를 넘어 에큐메니칼적 사업교류로 점차 확산되었다.

새로워진 세계를 위한 공동 증거에 있어서 코이노니아

끝으로 제4분과 보고서 "공동 증거에 있어서 코이노니아"는 신앙과 성례전적 삶에 있어서의 코이노니아는 곧 증거하는 공동체를 전제하고 있다고 말한다. 개교회와 그 교회의 구성원들이 그리스도의 몸 안에서 살며, 예수 그리스도에 관해 증거하는 것은 기독교인으로서의 삶의 본분이며, 나아가 성령이 그리스도의 제자들에게 능력을 부여하여 사랑의 증거 행위 안에서 하나님과의 코이노니아를 삶으로 표현하게 하신다.(S.Ⅳ.1) 그런데 교회의 증거는 전통적인 복음전도 차원을 넘어서서 인류사회와 창조세계의 회복 차원으로 나아가야 하는데, 왜냐하면 "역사 속에서 행동하는 삼위일체 하나님은 또한 모든 창조의 세계를 지탱하고 계시기"[231] 때문이다. 신앙과 직제는 1960년대부터 교회일치를 교회 자체를 위한 것이 아니라 세상 속에서 인류 공동체를 위한 선교와 봉사를 위한 것으로 간주하기 시작했고, 세계 역사 속에서 하나님의 행동들과 목적들을 중요한 에큐메니칼 의제로 부각시켜 왔다. 말하자면, 하나님의 영이 상호 이해와 협력의 자리들에서 끊임없이 역사하시므로 기독교인들은 하나님의 다 발견될 수 없는 부요하심과 그가 인류를 만나시는 방법을 식별하고자 노력해야 한다. 궁극적으로 기독교인들은 예수 그리스도 안에서 일어난 하나님의 구원의 메시지를 모든 사람들과 모든 민족들과 함께 나누어야 할 그리스도의 "위임명령"을 그리스도의 사랑을 가지고 성실하게 수행해야 한다.

---

231   WCC, *Towards Koinonia in Faith, Life and Witness*, 38.

한편 다른 사람들에 대한 관심은 JPIC 차원에서의 참여를 가능하게 할 수 있는 공동체적 도덕적 헌신으로서의 제자의 도를 요구한다.(S.IV.25) 그리고 "증거에 있어서의 코이노니아"라고 할 때, '증거'의 결과는 교회의 JPIC를 통한 선교와 사회봉사에 의한 인류 공동체의 갱신이다. 나아가 증거에 있어서 코이노니아는 인류 공동체 뿐만 아니라 이 인류와 전(全) 창조세계 사이의 코이노니아를 지향해 가야 한다. 기독교인들은 "창조세계와 인류의 깨어진 관계에 대한 하나님의 치유에 참여할 소명"과 "새로운 기독교적 인간론"을 정립하고, 환경보호를 포함한 창조의 보전을 위해 협력해야 하는 것이다.

끝으로 제4분과 보고서 "공동 증거에 있어서의 코이노니아"가 우리 한국 장로교회에 주는 의미는 무엇인가? 그것은 교회는 "신앙"과 "삶"뿐만 아니라 "공동 증거"에 있어서도 사귐을 통해 협력을 실천하고 일치 추구를 모색해야 한다는 것이다. 이때 교회의 공동 증거는 전통적인 복음전도 차원을 넘어서서 인류사회와 창조세계의 회복 차원으로 확대되는 것을 말한다.

지난 세기 80년대 이후 한국장로교회는 한국 사회의 두 가지 문제, 즉 정치의 민주화와 민족의 통일문제에 능동적으로 참여하기를 요청받고 있다. 한국교회는 생명의 존엄성, 인간의 평등권과 권리 등에 관해 진정한 하나님의 나라의 가르침을 제시하지 못했고, 기복주의와 교회 내적인 성장주의에만 몰두하여 왔다. 따라서 한국장로교회는 경쟁심, 무관심, 독선의 태도를 버리고 민족의 기본적 생존권 문제에 눈을 돌려야 한다. 특히 한국장로교회는 한반도가 처해있는 민족적 삶의 불행인 민족 분단의 문제에 대한 하나님의 선하신 뜻을 이루도록 부름받았다. 민족이 대립과 적대를 청산하고 화해와 협력, 나아가서는 통일된 문화적, 사회적, 정치적 공동체를 이루어 나갈 수 있도록 교회들이 일치 추구를 통해 화해의 역할을 앞장 서 수행해 나가야 한다.

현대 기독교 문화는 세속 사회와 동일한 방식으로 세상을 다스리고 착취해 왔고, 환경오염에 침묵하여 왔으며, 복음의 메시지가 그것과 관련이 없다고 생각해 왔는데 그것은 잘못이다. 이 점에 있어서도 환경문제에 대한 대응을 위해 한국장로교회가 일치된 모습으로 노력해야 한다. 개혁교회들은 일치된 연대성을 가지고 환경문제를 풀어나가야 할 것을 주장하고 있다. 그러므로 한국장로교회는 더욱 능동적으로 JPIC 차원에 참여하기 위하여 교파를 초월하여 일치와 협력을 위한 기구의 구성을 위해 시급히 나아가야 할 것이다.

한국교회는 인류 공동체와 정치제도, 그리고 이념들이 종말론적으로 하나님의 나라를 향해 있다는 것을 깨닫지 못하고 세속 사회에 대해 무관심과 방관으로 일관하였다. 이런 의미에서 한국장로교회는 하나님의 통치의 예언자적 표상으로서 인류 공동체의 갱신과 일치의 방향을 제시해야 하고, 그 목회적 실천들을 적용시켜 나가야 한다.

한국교회는 2007년 12월 서해안 원유 유출 사고 발생으로 온 국민이 시름에 잠겨있을 때, '서해안살리기 한국교회봉사단'이 조직되어 가장 먼저 피해 복구 현장으로 달려갔고, 기독 정치인, 실업인, 기독교 대학교 총장, 신학대학교 총장 등 한국교회 지도자 3천명이 참여하는 '한국교회 지도자 자원봉사의 날'을 가진 바 있다. 이후 한국교회봉사단은 2010년 아이티에서 지진이 나서 사망자만 10만명이 넘고 300만명의 이재민이 발생했을 때도 아이티 지원을 위해 한국교회가 연합해 발족한 '한국교회아이티연합'의 간사단체로 참여하여 아이티 현지에서 한국의 각 교단과 NGO의 구호 활동이 중복되지 않고 효율적으로 진행되도록 조율하는데 앞장섰다. 말하자면 개별 교단과 기관이 각개전투식으로 봉사활동을 하던 과거와 달리, 한국교회봉사단을 통해 각자의 역할을 가지고 서로 연합해 체계적으로 아이티를 지원할 수 있었다. 한 마디로 한국교회봉사단은 '교리는 교회를 분열시키지만 봉사는 하나되게 한다'

는 정신으로 '섬기면서 하나 되고 하나 되어 섬기자'는 슬로건을 내세우며 보수와 진보 교단을 아우르며 봉사를 통한 교회의 연합과 일치를 추구해 온 것이다. 한국교회봉사단은 이후 용산참사 때도 정부와 희생자 사이에서 화해와 조정자 역할을 자임하고 난마처럼 얽혀 있는 갈등의 실타래를 푸는데 중재자로 앞장선 바 있으며, 미얀마의 사이클론 재해 및 중국 스촨성 지진 피해 구호성금 전달 등, 필리핀, 인도네시아의 재해에 이르기까지 해외에서도 인명과 재산을 잃고 아파하는 사람들에게도 하나님의 이름으로 구호의 손길을 내밀었다. 특히 명성교회(강동구 명일동)의 경우, 한국교회봉사단의 대표적인 참여교회로서 서해안살리기 자원봉사, 아이티 지원, 고시원 참사 위로 방문, 태백지역의 가뭄 생수지원, 노숙인 지원 등 교회연합을 통한 섬김의 사역에 앞장 서 왔다. 사실상 명성교회는 복음증거의 차원에서 선진적인 교육 및 의료기관을 설립, 운영해 온 국내·외 학원선교 병원선교 외에도, 개척 초기부터 시작된 각종 쉼터와 숙소 운영, 장학관 사업의 지속적인 확대, 심지어 정신대 피해 할머니들을 위한 안식처 마련까지 사회적 문제들에 관심을 갖고 섬김을 실천함으로써 교회의 사회적, 공적 역할 수행의 요청에 응답해 왔다. 이와 같이 증거에 있어서의 코이노니아로서 한국교회의 협력과 일치는 소외된 이웃들에 대한 섬김과 봉사로 계속되고 있다.

또 한 가지 예로 2008년 11월 제57회 한국기독교교회협의회(NCCK) 총회에서 채택된 NCCK「총회선언문」은 우리 사회와 교회가 처한 현실을 지적하며 "교회가 위기와 어려움에 직면한 이 세계에 바르게 응답하기 위해서는 먼저 십자가에 달리신 주님께서 우리의 그리스도이시고 살아계신 하나님이심을 분명히 고백하고 하나님께서 우리에게 주신 복음의 희망을 회복하고 현실 교회의 부족함과 잘못을 개혁할 때"라고 강조했다. NCCK의「총회선언문」은 또한 "교회가 이 세상에 생명을 풍성하게 하려고 오신 주님의 본을 받아 섬김과 봉사에 헌신하여 위기를 가져온 경제체제와 문제에 정의를 실현하고, 가난하고 소외된 이웃과 더불어 사는 길을 모색해 나가야 할 때"라고 밝히고, "우리가 추구해야 할 삶의 가치가 탐욕과 소유가 아님을 확인하고 절제와 나눔, 돌봄의 공동체정신을 사회가치로 확립하고, 경제위기로 말미암아 양산될 우리 사회의 약자들을 보살피는 일에 앞장설 것"을 다짐했다.

한 가지 덧붙여야 하는 것은 협력과 일치를 향해 큰 발을 내딛고자 하는 이 땅의 교회들과 지도자들은 신앙, 삶, 그리고 증거에 있어서의 코이노니아의 과정 안에서 신앙의 정체성 회복, 분열된 교단의 재통합, 그리고 대 사회적 이미지 개선과 사회봉사 등 기존의 비전과 약속들을 향해 나아가면서, 반드시 두 가지를 더 역점을 두고 기억할 필요가 있다는 것이다. 첫째, 한국교회는 한반도 평화와 통일을 위해 좀 더 가시적 협력과 일치를 모색해야 한다. 한국교회는 그동안 통일에 대한 신학적이고 고백적인 노력이 부족했던 것을 반성하는 한편, 한반도에서의 평화 정착과 평화 교육을 위해, 궁극적으로 평화 통일을 앞당기기 위해 세계교회와 함께 협력하는 일에 더욱더 앞장서야 할 것이다. 둘째, 한국교회는 WCC의 '창조질서의 보존' 운동과 '생명 돌봄'의 영성을 본받아 지구촌 위기 상황에 대한 인식의 필요성과 범 교단적 환경운동의 필요성을 지속적으로 지적하고 실천해 나가야 할 것이다. 협력과 일치 추구를 향해 나아감에 있어서 하나 된 한국교회는 그 사회적 책임으로부터 생태적 책임으로 더 나아가야 한다. 기독교의 복음은 죄로 인해 죽을 수밖에 없는 인간들을 예수 그리스도를 통해 영생으로 인도하는 기쁜 소식이기도 하지만, 죽어 가는 창조세계를 살리는 "이 땅"을 위한 복음이기도 하다.

그러므로 오늘의 교회 지도자들에게 요구되는 것은 복음적 신앙과 에큐메니칼적 대화와 실천의 복회 리더십이다. 다시 말해 그것은 설교와 목회, 그리고 교계 연합 활동을 통해 성서 안에 계시된 예수 그리스도의 사역과 하나님의 구원 사역에 근거하여 분열된 교회들의 연합과 일치의 가능성들을 역사와 세계 앞에 그리고 창조세계의 보존을 위해 구현하는 것이다.

다섯째 마당

〈신앙과 직제〉(Faith&Order), 그 지속적 대화의 역사와 미래 전망[*]

[*] 이 글은 『한국기독교신학논총』 76집(2011년 7월, 한국기독교학회)에 게재된 바 있으며, 책 출판을 위해 일부 수정하였다.

지난 2013년 한국교회는 WCC 제10차 총회를 유치한 바 있다. 부산에서 개최된 총회를 앞두고 가장 큰 관심사는 행사 자체에 대한 국내 개신교단의 일치된 지지를 어떻게 이끌어내느냐 하는 문제였다. 그 외에도 경제 정의, 정치적 평화, 창조세계의 보전 등이 지속적인 국가적 이슈가 되고 있는 한국에서의 개최였기에 65년 역사의 WCC 총회가 어떤 중심 주제와 관심사를 부각시킬 것인가에 대해 국내외적으로 관심이 모아진 것도 사실이다. 필자는 이 두 가지 관심사가 결국 서로 긴밀하게 연결된 문제라는 인식하에 이 글에서 WCC의 대표적 기구의 하나인 〈신앙과 직제〉(Faith and Order)가 걸어 온 역사를 재조명해 봄으로써 그 지속적인 신학적 대화의 내용과 의의를 숙고하고, 나아가 그것의 미래 전망을 시도해 보고자 한다.

먼저 〈신앙과 직제〉는 무엇인가?

WCC는 이 질문에 대한 대답을 시도하면서, 기독교는 "교회들[232]의 분열이라는 문제를 안고 있다"는 점을 우선 지적한다. 즉, 기독교는 그 시작부터 "하나의/ONE" 교회를 고백해 왔지만, 역사가 보여 주듯이 사실상 수많은 교회들로 나뉘어 왔다. 그 나뉨(분열)의 원인들을 두고 어떤 이들은 분열늘 가운

---

232 여기서 "교회"는 기독교의 각 종파 및 교단을 의미한다. 이 글에서는 종파라는 말 대신 교회라는 말을 쓰고자 하니, 독자들의 이해를 바란다.

데 일부는 차라리 어떤 건강한 다양성을 나타낸다고 애써 주장하기도 하고, 또 어떤 이들은 역사적 이유에서든 또는 문화적 이유에서든 분열들 가운데 일부가 심지어 어떤 필요성에 의한 것이었다고 강변하기도 한다. 그러나 WCC가 자신의 홈페이지에 올린 글에서 분명하게 단언하고 있고,[233] 또한 일관되게 주장하는 바에 따르면, 그 나뉨의 상태, 즉, 분열된 기독교의 삶(현실)은 같은 기독교인들의 눈으로 문제의식을 갖지 않고 바라볼 수는 없는 사안이다. 당연지사, 분명 그렇게 하는 것은 결코 옳은 일도 아니며 가능한 일도 아니다. 무엇보다도 우리가 기독교회의 정체성을 예수 그리스도 자신, 즉 하나의 나뉘지 않은 몸에서 찾고자 하고, 또한 그것이 옳은 일이라면 교회는 결코 분열의 현실을 방관하고 지속하거나 거듭해서는 안 될 것이다.

기독교의 분열을 치유하거나 그것을 막고자 하는 기독교계의 열망은 그 분열의 역사만큼이나 오래 되었다. WCC에 따르면, 적어도 지난 20세기의 에큐메니칼 운동이 보여주는 바, 그 분열의 치유와 회복의 시도들은 두 가지 서로 상호 보충적인 형태들을 보여주었다. 그 하나는 "함께 토론하는 것"(discussing together)이었고, 또 다른 하나는 "함께 일하는 것"(doing together)이었다. 그리고 그 "함께 일하는 것"이 역시 WCC의 대표적 기구인 〈삶과 봉사〉(Life and Work) 운동에 해당한다면, "함께 토론하는 것"은 이 글이 다루고자 하는 〈신앙과 직제〉(Faith and Order)의 과제였다. 다시 말해, 〈삶과 봉사〉가 순수하게 실천적인 방향 위에서 세계의 정치-경제적 사회현실들에 대한 교회들의 참여에 관한 일들을 지향했다면, 〈신앙과 직제〉는 신학적-이론적 관심들을 토론함으로써 고전적이고 학문적인 에큐메니칼 신학의 진전에 전념해 온 것이다.

---

233 http://www.oikoumene.org/who-are-we/organization-structure/consultative-bodies/faith-and-order/what-is-faith-and-order.html.

어떤 의미에서 WCC 안에는 그 두 가지 흐름들 사이에 지속적인 긴장이 존재해 왔는데[234] 여기서 우리가 기억하고 다시 한번 강조할 필요가 있는 것은 WCC가 확인해 주는 것처럼 이들 두 가지 활동 영역들, 즉 함께 행동하는 흐름과 함께 관심들을 토론하는 흐름이 그 성격상 "상호 보충적"(complementary)이라는 사실이다. 그 이유는 한편으로 신학을 함께 토론하는 것이 결국 기독교인들의 행동과 실존에 관한 것이라면, 다른 한편으로 함께 행동하는 것 역시 함께 토론한 결과들을 포괄하는 것이기 때문이다.[235]

이번 마당에서의 과제는 다음과 같다.

먼저 하나의 지속적인 신학적 대화 기구로서의 〈신앙과 직제〉의 정체성을 밝히고, 다음으로 그 운동 안에서의 그동안의 내적, 외적 성취들과 주목할 만한 변화들을 고찰하며, 나아가 에큐메니칼 운동의 전개 안에서의 그 신학적 대화의 의의를 숙고하고 동시에 그 미래적 전망을 시도해 보는 것이다. 필자는 이러한 작업이 에큐메니칼 운동 차원의 신앙과 직제 운동에 조명하여 한국장로교회의 일치 추구를 논한 이 책의 과제 수행을 보충하는데 적합하리라고 생각한다.

WCC의 인터넷 홈페이지 오이쿠메네에는 〈신앙과 직제〉와 관련하여 공식적인 소개의 글들, 그리고 과거 〈신앙과 직제〉에 오랜 기간 참여한 에큐메니칼 지도자들의 개인적 숙고의 글들이 있다. 필자는 본 마당에서 그 글들에 천착했다. 그 이유는 WCC가 〈신앙과 직제〉의 정체성 및 역사와 활동에 대

---

234 Peter Lordberg, "The History of Ecumenical Work on Ecclesiology and Ethics," *the Ecumenical Review* 47/2(April 1995), 128.

235 종교개혁 이후 서방 교회에 친숙한 것으로서 "믿음과 행위들" 사이의 이분법은 그 자체로서 질문의 여지가 있으며 문제성을 가진다. 1948년 WCC의 탄생이 「삶과 봉사」, 〈신앙과 직제〉 두 운동의 병합으로 이루어졌다는 것은 WCC가 이러한 이분법을 극복하는데 크게 기여했다고 짐을 시시해 주는 것이다. 참고. "Faith and Order yesterday, today, tomorrow," by Metropolitan JOHN (Zizioulas) of Pergamon. Prepared for a Faith and Order consulation with Younger Theologians held at Turku, Finland, 3-11 August 1995.

해 핵심적으로 말하는 것을 가급적 액면 그대로 이해하고, 특히 WCC 핵심 관계자들의 경험적 숙고에서 오는 판단들과 평가들에 귀 기울여 보는 기회를 가지고자 했기 때문이다.

〈신앙과 직제 위원회〉의 목적, 구조, 운영방법

신앙과 직제 운동의 어제와 오늘을 살펴보기에 앞서, 먼저 WCC가 정의하는 바,「신앙과 직제 위원회」(Commission on Faith and Order)의 목적, 구조, 그리고 운영 방법을 살펴보자.

목적(AIM)

WCC는「신앙과 직제 위원회」를 소개하면서 다음과 같은 말로 시작한다.

신앙과 직제 운동은 WCC에서 절대 필요한(integral) 부분이다. 신앙과 직제 운동의 목적은, 항상 그래왔던 것처럼 지금도 여전히 동일한 것으로서, 즉 "예수 그리스도의 교회의 하나됨을 선포하고, 교회들을 가시적 일치의 목표로 초청하는 것"(to proclaim the oneness of the church of Jesus Christ and to call the churches to the goal of the visible unity)이다. 위의 목표를 이루기 위한 주요 수단은 교회들을 분열시키는 이유들인 신학적 질문들을 다루는 연구 프로그램들(study programmes)이다.[236]

---

[236] "Commission on Faith and Order," http://archives.oikoumene.org/query/Detail.aspx?ID=40906.

다시 말하면 신앙과 직제 운동의 사명은 교회들을 지속적인 신학적 대화 (theological dialogue)의 장으로 이끌어 냄으로써 교회들로 하여금 그들이 예수 그리스도 안에 주어진 그들의 일치(unity)를 확인하고자 할 때 직면하게 되는 분열의 원인들 또는 장애물들을 연구와 토론을 통해 극복하도록 돕는 것이다. 또한 그들이 그 일치의 확인(affirmation)을 향해 가는 과정에서 다양하고 가능한 길들(various and possible roads)을 모색하고, 또한 그 길들을 확대하도록 돕는 것이다.

구조(STRUCTURE)

WCC의 설명에 따르면, 「신앙과 직제 전체(plenary) 위원회」의 구조는 다음과 같다. 먼저 「신앙과 직제 위원회」 회원은 120 회원들로 구성되어 있다. 이들은 전 세계로부터 온 남녀들로, 목회자, 평신도, 학자, 교회지도자를 망라하고 있으며, 각자 자신의 교단의 추천을 받아 온 사람들이다. 「신앙과 직제 위원회」는 WCC 회원이 아닌 몇몇 다른 교단들의 정회원 자격과 참여를 인정하고 있는데, 그 가운데는 특히 로마가톨릭교회(the Roman Catholic Church)도 비록 WCC의 회원은 아니지만 〈신앙과 직제〉의 정회원으로 포함되어 있다. 위원회 안에서 30 회원들이 「신앙과 직제 상임위원회」를 구성하며, 그들은 거의 매 18개월 마다 모임을 갖고, 각종 신앙과 직제 연구 프로그램들을 인도한다.

「신앙과 직제 위원회」 구성과 관련하여 특기할 만한 것은 WCC가 창설된 1948년 이후 몇 가지 주목할 만한 가시적 변화가 일어났다는 사실이다. 무엇보다도 가시적 변화의 하나로서, 비교적 낮은 비율에 그쳤던 정교회 회원들과 아프리카, 아시아, 라틴 아메리카 교회들의 대표들이 각각 20%와 40% 이상으로 증가했다. 특히 한때 위원회에서 거의 찾아볼 수 없었던 여성 대표들이 지금은 전체 회원의 거의 30%에 이르고 있다. 필자가 판단하건대, 이러한 변화들은 지난 세기 후반 최근 신학의 다양한 발전들이 목격해 온 지역교회들의 목소리들과 오랫동안 무시되어 온 타자들(Others)의 목소리들에 대한 한층 강화된 인정(recognition)을 적절하게 반영해 주는 것이다. 또한 위에서 이미 언급한 대로, 1968년 이후 로마가톨릭교회는 공식적으로 12명의 회원을 파견하고 있으며, 〈신앙과 직제〉의 모든 연구들에 적극적으로 참여하고 있다.

운영 방법(METHOD)

다음으로 「신앙과 직제 위원회」가 기독교의 나뉨에 관련된 질문들에 접근하고 연구하는 주된 운영 방법은 다음과 같다.

〈신앙과 직제〉의 운영은 주로 전 세계에 걸쳐 조직, 개최되는 회의들(consultations)을 통해 이루어진다. 「신앙과 직제 위원회」 회원들은 그밖에 초대된 교회 회원들과 함께 작게는 열 명에서 크게는 수 백 명에 이르는 크기의 그룹들로 모인다. 크기에 상관없이 그룹들은 대화 과정을 계속하면서, 피차 자신의 교회의 권위를 다른 교회보다 우월하게 주장하지 않으면서, 동시에 다양한 기독교 전통들로부터 온 확실히 넓은 범위의 대표자들에 의해 작성되었기 때문에 그 중요성과 효용성을 가지는 문헌들과 연구 문서들을 만들어 낸다. 대부분의 문서들은 또 다른 연구와 논평을 기대하면서 각 교회들로 보내진다. 이 과정에서 모임들을 총괄하고 그 결과들을 출판하는 일은 제네바에 있는 WCC 본부의 「신앙과 직제 사무국」의 책임이다.[237]

---
237 앞 글.

즉, 그 운영방법의 근간은 조직과 회의들을 적절하게 사용한 지속적인 대화의 과정과 그 결과물의 가시적 산출에 있다. 그 밖에도 〈신앙과 직제〉의 모임들이 보여주는 특징들은 "무엇보다도 회원 각자가 보여주는 자신이 소속된 신앙 전통에 대한 강한 소속감과 헌신이며, 동시에 교회의 일치에 대한 비전과 과제에 향한 깊은 열정과 헌신"[238]이다. 즉, WCC의 설명에 따르면 참석자들은 기독교의 분열들(divisions)을 극복하고자 노력할 때 그들이 직면하게 되는 많은 문제들을 해결하고자 힘써 왔으며, 그뿐만 아니라 그들은 더 많은 기독교의 일치(unity)를 향해 가는 과정에서 존재하는 많은 기회들(opportunities)을 명확하게 드러내고자 노력해 왔다. 게다가, 이 모든 대화의 과정은 공동의 기도와 예배(common prayer and worship), 즉, 회원들의 경건에 의해 뒷받침되고 지지되어 왔다는 점도 강조되어야 한다.

〈신앙과 직제〉의 정체성 – 지속적인 신학적 대화[239]

에큐메니칼 운동에서 한 중요하고 항구적인 운동으로서 〈신앙과 직제〉는 그 상대 역할을 수행한 〈삶과 봉사〉를 위한 운동, 그리고 국제선교협의회(the International Missionary Council)와 함께 1910년부터 1948년에 이르기까지에 해당하는 현대 에큐메니칼 운동의 첫 번째 국면을 형성했다. 무엇보다도 1910년 개최된 에든버러(Edinburgh) 세계선교사대회(World Missionary Conference, WMC)는 장차 에큐메니칼 숙고와 실천적 행동의 세 가지 주요

---

238 앞 글.
239 〈신앙과 직제〉의 문서들은 다음의 책을 참고하라. Günter Gassmann, *Documentary History of Faith and Order 1963-1993*, Faith and Order Paper No. 159 (Geneva: WCC, 1993).

흐름들을 출현시킨 계기가 되었으니, 그 세 가지 흐름들의 본래적 성격을 살펴보면 다음과 같다.

먼저 에든버러 세계선교사대회(WMC)의 직접적인 논리적 구조상 국제선교협의회(International Missionary Council)로 지속되었다고 봐야 할 것이며, 그 취지는 "모든 민족에게 복음을 선포함에 있어서 상호협력과 공동의 증거를 증진시키는 것"이었다. 다음으로 1925년 스톡홀름에서 시작된 〈삶과 봉사〉(Life and Work) 운동은 하나의 새로운 인식의 결과이며 도구로서, 그 새로운 인식이란 역사 속의 교회들은 "세계 역사에서 한 새로운 시대의 사회, 정치적 도전들에 공통적으로 응답하도록 초청받았다"는 것이었다. 마찬가지로 신앙과 직제 운동이 출발한 배경에도 교회들 가운데 다음과 같은 깨달음이 있었다. 즉, 그것은 "공통된 기독교 증언과 실천적 상호협력의 목표는 이러한 공통된 과제들의 실현을 막는 장벽들을 극복하는 것을 포함한다"는 깨달음이다. 그러한 장벽들은 교회들 사이의 교리적, 신학적 이해의 차이들로 표현되었던 것이다. 한편 이 신앙과 직제 운동은 하나의 더 깊은 인식으로부터 왔는데, 그것은 바로 "기독교의 분열이라는 고통스러운 역사적 현실은 '저들이 하나가 되게 하옵소서'(요.17:21)라는 예수 그리스도의 의지와 기도에 반하는 증거이다"라는 인식이었다.[240]

그렇다면 신앙과 직제 운동의 시작은 한 마디로 무엇인가?[241]

바야흐로 1910년 에든버러 세계선교사대회가 끝나자마자, 미국에서 개최된 성공회(Protestant Episcopal Church)의 1910년 대회가 "신앙과 직제에 관련된 질문들을 숙고하기 위한" 하나의 세계대회를 준비하기 위한 협력위원회

---

240 Günter Gassmann, "What is Faith and Order?" Prepared for a Faith and Order consultation with Younger Theologians held at Turku, Filand, 3-11 August 1995.
241 참고. 이형기, 『에큐메니칼 운동사: 세계교회협의회(WCC)가 창립될 때까지』 (대한기독교서회, 1994), "III. 1. 신앙과 직제(1910-1948)", 141-181.

를 임명할 것을 결정했다. 바로 이때부터 과거 갈등과 분열의 역사를 극복하고, 신앙, 삶, 증거에 있어서의 일치를 향한 대화의 길을 준비하기 위한 신학적 분투(struggle)로서의 신앙과 직제 운동은 에큐메니칼 운동에 있어서 한 중요하고 항구적인 요소가 된 것이다.[242] 한편 당시 몇몇 다른 교단들도 비슷한 결정들을 내렸으나 그들이 꿈꾸는 세계적 규모의 대회를 준비하기 위한 책임이 이후 1920년까지 지속되게 될, 새롭게 임명된 위원회에 맡겨졌다. 마침내 〈신앙과 직제〉 세계대회를 위한 한 준비모임이 제네바에서 개최되었고, 브렌트(Charles H. Brent, 1862-1929)가 주도한 이 모임은 거의 80개 교회들 대표가 기독교 일치에 관한 그들 각자의 입장들을 교환하고, 하나의 국제적이고 교파를 초월한 지속 위원회를 만든 최초의 사건이 되었다.

이어 추가적 준비과정을 거쳐 마침내 1927년 제1차 〈신앙과 직제〉 1차 세계대회가 스위스의 로잔(Lausanne)에서 개최되었다. 127개 정교회, 성공회, (종교)개혁교회, 자유교회 등을 대표하는 400명 이상의 참석자들이 브렌트를 의장으로 하여 모였고, "대회 안에서의 근본적 일치들의 명백한 차원과 여전히 남아 있는 불일치의 중대한 사항들을 확인하였다." 로잔 대회(1927)의 보고서는 다음과 같은 문장으로 시작되는데, 즉 "우리는 우리가 서로 일치하는 사항들과 우리가 서로 다른 사항들을 숙고하기 위해 모였다(We are assembled to consider the things wherein we agree and the things where we differ)." 말하자면 로잔대회에서 교회들은 그들의 교리적 입장들(즉 그들의 신앙 고백들)을 서로 모아놓고(제시하고), 그들이 어디에서 일치하며 어디에서 일치하지 못하는지를 '비교'하였던 것이다. 이러한 "비교론적"(comparative) 방법은 1937년 에든버러에서 개최된 2차 세계대회에까지 계속되었다. 이 비교론적 방법을 기초로 하여 기존하는 일치들과 차이들이 지적되었고, 보고서를

---

242 Gassmann, "What is Faith and Order?".

에서 요약되었다. 그러나 동시에 차이들 배후에 있는 가능한 유사점들을 찾는 시도가 있었고, 그 차이들의 비중을 평가하는 시도가 있었다. 물론 가스만(Günter Gassmann, 1931-2017)이 지적하는 대로, 그런 차이와 유사점을 확인하려는 노력들이 항상 동일한 결론들을 가져온 것은 아니었다.[243]

이후 WCC가 창설된 1948년 후부터 〈신앙과 직제〉의 과제들은 WCC 안에 있는 「신앙과 직제 위원회」에 의해 수행되었다. 브릴리오트(Yngve Briliöth, 1891-1959)가 이끄는 새 위원회가 1952년 스웨덴의 룬트(Lund)에서 3차 세계대회를 개최하였고, 바야흐로 지금까지의 비교론적 방법으로부터 하나의 공통된 성서적, 기독론적 기초로부터 논쟁적 이슈들에 접근하는 하나의 진정한 "신학적 대화(theological dialogue)의 형식"으로 나아갔다. 말하자면, 2차 세계대전 이후, 그리고 WCC 창설이라는 새로운 에큐메니칼적 신학적 상황은 〈신앙과 직제〉로 하여금 단순한 "비교의 방법"에서 본격적인 "대화의 방법"으로 나아가게 한 것이다.[244] 이 새로운 신학적 대화의 방법은 "그리스도-중심적"(Christ-centered)으로 불리어졌으며, 그것은 하나의 "코페르니쿠스적 혁명"(a Copernican revolution)이었다. 이제 요구되는 일은 그리스도, 또는 삼위일체 하나님을 그들의 기독교적 삶의 중심으로 간주하는 일이 되었다. 바로 룬트 세계대회(3차)는 이러한 변화를 나타냈으며, 그것을 실천에 옮겼다. 바야흐로 신학적 숙고와 교환은 주로 성서(Holy Scripture)라는 공통된 기초 위에서 이루어졌으며, 그 공통의 기초는 머지 않아 성서와 전통을 포함함으로써 확대되었다. 또한 신학적 숙고와 의견교환은 공통된 기독론적 틀 안에서 행해졌으며, 그러한 틀 또한 최근에 와서, 즉 지난 90년대 이르러서는 "삼위일체론적" 틀과 방향으로 재차 확대되었다.[245]

---

243 앞 글.
244 앞 글.
245 그러나 가스만에 따르면, 여전히 비교의 요소들은 남아있었다. 왜냐하면 대화는 서로 다른 기독교

다음으로 1963년 캐나다의 몬트리올(Montreal)에서 개최된 4차 세계대회(의장 Oliver Tomkins)는 적어도 다음 두 가지의 중요한 사항들을 확인했다. 첫째, 성서 자체는 이전에 우리가 허용했던 것보다 더 다양하다. 둘째, "성서만으로"를 말하는 것만으로는 충분하지 않다. 말하자면, "성서와 전통은 교회의 신앙의 분리될 수 없는 원천들이다." 이후 오랜 휴지기를 거쳐 1993년 스페인의 산티아고 데 콤포스텔라(Santiago de Compostela)에서 개최된 〈신앙과 직제〉 5차 세계대회는 특히 〈신앙과 직제〉의 앞으로의 활동을 개괄하면서, "신앙, 삶, 그리고 증거에 있어서 코이노니아를 향하여"(Towards Koinonia in Faith, Life, and Witness)라는 계획적인(programmatic) 주제를 내걸고 사도적 신앙에 있어서 코이노니아, 세례·성만찬·직제를 중심으로 하는 기독교적 삶에 있어서 코이노니아, 그리고 복음전도와 하나님의 선교에 있어서의 코이노니아를 추구하였다. 그러므로 4차와 5차 세계대회 사이에서 보여지는 〈신앙과 직제〉의 신학적 대화의 방법론적 변화는 1960년대 이래로 일어난 의미있는 현상들을 반영하는데, 그 가운데 가장 주목할 것은, 아시아, 태평양, 아프리카, 그리고 라틴 아메리카로부터 훨씬 더 큰 목소리들이 유입되었다는 것이다. 자연스럽게도, 〈신앙과 직제〉는 "신학은 불가피하게 자신의 역사적, 사회적, 정치적, 그리고 문화적 상황에 의해 형성된다"는 인식을 전제로 지속적인 대화를 통한 "상호상황적 일치(Intercontextual Unity)"를 추구하게 된 것이다.

전통들을 대표하는 사람들 사이에서 행해지기 때문이다. 가스만이 말하는 〈신앙과 식세〉에서의 에큐메니칼적 대화의 본질은 이것이다. 즉 하나의 전통이 가진 풍부한 내용을 함께 재발견하고 명확히 한 후에 가시적 일치를 향해 가는 길에서 그들에게 기대되는 삶의 갱신을 위해 그 연구된 전통을 다른 교회들에게 제시하는 것이다.

〈신앙과 직제〉 운동의 성과

외적 성취로서의 주목할 만한 변화들

〈신앙과 직제〉는 한편으로 주목할 만한 '외적' 성취들을 통해 발전을 거듭해 왔으며, 또 다른 한편으로 그 관심사들로서의 주제들에 있어서 극적인 '내적' 변천을 동시에 보여준다. 이러한 외형상의 발전들과 내용상의 주제들의 변천을 살펴보는 것은 신앙과 직제 운동의 정체성을 보다 더 구체적으로 분명하게 해 주는데 기여한다. 이런 맥락에서 페라가몬의 동방정교회 주교 지지울라스(John Zizioulas)가 지적하는 것처럼, 〈신앙과 직제〉의 구체적 정체성은 WCC의 구성(1948년) 이후에도 계속 유지되었지만, 그러면서도 동시에 그 정체성은 끊임없이 재-확언(re-affirmation)과 재-정의(re-definition)를 필요로 했다. 그 이유를 굳이 말하자면 많은 사람들의 생각에는 "〈신앙과 직제〉는 무엇이며, 또한 특히 에큐메니칼 운동의 다른 확언들과 활동들과의 관계에서 무엇이 〈신앙과 직제〉가 아닌지"가 항상 절대적으로 분명하지는 않았기 때문이라고 한다.[246]

한편, 특히 정교회 전통의 교회들이 동의하고, 뿐만 아니라 대체로 폭넓은 동의가 이루어지고 있는바는, 무엇보다도 〈신앙과 직제〉는 대체로 '비교론적'(comparative) 신학의 의미로 이해되는 신학적 논쟁(theological debate)의 기반이 되어왔다는 점이다. 또한 널리 동의되어지는 바는, 현재까지 〈신앙과 직제〉의 구체적인 과제는 '기독교의 일치'(unity of Christianity)를 증진시키는 것이었다는 점이다. 이런 맥락에서 볼 때, 1952년 룬트 세계대회 이후부

246　John Zizioulas, "Faith and Order, yesterday, today and tomorrow," I. The Heritage.

터 〈신앙과 직제〉가 비교교회론으로부터 떠났다는 사실, 그리고 WCC 웁살라 총회(1968년)에서 "수평주의"(horizontalism)로 불리어진 것에 대한 강조가 이루어졌다는 사실은 어떤 의미에서 〈신앙과 직제〉 자신의 정체성을 어떤 혼란으로 밀어 넣기에 충분했다. 이와 관련해서, 특히 지지울라스에 따르면, 다음과 같은 질문들이 제기되어야 했다.

> 즉 신학이 더 이상 비교론적 방식으로 이해될 수 없다면, 에큐메니칼 상황에서 신학은 어떻게 이해되어야 하는가? 신학의 목적이 그 최종적 분석에서 단지 사회적 이슈들에 대해 반응해야 할 교회의 과제에 봉사하는 것이라면(수평주의에 대한 강조), 그럼에도 불구하고 〈신앙과 직제〉의 기능이 기본적으로 신학적인 것이라고 할 때, 그 중요성은 어디까지에 이른다고 볼 수 있을 것인가? 게다가 오늘날 WCC의 과제가 지나치게 사회적 이슈들을 다루는 것에 치우쳐 있다고 지적되는 상황에서, WCC의 우선성의 순서에서 〈신앙과 직제〉의 위치는 과연 어디에 있다고 봐야 하는가?[247]

결국 위의 질문들은 〈신앙과 직제〉가 직면하게 된 외적 변화로서의 새로운 구조 안에서의 자신만의 특정한 정체성 확립에 관한 문제였다고 볼 수 있다. 지지울라스의 회고에 따르면,[248] 이러한 정체성의 위기의 기간(대략 1968-1970)에 두 가지 주목할 만한 일들이 관련되어 일어났는데, 하나는 WCC의 구조 개편과 〈신앙과 직제〉를 소위 "Unit I"로 통합시킨 것이고, 다른 하나는 그에 따라 〈신앙과 직제〉의 풍부하고 중요한 프로젝트들을 나머지 WCC 활동과 유기적으로 관련시키는 일이었다. 그러므로 〈신앙과 직제〉는 새로운

---

247   앞 글.
248   앞 글.

구조 안에서 자신의 특정한 정체성을 유지함으로써 그 존재 이유를 지켜가기 위해 노력해야 했다. 또한 성령, 칼케돈 공의회, 예배, 협의회들 등에 대한 연구들이 당시로서는 〈신앙과 직제〉의 의미있는 성과들이었음에도 불구하고 WCC 차원의 더 광범위한 활동에서는 그 나름의 길들을 찾는 것이 사실상 불가능하게 되었다는 점도 이런 맥락에서 지적되어야 한다. 또한 이 시기에 에큐메니칼 진전을 위한 도구로서 협의회적 성격(conciliarity)의 관념의 부침도 있었다.

한편, 〈신앙과 직제〉의 활동에 있어서 뒤를 이은 그밖에 주목할 만한 몇 가지 발전들을 지적한다면, 먼저 정교회(Orthodox Church)가 〈신앙과 직제〉를 강하게 지원하고 나섰다는 사실이 중요하다. 그 배경을 이해하면, 정교회는 특히 "수평주의"의 위험으로부터 무엇보다도 에큐메니칼 운동의 본래의 신학적 주제였던 "교회의 일치" 이슈와 신학 일반을 보호하는데 관심이 있었다는 것을 확인할 수 있다. 그밖에 또 다른 외적 변화의 하나로 훨씬 더 중요한 사항은, 로마가톨릭교회가 〈신앙과 직제〉에서 정회원 자격을 가지게 된 것이었다. 그것은 제2차 바티칸 공의회의 결과로 시작된 것이지만, 후에 가서 더욱 중요한 의미를 가지게 되며 계속해서 열매를 맺게 된 사실이다. 지지울라스에 따르면, 〈신앙과 직제〉에 로마가톨릭교회가 참여한 것이 주는 영향은 아래와 같은 "심리적인 것과 신학적인 것 모두"(both psychological and theological)를 포함한다.

즉 심리적으로 말해서, 정교회를 포함한 많은 회원들이 로마가톨릭교회의 참여가 가지는 의미를 평가할 때, 그들이 하나의 적으로 간주했던 것, 즉 수평주의에 반대해서 교회의 일치 이슈와 신학의 이슈에 대한 그들의 관심을 강화시킨 결과로 간주하였다. 또한 다른 한편으로 신학적으로도,

〈신앙과 직제〉의 아젠다와 WCC에 대한 영향이 위의 맥락에서 주목할 만하게 확인된다는 점이 더욱더 분명해졌다.[249]

내적 성취로서의 주요 주제들

위에서 설명한 '외적' 변화들 또는 성취들 외에도 신앙과 직제 운동 안에서의 '내적' 변화들을 보여주는 관심사들과 주제들에 관련해서도 그동안 몇 가지 의미 있는 성과가 있었다. 20세기 에큐메니칼 운동에서 신앙과 직제 운동과 「신앙과 직제 위원회」는 실로 광범위한 범위의 신학적 이슈들을 다루어 왔다. 그러한 신학적 이슈들에는, 예를 들어 세례, 성만찬, 안수 받은(ordained) 목사의 직에 대한 이해와 실행, 교회와 교회의 일치(unity)에 대한 개념들, 다른 종파 성도들 간의 성찬식(intercommunion), 성서와 전통, 신조들과 신앙고백들의 역할과 의의, 여성안수, 교회일치를 위한 노력들에 미치는 소위 비-신학적 요소들의 영향 등이 포함된다. 한편 위와 같은 논쟁적인 이슈들 외에도, 〈신앙과 직제〉는 교회들에게 공통적인 관심사이며, 이미 존재하는 그들의 교제를 표현하기 위해서는 필연적으로 근본적일 수밖에 없는 주제들을 지속적으로 채택하여 왔다. 예를 들어, 예배와 영성, 오늘을 위한 기독교의 희망, 양자간, 그리고 다자간 대화들(bilateral and multilateral dialogues) 사이의 상호-관계 등이 그것이다.

더 넓은 에큐메니칼 운동 안에서, 그리고 WCC의 구조의 한 부분으로서 「신앙과 직제 위원회」는 자신의 과제를 다음과 같은 몇 가지 방향의 일들에서 이해하고 있으며, 궁극적으로 그 모든 일들을 교회들을 돕고자 하는 하나

---

249 앞 글.

의 집중된 신학적 노력 안에서 수행해 왔다. 즉 그 몇 가지 방향들이란, 1) 교회들이 그들의 분리시키는 교리적 차이들을 극복하는 일, 2) 다양한 신학적 통찰들과 삶의 형식들을 상호 갱신의 원천으로 공유하는 일, 3) 나아가 그들의 공동의 사도적 전통을 다시 사용하고 표현하는 일에서 교회들을 신학적으로 돕고자 하는 일이 그것이다. 이 모든 노력들을 통해 〈신앙과 직제〉 회원 교회들이 추구해 온 공통된 목표는 '예수 그리스도의 교회의 가시적 일치'(the visible unity of the Church of Jesus Christ)를 확증하는 것이다. 그리고 이 목표를 향해 가는 길에서 교회들은 인류와 모든 피조 세계의 구원과 변혁을 위한 하나님의 계획의 믿을만한 표징과 도구가 되도록 부름받고 있다. 그러한 확신과 헌신을 가지고 〈신앙과 직제〉는 교회들 사이의 근본적으로 변화된 관계들을 향해, 그리고 그들의 충만한, 또는 적어도 그들의 증가하는 일치를 표현하기 위해 취해 온 많은 발걸음들에 각기 중대한 기여를 해 오고 있는 것이다.

앞에서 소개된 지지울라스의 글을 토대로 하여, 말하자면 그 글에서 제시된 주제들을 중심으로, 〈신앙과 직제〉가 경주해 온 신학적 노력의 주요 결과들을 간략하게 정리하면 다음과 같다.

1) 교회의 일치 : 1950년 「WCC 중앙위원회」는 교회의 일치를 주제로 "교회, 교회들, 그리고 WCC"에 대한 「토론토 성명서」(Toronto statement)를 채택했다. 토론토 성명이 채택된 이후 교회의 일치 이슈는 계속해서 WCC의 아젠다에 올랐으며, 특히 「신앙과 직제 위원회」가 "우리가 추구하는 일치의 본질"에 계속해서 주목하였다. 무엇보다도 WCC 총회들이 교회의 일치에 관한 주요 성명서들을 작성해 왔다.

2) BEM : 「신앙과 직제 위원회」는 매 2년마다 "교회 연합 교섭들에 대한 연구"(Survey of Church Union Negotiations)를 발간해 왔는데, 특히 1982년

이후 〈신앙과 직제〉의 활동은 "1982 세례, 성만찬, 직제"(Baptism, Eucharist, and Ministry, BEM) 문서와 관련한 전례 없이 광범위하고 집중적인 토론과 의견수렴의 과정을 통해서 이전의 그 어느 때 보다 더욱 널리 알려졌다. 이 과정은 지금도 계속되고 있으며 「신앙과 직제 위원회」는 소위 「리마(Lima) 텍스트」에 대해 교회들이 보내온 거의 200개의 공식적 응답들에서 제기된 몇 가지 주요 핵심 사항들을 다루었다.[250]

3) 사도적 신앙의 신조적 고백 : 〈신앙과 직제〉 안에서 사도적 신앙에 대한 신조상의 고백이라는 프로젝트는 특히 루터교 신학자들에 의해 지원을 받은 것으로, 누구보다도 교리를 교회의 교부들과 에큐메니칼 공의회들에 의해 구성된 것으로 진지하게 고려해 달라고 하는 정교회의 관심을 만족시킨 것이다. 이러한 과정은 니케아-콘스탄티노플 신조가 적어도 WCC 안에 있는 나머지 기독교인들에 의해 하나의 신앙고백으로 거부되지 않는다는 것을 공동으로 인정할 수 있게 된 하나의 중요한 시작이 되었다.

4) 코이노니아 : 코이노니아는 주제에 있어서 가장 최근의 발전으로, 먼저 캔버라 총회(1991년)가 더욱 포괄적인(encompassing) 개념인 코이노니아(koinonia)로 나아갔는데, "충만 안에 있는 교회"를 묘사하기 위해 교회의 4개의 고전적 표지들, 즉 "하나의, 거룩한, 보편적, 그리고 사도적인"을 명백하게 열거했다. 이 주제의 중요성과 함의들은 1993년 스페인의 산티아고(Santiago de Compostela) 데 콤포스텔라에서 열린 〈신앙과 직제〉 5차 세계대회에서 보고되어 시작된 〈신앙과 직제〉 활동의 통합시키는 중심을 형성한 한 연구, 즉 "코이노니아로

250　참고. Dagmar Heller, "Baptism-the Basis of Church Unity? - The Question of Baptism in Faith and Order," *the Ecumenical Review* 50/4(October 1998), 480-490.

서의 교회" 주제에 대한 하나의 포괄적인 교회론 연구의 틀 안에서 언급되었다.[251]

계속되는 주요 논쟁적 이슈들

지난 한 세기 가까운 기간 동안 지속적인 신학적 대화로서의 신앙과 직제 운동은 수많은 이슈들을 논의해 왔다. 그 모든 이슈들은 결국 교회들이 그들 자신의 정체성과 관련하여 결정적으로 중요한 것으로 확인한 것들로서, 말하자면 자신들을 다른 교회들로부터 구별하게 만든 논쟁점들이었다. 예를 들어, 은총의 본질, 세례, 성만찬, 직제에 대한 이해, 교회의 본질, 그리고 서로 다른 종파 성도들 간의 성만찬 교제의 본질 등이 그러한 논쟁점들이었다. 이들 모든 이슈, 그리고 그밖에 많은 다른 이슈들이 결과적으로 소위 "경계표지(또는 경계석)들"(boundary-markers)이 되었다. 즉, 그와 같은 경계표지들로서의 역할을 하는 이슈들은 교회들 또는 공동체들을 서로 대립시켜 정의했으며, 때로는 경계들을 협상하려 하고, 각 교회가 알고 있었던 지평의 범주들을 넘어서까지 보려고 하는 일치를 향한 충동을 결과적으로 억누르는 기능을 수행해 왔던 것이다.

여기서는 오늘날 〈신앙과 직제〉가 여전히 그 지속적인 신학적 대화에서 탐구하고 있는 경계(boundary) 역할을 하는 쟁점들을 역시 「신앙과 직제 위원회」(Commission on Faith and Order) 인터넷 홈페이지 공식 문서[252]를 통해 아래와 같이 요약, 소개한다.

251　Zizioulas, "Faith and Order, yesterday, today and tomorrow," I. The Heritage.
252　"Commission on Faith and Order," http://archives.oikoumene.org/query/Detail.aspx?ID=40906.

교회론(Ecclesiology)

비교적 최근의 일이라 할 수 있는 하라레 총회(8차, 1998년) 이후에도 〈신앙과 직제〉는 많은 이슈들을 연구해 오고 있는데, 대체로 그것들은 이전의 작업으로부터 온 것이며, 교회들이 교제를 향해 나아가기 전에 말해질 필요가 있는 질문들에 대한 교회들 각자의 인식들로부터 온 이슈들로서 주로 교회론(Ecclesiology)에 관한 것이다.[253] 무엇보다도 리마 문서에 대해 교회들이 보내온 180개의 응답들로부터 분명해진 사실은 교회의 본질에 대한 하나의 토대가 되는 교회론적 이해가 『BEM 문서』에 명백했었다고 하는 하나의 인식이다. 그러므로 BEM 이후, 그리고 산티아고에서의 〈신앙과 직제〉 5차 세계대회 이후의 시기를 보내면서 〈신앙과 직제〉는 교회의 본질과 목적을 연구하는데 크게 집중하였다. 「신앙과 직제 위원회」가 교회론에 대한 연구를 시작하면서 사용한 방법론은 교회의 본질과 목적을 신학적으로 결정하고, 또한 그 경계를 규정하는 이슈들에는 어떤 것들이 있는지를 확인하고자 노력하는 것이었다. 이들 이슈들은 그들 교회들이 충만한 교제 또는 일치의 관계들로 나아갈 수 있기 전에는 타협 불가능한 것으로 간주되거나 타협하기 어려운 것으로 간주된 이슈들이었다. 이러한 활동 방법은 차후의 불일치들 배후에 있는 성서적, 신학적 자원들로 돌아가는 것을 포함하는데, 특히 BEM에서 사용된 방법들을 가져왔다. 무엇보다도 성서적 근거들로 돌아감으로써 교회들로 하여금 서로에 대한 이해를 넘어서고, 경계들을 협상할 수 있게 만드는 구분들이 만들어졌다. 초안 문

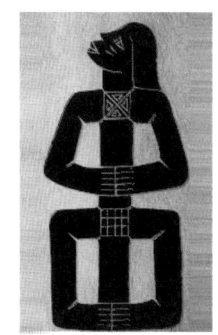

하라레 총회 로고

253　참고. Lodberg, "The History of Ecumenical Work on Ecclesiology and Ethics."

서 "The Nature and Purpose of the Church" (Faith and Order Paper No. 181)가 완성되었을 때, 그것은 최초의 논평을 위해 교회들, 신학 위원회들, 교회 회의들, 그리고 그밖에 적절한 기구들에 보내졌다. 본질적이고 유익한 평가들을 담은 대략 40개의 응답들이 있었고, 그 문서는 다시 재-초안 작업의 과정을 거쳤다. 물론 그 응답들에는 지역에 따라 그리고 교파에 따라 불균형이 있었지만 그러한 문제를 다루기 위한 조치들이 취해졌다는 사실이 중요하다. 한편 무엇보다도 정정하기 어려운 것으로 확인된 이슈들을 극복하기 위한 제안들을 어떻게 제공하느냐에 또한 많은 주의가 기울여졌다.

세례

〈신앙과 직제〉가 여전히 연구하고 있는 두 번째 경계(boundary) 이슈는 다름 아닌 세례이다.[254] 에큐메니칼적 시각에서 볼 때, 그리스도의 죽음과 부활로 귀결되는 세례는 특정한 것이지만 동시에 보편적인 현실로의 세례이다. 그러나 교회들은 서로의 세례를 피차 인정하는 것이 어렵다는 사실을 발견해 왔다. 무엇보다도 개인의 신앙 고백을 근거로 세례를 베푸는 교회들과 유아들에게 세례를 베푸는 교회들 사이에 오래 긴장들이 존재했다. 또한 세례를 일회성의 사건으로 보는 교회들과 그것을 기독교인으로서의 삶 전체에 해당하는 것으로 보는 교회들 사이에서도 여전히 긴장이 존재한다. 심지어 최근의 연구들은 세례 신학을 연구할 뿐만 아니라 다른 교회들의 예전적 예배들을 분석하는 것이 유용하다는 생각에 이르렀다. 그러한 연구가 각 교회가 실행하는 것이 무엇이고, 그것에 어떤 의미가 부여되며, 그리고 세례가 어느 정도까지 목회, 공동체 식탁에의 참여, 그리고 교회 공동체들의 인정을 위한 기초

---

254 Heller, "Baptism-the Basis of Church Unity? - The Question of Baptism in Faith and Order."

가 되는지를 밝히는 데 도움이 된다는 것이다. 한편 BEM에 대한 이전의 연구는 보다 전향적으로 새로운 관계들로 들어가는 많은 교회들을 가져왔다. 이들 관계들에서 매우 분명한 것은 BEM에 있는 세례에 대한 단락이 서로의 회원자격과 교회를 인정하기 위한 하나의 기초를 제공했다는 것이다. 심지어 어떤 연합된 또는 연합하는 교회들은 복수의 세례 행위들을 도입하기도 했다. 그 밖에도 몇 가지 요소들이 성인들의 첫째 세례의 증가를 가져왔다. 또한 이것은 유아 세례를 실행하는 교회들에서도 마찬가지다. 결과적으로 이것은 성인 세례가 모든 교회들에서 더 많은 현실이 되는 상황을 가져왔다.

해석학

오늘날 모든 교회들은 자신들의 신학과 신앙 이해가 무엇보다도 성서, 그리고 기독교 공동체들이 성서를 해석하려는 지속적인 시도에 그 뿌리를 두고 있다는 것을 받아들인다. 성서와 전통에 대한 하나의 주된 동의는 이미 몬트리올에서 개최된 〈신앙과 직제〉 4차 세계대회(1963)에서 이루어졌다. 그러나 바로 이 해석의 문제에서, 그리고 교회들이 공통된 해석들에 도달할 수 없다는 문제에서, 교회들 사이의 경계들이 여전히 확고하고, 각각의 공동체는 서로 대립하여 자신을 정의하고 있음을 우리는 알고 있다. 이런 맥락에서 과거 해석학에 대한 연구가 진행되었으며, 그 결과로 보고서 "Treasure in Earthen Vessels"(Faith and Order Paper No. 182)가 출판되기도 하였다. 이러한 활동은 성서와 전통, 그리고 종파성(confessionality)의 해석학을 보려는 시도, 그리고 구전과 상징들의 이슈를 연구하려는 시도로 계속되었다. 교회들의 해석은 단지 말뿐인 해석이거나 복음의 말들로 된 표현만은 아니다. 그것은 또한 상징들, 몸짓들, 단어, 예배, 그리고 음악으로 확인되는 해석이다. 주목되어야 할 사실은 오늘날 교회 안에 종교행위들이 점점 더 문화와의 친밀한 관계를 가져감으로써 해석학의 문제는 교회들 사이의 상호 이해에 중요 요소가 되고 있다는 점이다. 이것들은 어느 정도까지 우리로 하여금 교제의 해석학을 향해 나아가도록 할 수 있을 것인가? 그것들은 또한 어느 정도까지 앞서 언급한 소위 경계표지들(boundary-markers)의 증거인가? 이런 질문들이 해석학의 문제와 관련된 주요 단서들로 제기되었다.

신학적 인간학

그밖에 논쟁적 이슈의 최근의 발전으로 주목할 만한 것은, 과거 하라레 총회에서 「신앙과 직제 위원회」는 신학적 인간학과 관련된 이슈들을 연구하도록 요청받은 바 있다는 사실이다. 그것은 에큐메니칼 운동이 공동체 정체성, 인간의 성(Sexuality), 장애우들, 그리고 생명-윤리 등과 같은 질문들에 접근하기 위한 어떤 신학적 틀을 제공하기를 바라는 기대에서 비롯되었다. 일련의 회의들이 하나님의 형상을 가진 인간 인격의 본질에 집중되어 개최되어 왔으며, 특히 이 주제는 오늘날 진행되는 사회적, 과학적 발전들로부터 오는 인간 정체성에 대한 이해에 던져지는 도전들이라는 관점에서 다루어졌다. 하나님의 형상에 대한 이러한 인간학적 연구는 하나의 공통된 이해에 도달하려는 시도로서 인간이 더 이상 대상이 아니라 주체로 대우받는 틀을 가능하게 했고, WCC측은 이러한 틀을 사용하여 교회들은 윤리적, 그리고 또 다른 신학적 질문들에 더욱 잘 대처할 수 있으리라고 기대한다.

인종적 정체성, 민족적 정체성, 그리고 일치를 위한 추구

부다페스트에서 모인 상임위원회(1989)에서 〈신앙과 직제〉는 인종적 정체성, 민족적 정체성, 그리고 교회의 일치 문제를 연구하기로 결정했다. 오늘날 전 세계에 걸친 갈등들과 충돌들은 국가들 사이의 국제적 갈등들보다는 국내적 인종적 갈등들에 더 관련되어 있는 것이 분명해졌기 때문이다.[255] 교회들은 자신들이 이들 인종적 갈등들의 양쪽 진영 모두에 서 있는 것을 발견한다. 이렇게 된 데는 20세기 초 만들어진 선교지 분할 정책(comity)[256]의 한 결과일 수 있는데, 그것에 따르면, 교회들은 각자 특정한 지역들에서 선교지를 가지기로 동의했었다. 결과적으로, 특히 아시아와 아프리카의 지도는 교회들 사이에서 "금이 그어졌다." 그것은 교회들 상호 간에 경쟁이 아니라 상호-협력의 정신에서 각자 특정한 지역의 특정한 사람들에 관계하고자 한 것이었다. 또 각자의 공동체들이 가진 서로 다른 경험들을 연구하는 데 있어 각기 서로 다른 유형론들이 사용된다. 인종적 정체성 연구는 특히 피지, 스리랑카, 수단 등 갈등 상황들에 있는 교회협의들과의 상호협력, 그리고 아일랜드에 있는 한 에큐메니칼 기관과의 상호협력을 포함했다. "교회들은 어떻게 이것들을 극복할 수 있는가?"하는 문제가 주목받고 있으며, 그들 자신의 관점에서 민족주의, 인종성, 일치를 연구하게 될 성서학자들, 신학자들, 사회학자들과의 회의들을

---

255 인종차별주의의 근절에 대한 신앙과 직제의 기여와 관련하여 미국내 교회들 사이의 가시적 일치 추구에 대한 연구의 예로 다음 글을 참고하라. Jeffrey Gros, "Eradicating Racism: A Central Agenda for the Faith and Order Movement," *the Ecumenical Review* 47/1(January 1995), 42-51.

256 1900년 뉴욕 카네기 홀에서 개최된 "뉴욕 에큐메니칼 선교 컨퍼런스"(New Ecumenical Missionary Conference)에서 선교단체나 교단별 경쟁이나 불협화음을 막기 위해 상호 중복 투자 금지, 선교사간 상호 존경, 과도한 경쟁 지양, 타 교단 교인들에 대한 포교활동 금지, 같은 지역에 선교구 설치 금지 등이 제안되었다.

통해 이 계획은 더 진전되어 왔으며, 또한 지역의 자체-연구들과의 상호작용 안에서 진행되어 왔다.

예배

한편, 지금까지 〈신앙과 직제〉 활동의 한 중심 부분은 예배의 본질에 대한 연구였다. 그 연구의 초점은 세례에서 성만찬으로, 그리고 그 다음으로는 예배의 본질로 옮겨졌다. 이것이 의미하는 바는 오늘날 「신앙과 직제 위원회」가 예배 자료들을 제공하는 것은 단지 에큐메니칼 사건들만을 위한 것이 아니라 교회들을 위한 것이며, 그들이 그들 자신의 예배 전통들을 경계들과 지평들을 넘어서고자 시도할 수 있도록 하기 위한 것이라는 말이다. 그동안 일련의 예배 워크샵들이 계획되었다. 한 예배 자료 센터는 교회들이 함께 에큐메니칼적으로 예배하기 위한 하나의 전통을 수립하는 여러 방법들, 그리고 서로의 자원들을 사용하는 방법들을 보여준다. 교황청 내 부서인 「그리스도인일치촉진평의회」(The Pontifical Council for Promoting Christian Unity)와 함께 〈신앙과 직제〉는 "기독교 일치를 위한 기도 주간"(the Week of Prayer for Christian Unity)[257]을 위한 자료들을 제공한다. 이것은, 그리고 다른 예배 자료들의 공급은 회중들의 삶에서 WCC 자체가 그 존재를 드러내고 영향을 미치는 아마도 가장 명백한 장소이다. 매년 한 특정한 지역에 있는 한 지역 그룹이 기도 주간을 위한 하나의 초안, 일련의 예배 행사들을 준비하도록 초대된다. 그 초안은 〈신앙과 직제〉, 그리고 그리스도인일치촉진평의회의 대표들과

---

[257] "기독교 일치를 위한 기도 주간"은 국제적인 기독교 에큐메니칼 기념주간으로 남반구에서는 승천일과 성령강림절 사이에, 북반구에서는 1월 18일 - 25일 사이에 지켜진다.

의 더 폭넓은 논의를 위해 상정된다. 그런 다음 하나의 텍스트가 전 세계에 있는 교회들에게 그들 자신의 특정한 상황에 적응시키도록 보내진다.

〈신앙과 직제〉 운동의 의의와 미래

지속적인 신학적 대화로서의 〈신앙과 직제〉의 의의

이제 이 글은 그 결론적인 단락으로서 신학적 대화로서의 〈신앙과 직제〉의 역사적 의의를 평가하고 그 미래적 전망을 제시해 볼 시점에 와 있다. 「Documentary History of Faith and Order」(1963-1993)의 편집자 가스만에 따르면, 〈신앙과 직제〉가 남긴 영향을 객관적으로 그리고 사실적으로 측량하는 것은 어려운 일이지만, 나름대로 가장 근접한 방법들로서 평가할 수 있는 방법들이 전혀 없는 것은 아니다.

먼저 〈신앙과 직제〉는 에큐메니칼 운동을 위한 방향과 안내를 제공하기 위해 "우리가 추구하는 일치"를 묘사하고자 노력해 왔다. 그 역사 전체를 통해 〈신앙과 직제〉는 그 자신의 존재 이유를 명확히 하고자 노력해 왔는데, 즉, 그 자신의 일의 지시적 지평으로서의 교회일치의 개념들과 모델들이 그것이다. 이미 1937년 에든버러 세계대회에서 기독교 일치의 몇 가지 개념들을 처음으로 명확하게 기술하였고, 또한 1961년 〈신앙과 직제〉는 WCC를 위해 교회의 일치에 대한 역사적 진술을 준비했고, 그것은 뉴델리 WCC 제3차 총회(1961)에 의해 채택되었다. 신앙, 선포, 성례전, 기도, 그리고 신자들과 목회자들, 증거와 봉사의 상호 수용을 포함하는 하나의 충만하게 헌신된 교제 안에서 각각의 그리고 모든 장소들에서의 모든 세례 받은 자들의 일치에 대한 강조를 통해, 그 진술은 모든 미래의 활동을 위한 하나의 널리 수용된 기초를 제안하였다. 이러한 뉴델리 개념은 각 지역에 모든 교회들의 유기적 연합으로 일컬어진다. 한편 뉴델리 개념은 "스스로 참으로 연합되어 있는 지역교회들의 협의회적 친교"의 개념에 의해 더욱 발전되었으며, 그것은 서로 다른 차원들에서의 협의회적 모임들에서 표현되어야 한다. 이 개념은 1973년 살라망카 〈신앙과 직제〉 회의의 보고서에서 제안되었고, 1975년 나이로비 WCC 제5차 총회로 넘겨졌다. 나아가 뉴델리와 나이로비 진술들의 기본 요소들은 1991년 캔버라에서 개최된 WCC 제7차 총회의 "코이노니아: 선물과 소명으로서의 교회의 일치"에 대한 진술에서 다시 말해졌다. 그러나 이 진술은 "일치"에 비교되는 더욱 풍부하고, 포괄적이고, 통합적인 의미 때문에 지배적인 관점으로서 코이노니아 개념을 도입한다. 마침내 교회들의 충만한 교제의 목표는 "모든 교회들이 서로에게서 그 충만 가운데 있는 하나의, 거룩한, 보편적인, 그리고 사도적 교회를 인정할 수 있을 때 실현될 것이다."라고 이야기되었다.

다음으로, 〈신앙과 직제〉는 무엇보다도 교회들 사이의 분열들을 가져오는데 중요한 역할을 해 온 그러한 이슈들에도 그 신학적 작업을 집중해 왔다.[258] 말하자면, 교회를 분열시키는 주요 이슈들을 확인하고 그것들을 극복하고자 하는 본래의 사명에 따라, 〈신앙과 직제〉는 지금까지 지난 역사를 세례, 성만찬, 직제, 그리고 기타 교회의 이슈들에 집중하였다. 바로 첫 번째 세 가지 이슈들과 관련하여 이루어진 일치들과 수렴들이 1982년 BEM(세례, 성만찬, 직제) 문서를 구성했는데, 이 문서는 실로 에큐메니칼 운동의 역사에서 가장 널리 배포되고, 논의되며, 또한 응답들이 주어지는 문서이다. 또한 많은 상황들에서 가장 널리 사용되는 에큐메니칼 문서이다.

258　Gassmann, "What is Faith and Order?," no. 7.

최근에 와서 〈신앙과 직제〉는 공통의 관심의 이슈들에, 그리고 교회들 사이에 이미 존재하는 교제를 더욱 표현하는 주제들에 점점 더 주목해 왔다.[259] 그리고 양자간, 그리고 다자간 대화는 그 성격상 지속적으로 더욱더 상호 보충적이다.[260] 가장 주목할 만한 예를 들면 제2차 바티칸 공의회의 진전의 일환으로 로마가톨릭교회는 에큐메니칼 운동에 합류하면서 기독교 세계 공동체들과의 국제적 양자 대화들을 가장 적절한 에큐메니칼 방법으로 선택했다. 가스만에 따르면, 〈신앙과 직제〉의 신학적 작업은 교회들로 하여금 상호 간에 변화된 구조적 관계들로 들어갈 수 있도록 한 기초, 단계들, 그리고 결정들을 준비하도록 도왔다.[261] 가스만의 계속되는 설명에 따르면, 이러한 변화된 구조적 관계들에 해당되는 것들이 교회연합들, 연합하는 교회들, 교회연합협의체들, 충만한 교제 또는 충만한 교제를 목적으로 하는 성찬 참여와 현재의 협상들에 대한 일치들이다. 그러나 그러한 구조적 변화들이 실현되지 않은 곳에서도 〈신앙과 직제〉가 성취한 신학적 일치들과 수렴들(convergences)은 교회들 사이에 더 나은 상호 이해와 많은 형태들과 태도들로 보여지는 교제에 의미심장하게 기여했다. 고무적이게도, 이제 변화된 관계들은 많은 교회들 사이에 존재한다. 대표적인 예가 로마가톨릭교회로서, 이것은 지난 세기 세계교회사의 흐름에서 널리 미치는 결과를 나타내는 것이다. 분명한 것은, 〈신앙과 직제〉에서의 이러한 신학적 대화는 그간의 과정을 통해 교회들의 사고와 삶에 있어서 상호 풍성함을 증진시킬 수 있었다는 것이다. 가스만의 표현을 그대로 빌리면, "더 넓은 기독교 전통의 신학적 통찰들과 영적 경험들이 〈신앙과 직제〉 대화들에서 재발견, 재사용 되었으며, 그것의 참여 교회들에게 전달되었다. 그리고 이러한 통찰들과 경험들이 채택되고 교회들 사이에서 공유되

---

259 앞 글, no. 9.
260 앞 글, no. 10.
261 앞 글, no. 11.

어 온 곳에서, 신학적, 신앙고백적 입장들과 교회들의 삶이 더욱 개방되었고, 풍요해졌으며, 갱신되었고, 결과적으로 서로에게 가까워졌다."[262] 이러한 성과야 말로 〈신앙과 직제〉가 그 정체성으로서의 신학적 대화를 중단없이 지속해 가야 하는 이유인 것이다.

앞으로의 과제들

다음으로 필자는 지지울라스의 글[263]에서, 특히 그의 결론적인 언급들을 토대로, 그리고 젊은 세대의 관점에서 〈신앙과 직제〉의 미래를 제안하는 바실리아두(Anastasia Vassiladou)의 글[264]을 참고함으로써 〈신앙과 직제〉에게 요구되는 앞으로의 몇 가지 과제들을 정리해 봄으로써 그 신학적 대화의 미래를 전망해 본다.

1) 지지울라스에 따르면, 〈신앙과 직제〉는 신학적 활동이며, 앞으로도 그리해야 한다. 그것은 언제나 모든 전통들로부터 오는 최상의, 그리고 가장 창조적인 신학자들을 참여시켜야 한다. 그러나 지지울라스가 덧붙여 강조하기를 원하는 것은, "신학적"이란 말이 더 이상 어떤 "폐쇄되어 있고 자급자족의 학문분야를 가리켜서는 안된다"는 것이다. 신학은 그 경계선들을 개방해야 하고, 주변 문화에 대해 유의미하고 관련성을 가져야 한다. 같은 맥락에서, 바실리아두는 〈신앙과 직제〉가 그것의 관점을 보다 확대시킴으로써 우리의 교회적 정체성이 가진 다른 "동일하게 중요한" 측면들과 관련해 더욱 포괄적일 것

---

262   앞 글, no. 11. (c).
263   Zizioulas, "Faith and Order yesterday, today and tomorrow."
264   Anastasia Vassiliadou, a studied theology in Greece at the University of Thessaloniki and in the United States, worked as an intern with the Faith and Order team, "The future of Faith and Order from the perspective of the new generation," prepared for 75th Anniversary of Faith and Order (August 2002).

을 제안한다.[265] 〈신앙과 직제〉는 항상 그래왔던 것처럼 여전히 하나의 신학적 활동이지만, 선교, 문화, 그리고 인간 삶, 피조세계, 교회의 성례전적 차원에까지 더욱 의미가 있고 관련이 있는 신학을 지향할 필요가 있다는 것이다. 바실리아두의 의견에 따르면, 탈 현대적 관점에서 보면, '신앙과 직제'라는 타이틀 자체가 이미 시대에 뒤떨어진 "현대의" 활동이라는 인상을 준다. 그 관심을 관념들, 교리적 믿음들, 제도적인 종교 기관의 구조 등에 국한시키고 교회적 신비의 전 영역에까지 미치지 못하는 것처럼 보인다는 점이 문제점으로 지적된다는 것이다.

    2) 다음으로 지지울라스에 따르면, 여전히 교회의 일치 주제는 〈신앙과 직제〉 활동의 중심에 있어야 한다. 즉, 〈신앙과 직제〉는 계속해서 모든 근본적 측면들, 말하자면, 구조, 직제, 성례전 등에서 가시적 일치에 관심을 가져야 한다. 한편, 여기서도 지지울라스가 강조하는 바에 주목하면, 그 가시적 일치가 인간의 삶에 관련이 없는 일치이어서는 안 된다. 그리고 그 인간에는 기독교인들뿐만 아니라 비기독교인들도 포함되어야 한다. 그 일치는 이 세계를 향해 종말론적인, 말하자면 궁극적인 희망과 의미를 제공하게 될 일치이어야 한다. 그 일치는 인간의 실존과 문화에 영향을 끼칠 수 있는 일치이어야 한다. 다시 말하면, 우리를 분열시키는 전통적 질문들에 대한 우리의 일치들은 또한 이 세계의 삶에 더욱 광범위한 중요성을 드러내야 한다는 것이다. 심지어, 지지울라스도 언급하고 있는 것처럼 작금의 더욱더 명백해져 가고 있는 생태 위기의 현실을 감안할 때, 우리가 추구하는 일치는 기존의 인간 중심적 치유와 해방의 전망을 넘어서서 비인간 세계에 대한 관심까지 포함해야 한다. 즉, 〈신앙과 직제〉가 그 노력들을 강화시켜야 할 목표인 교회의 가시적 일치는 그 모든 근본적 측면들(신앙, 구조, 선교, 직제, 성례전 등)에 있어서의 일치만이 아

---

265 앞 글.

니고, 그리고 단지 인류에게 확대되는 일치만이 아니라, 피조세계 전체(생태계)를 포함하는 일치이어야 한다.[266]

3) 또한 지지울라스에 따르면, 〈신앙과 직제〉는 전통에 대한 해석학적 재-수용이라는 도움을 받아 기독교 신앙에 대한 하나의 공통된 해석을 성취하는데 우리의 노력을 경주해야 한다. 앞에서 언급한 것처럼, 오늘날 교회들은 자신들의 신학과 신앙 이해가 무엇보다도 성서, 그리고 기독교 공동체들이 성서를 해석하려는 지속적인 시도에 그 뿌리를 두고 있다는 것을 받아들인다. 따라서 해석학의 문제는 교회들 사이의 상호 이해에 중요 요소가 되고 있다. 여기서는 보다 넓은 의미에서 수용의 관념이 앞으로 〈신앙과 직제〉의 활동에서 중요한 역할을 해야 할 것이라는 지지울라스의 지적에 귀 기울일 필요가 있을 것이다. 오직 이런 맥락에서 몬트리올 대회가 제안한 전통과 전통들 사이의 진정한 차이가 나타날 것으로 기대되는 것이다.

4) 지지울라스에 따르면, 무엇보다도 코이노니아 개념이 모든 〈신앙과 직제〉 연구들에서 하나의 공통된 도구로 되어야 하며, 이것은 WCC에 있어서도 마찬가지다. 왜냐하면 지지울라스에게 있어, 코이노니아야 말로 "교리"(doctrine)를 기독교에서 새로운 분열들을 가져올 수 있는 문제로 점차 등장하고 있는 주제인 "윤리"(ethics)와 연결시킬 수 있는 관념이기 때문이다. 복음주의적 근본주의자들은 "윤리적"인 것이 무엇이며 또 무엇이 아닌지를 결정하기 전에, 코이노니아에 근거한, 그리고 그것을 통해 삼위일체 하나님 안에서 우리 신앙의 근본적 측면들에 근거한 윤리를 실천에 옮길 준비가 되어야 한다. 즉, 지지울라스에 따르면, 바로 그 존재에 있어서 코이노니아로서의 하나님은 여전히 실천에 옮겨지지 않은 많은 윤리적 함의들을 가진다. 코이노니아 관념은 옳고 그름, 선과 악을 결정하기 위한 기초로 본질 보다는 인격을 가리

---

266 앞 글.

킨다. 여기서 지지울라스는 다음과 같은 희망을 피력하고 있다. 즉, 때가 되면 〈신앙과 직제〉는 한편으로 삼위일체와 기독론 교리, 다른 한편으로는 윤리적 이슈들 이 모두를 함께 모으는 개념으로서 인격의 관념을 말할 필요가 있다는 것이다. 그것은 또한 교회론에서도 중요한 역할을 하게 될 것이며, 그것을 통해 교회의 일치에 대한 우리의 이해에 있어서도 중요한 역할을 하게 될 것이라고 그는 믿고 있다.

5) 한 가지 더 언급한다면, 교회론의 주제가 계속해서 〈신앙과 직제〉의 아젠다에서 중심적인 자리를 가져야 한다. 지지울라스에 따르면, 교회론이야말로 많은 양자간 대화들을 지배하는 주제이며 그 열매들이 〈신앙과 직제〉에 의해 고려되어야 한다. 또한 이 주제에서 코이노니아 개념이 중요한 역할을 해야 한다. 특히 제2차 바티칸 공의회 이후 지역교회와 "가톨릭" 교회와의 관계가 극도로 중요해졌다. 교회론은 교회의 구조, 직제 등의 질문들에 관련된 주제인데, 오직 코이노니아 개념의 도움을 통해서만 이러한 문제들이 적절하게 다루어질 수 있다. 그러나 이 점에서도 지지울라스는 교회론이 폐쇄적인 신학적, 또는 "교회적" 문제에 국한되어서는 안된다고 다시 한 번 주장한다. 인간의 차원뿐만 아니라 "우주적" 의미에서 세상에 대한 교회의 관계가 설명을 기다리는 측면이며, 이것은 다시 한 번 코이노니아 관념의 도움을 필요로 한다는 것이다. 교회는 그 존재 이유가 교회 자신이나 인간만을 위한 것에 있지 않으며, 전체 세상을 위해 존재한다. 이러한 의미에서 교회는 하나님의 나라와 다르지 않다. 왜냐하면 교회의 존재 이유와 목적은 하나님의 나라의 아이콘이 되는 것이며, 종말론적 실재에 있어서 하나님의 나라와 동일시되는 것이기 때문이다.

6) 끝으로 젊은 세대의 관점을 강조하는 바실리아두는 자신의 관심은 교회의 일치 문제를 다룸에 있어서 특히 '신학적 방법론'의 문제에 있다고 말하면

서, 자신이 특히 성령론, 즉 성령의 결정적인 역할에 많은 강조를 두는 전통으로부터 왔음을 강조한다. 지금까지 에큐메니칼 운동이 보여 준 교회일치의 추구는 그 주도적인 방법론적 원리는 기독론과 그리스도 중심주의였다. 물론 최근의 에큐메니칼 논의들에서 교회의 전통의 삼위일체론적 차원의 재발견에 큰 강조가 이루어지고 있는 것도 사실이다. 결코 기독론에 대한 무시가 아니라 기독론에 대한 더욱 깊고 새로운 이해로서 성령론에 의해 조건 지어진 기독론이 오늘날 변화하는 세계의 도전들에 우리의 신학으로 하여금 대응하도록 하기 위한 대안이 될 수 있다는 것이다. 바실리아두는 "어떻게 하면 〈신앙과 직제〉의 활동을 우리 시대의 변화들에 관련이 있는 것으로 만들 수 있는가? 생명을 부여하는 성령을 통하지 않고서 어떻게 교회의 일치의 차원을 지구화, 상황화, 그리고 심지어 고백주의에까지 관련시킬 수 있겠는가?"라고 질문하고, 다음과 같이 도전한다.

> 우리 시대의 도전들을 더 직접적으로, 더 의미있게 직면하기 위해서 신학과 일치 추구를 오늘 우리의 세계의 상황에서 보기 위해서 우리가 추구하는 일치는 단지 신학적 일치들에 기초하는 것으로 머물러서는 안된다. 그것은 인간의 삶(실존), 문화, 그리고 환경, 말하자면, 하나님의 피조물로서의 세계에 영향을 가져야 한다.[267]

---

267 앞 글.

마당을 나가며

지금까지 필자는 WCC가 인터넷 홈페이지에 올려놓은 공식적인 소개의 글들, 그리고 과거 〈신앙과 직제〉에 오랜 기간 참여한 에큐메니칼 지도자들의 개인적 숙고의 글들을 기초로, 특히 WCC 핵심 관련자들의 경험적 숙고에서 오는 판단들과 평가들을 통해 하나의 지속적인 신학적 대화로서의 〈신앙과 직제〉의 정체성을 밝히고, 그 성취들과 주목할 만한 변화들을 고찰하였다. 또한 그 신학적 대화의 의의를 숙고하고 동시에 그 미래적 전망을 시도해 보았다. 우리는 이를 토대로 우리는 부산 WCC 제10차 총회와 관련하여 한국 교회의 성공적인 WCC 개최를 위해 보다 의미있는 대화의 주제들이 다루어졌는지 평가해 볼 수 있을 것이다.

사실 에큐메니칼 운동을 한 마디로 정의하기는 어렵다. WCC가 작성한 CUV("Common Understanding and Vision") 문서가 인정하는 대로, 교회들과 에큐메니칼 기관들 가운데 '에큐메니칼 운동'이 무엇인가에 대하여 불확실성, 모호성, 그리고 심지어 혼동이 지배하고 있는 것이 사실이다. 그럼에도 불구하고 일반적으로 동의가 이루어지고 있는 것은 "에큐메니칼"이란 말이 기독교 일치를 위한 추구, 선교와 복음 증거의 전 세계적인 과제에 있어서 공동의 증거, 봉사와 섬김에의 헌신, 그리고 정의와 평화의 증진에의 헌신 등을 포함한다는 것이다. 그 가운데 신앙과 직제 운동은 교파들의 다양성을 인정하면서도 예수 그리스도의 교회라고 하는 하나의 교회를 지향해 왔으며, 이들 교파들의 신학의 다양성을 인정하면서도 복음과 삼위일체 하나님과 같은 사도적 신앙에서 그 통일성을 찾고자 노력해 왔다. 그러므로 하나의 지속적인 신학적 대화로서 신앙과 직제 운동은 WCC에서 없어서는 안 될 절대 필요한 (integral) 부분이다. 남녀 구분 없이 실로 주목할 만한 경험과 명성을 가진

교회 지도자들이 참여하는 엄청난 양의 공동의 신학적 작업이 더 충만한 코이노니아를 향해 지금까지 진행되어 왔다. 특히 로마가톨릭교회와 몇몇 오순절 교회들의 공식적 참여를 통해 신학적 대화로서의 〈신앙과 직제〉는 명실상부한 하나의 에큐메니칼 운동의 가시적 표징이 되었다. 또한 BEM과 교회의 본질과 목적에 대한 더욱 최근의 연구와 같은 프로그램들은 전 세계에 걸친 기독교의 종교적 삶의 스펙트럼에 근본적으로 변화를 가져왔다. 많은 이들이 동의하는 대로 많은 발걸음들이 있어 왔고, 교회들 간의 관계들은 개선되어 왔다.

결론적으로 보다 중요하게 고려되어야 하는 것은, 위의 "앞으로의 과제들"에서 지적했듯이 〈신앙과 직제〉는 하나의 신학적 작업으로서 여전히 지속적으로 그 경계선들을 개방하고 주변의 문화들에 자신을 적응시켜 나가도록 도전받고 있다는 것이다. 즉, 교회의 일치가 〈신앙과 직제〉 활동의 중심이어야 하지만, 동시에 그것은 경제, 정치, 생태학적 차원의 인간의 삶 자체에 관계되어야 한다. 또한 기독교 신앙에 대한 하나의 공동의 이해가 일치 추구를 위한 하나의 지속적인 공동의 도구로서 코이노니아 개념을 붙들고 나가며 교회론을 처음부터 끝까지 에큐메니칼 대화들의 중심 주제로 삼되, 특히 성령론 주제 위에서 정의, 평화, 창조의 보존과 관련된 다양한 현재의 이슈들을 다룸으로써 〈신앙과 직제〉는 오늘의 변화된 상황들에 그 신학적 대화의 자기 정체성을 지속적으로 적응시켜 나가야 할 것이다.

| 에필로그 |
Epilogue

　분열된 교회는 그 자체로서 교회의 참 본질에서 벗어난 실재이다.
　세계교회는 "진정으로 보편적인 에큐메니칼 협의회"를 통한 일치를 향해 전진해 오고 있으며, 한국장로교회도 이러한 세계교회의 일치 추구 노력에 동참하도록 요청받아 왔다. 한국장로교회는 하나님 앞에서 그 분열의 역사를 회개하고 상호협력과 재일치를 위한 노력의 장(場)으로 함께 나아가야 하며, WCC, 특히 신앙과 직제 운동을 중심으로 이루어진 일치 추구를 위한 교회론적 신학적 수렴으로부터 일치 추구의 길을 배워야 할 것이다. 그런 의미에서 〈신앙과 직제〉 산티아고 대회의 보고서 「신앙, 삶, 그리고 증거에 있어서 코이노니아를 향하여」(1993)는 한국장로교회의 일치 운동의 방향을 구체적으로 제시하였다고 볼 수 있다.
　먼저, 한국장로교회의 모든 교단들은 교회의 신앙에 있어서 일치를 위한 공통분모로서의 "사도적 신앙"을 확인하고, 어떤 점에서 서로 같은지를 말해야 한다. 즉 각 교단은 개혁교회의 신앙고백 보다 더 중요한 초기 에큐메니칼 협의회의 신조(니케아-콘스탄티노플 신조)를 중심으로 신앙 표현의 다양성의 인정과 그 한계를 명백하게 하고, 가깝게는 장로교회의 일치를 위해서, 그리고 궁극적으로는 모든 기독교회의 일치를 위한 신앙적 토대를 구축해야 할 것이다.

다음으로, 교회의 삶에 있어서 특히 성만찬을 소홀히 해 온 한국장로교회는 성만찬적 교제와 직제의 교류를 확대해 나가야 한다. 특히 성만찬 교제는 일치의 확인과 선교를 위한 헌신을 가장 극적으로 경험할 수 있는 자리이며 성만찬적 교제의 확대야말로 교회들의 일치의 확인을 위해, 나아가 함께 연대하여 살아가야 할 인류의 생존기반 마련을 위해 긴박한 희망의 징표가 될 수 있다. 그동안 「BEM 문서」의 영향이 한국장로교회 주요 교단들 안에서 성만찬적 일치에 대한 공감대를 키워 온 만큼 한국장로교회는 성례전적 교제의 측면에서 진보와 보수를 초월한 교단 간 대화와 교류를 확대, 지속해 나가야 할 것이며, 무엇보다도 분열의 결과로 초래된 교단 간 직제의 교류를 금기시해 온 전통을 극복하고 일치 운동의 기초로써 서로 다른 교단들의 목회자들의 강단교류와 신학자들의 교류가 더욱 활발하게 전개돼야 할 것이다.

끝으로 한국장로교회는 선교와 정의, 평화, 그리고 창조의 보전(JPIC)을 위한 연대와 협력 기구의 구성과 활동에 적극 나서야 한다. 교회일치의 목적은 궁극적으로 선교와 JPIC에 있다고 해도 과언이 아니다. 한국장로교회는 부산 WCC 제10차 총회 개최 문제로 진통을 겪은 바 있었는데, 사실 그 무엇보다도 20세기 에큐메니칼 운동의 역사는 세계선교사대회(에든버러 WMC, 1910)로부터 시작되었다는 점을 기억할 필요가 있었다. 말하자면, 한국장로교회는 선교에 있어서 교단 중심적 경쟁심을 배제하고 함께 기도하고 자원을 공유하며 협력해 나갈 수 있는 기구적 체제를 마련하기 위해 WCC로부터 배울 수 있다. 또한 이데올로기적 왜곡을 극복한 정치적 발전과 통일의 실현과 최근에 민족의 생존문제로 부상한 생태계 파괴의 문제는 모든 교단들의 공통된 관심사이어야 하며, 교단들이 함께 코이노니아와 일치를 통해 대처하고 풀어

가야 할 공동과제이어야 한다. 실로 JPIC를 위한 한국장로교회의 사명은 그리스도 중심적 신앙고백에 정초되어 있는 것으로서, 하나님이 일하시는 사회와 세계의 현실 속에서 한국장로교회는 연대하고 삶을 나누는 공동체로 적극 거듭나야 한다. 한국장로교회가 하나됨을 회복하고 그 일치된 힘으로 선교하며 정의와 평화, 그리고 창조세계의 보전(JPIC)을 위해 일하는 것이야말로 오늘날 한국 사회와 한국 민족을 향한 하나님의 뜻에 부응하는 길일 것이다.

이런 의미에서 한국장로교회는 민족의 동질성과 공동체성 회복을 통해 한반도 평화와 통일에 기여해야 한다는 시대적 사명에 부응하는 교회가 되기 위해 그동안 통일에 대한 신학적이고 신앙고백적인 노력이 부족했던 것을 반성하는 한편 한반도에서의 평화 정착과 평화 교육을 위해, 궁극적으로 평화통일을 앞당기기 위해 세계교회와 함께 협력하는 일에 더욱더 앞장서야 할 것이다. 또한 한국장로교회는 WCC의 '창조질서의 보존' 운동과 '생명 돌봄'의 영성을 본받아 지구촌 위기 상황에 대한 인식의 필요성과 범 교단적 환경운동의 필요성을 지속적으로 지적하고 실천해 나감으로써 바야흐로 사회적 책임으로부터 생태적 책임으로까지 나아가야 할 것이다. 기독교의 복음은 죄로 인해 죽을 수밖에 없는 인간들을 예수 그리스도를 통해 영생으로 인도하는 기쁜 소식이기도 하지만 죽어 가는 창조세계를 살리는 "이 땅"을 위한 복음이기도 하기 때문이다.

한국 사회는 세계화 시대와 지방화 시대를 동시에 경험하면서 커다란 전환기를 지나고 있다. 다원화되고 지구촌화되어가는 국제적 상황은 한국교회를 향해 교단들 간의, 그리고 교파들 간의 다양성 속에서의 상호협력과 일치를 요구하고 있다. 그러므로 세계화와 지방화의 도래는 오늘날 에큐메니칼 운동에 새로운 전환점과 기회를 제공하고 있다고 말할 수 있다. 개발과 환경파괴, 교육현장의 왜곡, 생산과정과 유통구조의 모순 등 각종 지역 현안들에 중앙 정부나 지방 정부가 충분히 대응하지 못하는 상황에서 각종 시민 단체들이 연대하여 대응하고 있는 마당에 비단 교회만이 개인주의적 신앙생활과 교회 행정에만 몰두한다면 한국교회는 지역 사회의 요구에 부응하지 않는 폐쇄된 집단이라는 비난에서 벗어날 수 없을 것이다. 한국장로교회는 개교회중심, 개교단중심주의를 탈피하여 지역단위, 도단위의 교회연합을 통해 코이노니아를 증진시켜 나감으로써 선교와 봉사의 사명을 효과적으로 감당할 수 있을 것이다.

에큐메니칼 운동이 처음 꿈꾸고 기대했었던 분열된 교회들 사이의 상호 존중과 사랑은 어느 정도 성취되었다고 말할 수 있다. 그러나 기독교의 비극적이고 부끄러운 분열의 역사는 여전히 치유되지 않았으며, 교회의 가시적 일치와 그리스도의 하나의 몸의 회복은 여전히 성취되지 못한 과제로 남아 있다. 오히려 분열들은 지속되고 있고, 그러한 분열의 현실은 기독교의 선교와 증거에 걸림돌이 되고 있다. 따라서 모든 종류의 화해와 일치는 여전히 긴급히 요구된다. 신앙과 직제 운동의 미래를 제안하면서 기독교의 미래가 건강한 에큐메니즘에 달려있다고 외치는 다음과 같은 젊은 세대의 목소리에 우리는 귀 기울여야 할 것이다.

> 우리의 작은 우주의 미래는 하나의 화해된 세계, 하나의 일치된 기독교에 달려 있다. 기독교의 미래는 하나의 건강한 에큐메니즘에 의존한다. 그리고 에큐메니즘의 미래는 하나의 새로운, 그리고 갱신된 〈신앙과 직제〉의 활동에 크게 달려 있다.(바실리아두)

참고 문헌

참고문헌

A. 한국장로교회사 관련 문헌

간하배. 『한국장로교신학사상』. 실로암, 1988.

기독교문사. 『한국기독교 성장 100년』. 기독교문사, 1986.

김덕환. 『韓國敎會敎團形成史(上·中·下卷)』. 정원문화사, 1985.

김승태. 『한국기독교의 역사적 반성』. 다산글방, 1994.

_____. 『한국기독교와 신사참배문제』. 한국기독교역사연구소, 1991.

김양선. 『韓國基督敎 解放十年史20』. 大韓예수교長老會교육부, 1956.

_____. 『韓國基督敎史硏究』. 基督敎文社, 1980.

김원식. 『韓國基督敎 百年의 虛와 實』. 풀빛목회, 1991.

김인수. 『韓國基督敎會史』. 한국장로교출판사, 1994.

레펄쳐 A. 로에쥐. 김남식 역. 『세계장로교회사』. 성광문화사, 1986.

민경배. 『韓國基督敎會史』. 대한기독교출판사, 1987.

_____. 『韓國民族敎會形成史論』. 연세대학교출판부, 1974.

朴容奎. 『韓國長老敎思想史』. 총신대학출판부, 1992.

서정민. 『한국교회 논쟁사』. 이레서원, 1994.

우완용. 『비운과 섭리의 민족교회사』. 목양서원, 1992.

이만열. 『한국기독교사특강』. 성경읽기사, 1989.

이선교. 『다시 써야할 한국기독교사』. 풀빛목회, 1993.

이영헌. 『한국기독교회사』. 컨콜디아사, 1980.

전택부. 『韓國敎會發展史』. 대한기독교출판사, 1987.

_____. 『한국에큐메니칼운동사』. 한국기독교교회협의회, 1979.

한국기독교장로회 역사편찬위원회. 『한국기독교 100년사』. 한국기독교장로회 출판사, 1992.

B. 에큐메니칼 운동 관련 문헌

Abbot, W. M. ed. *The Documents of Vatian II*. America Press, 1966.

Bassham, R. C. *Mission Theology: 1948-1975*.

   California: William Carey Library, 1979.

Best, T. F. and Gassmann, G. ed. *On the way to Fuller Koinonia*.

   Faith and Order Paper No. 166. Geneva: WCC, 1994.

Bosch, D. J. *Transforming Mission*. New York: Orbis Books, 1991.

Brown, R. M. *The Ecumenical Revolution: An Interpretation of the Catholic-Protestant Dialogue*. New York: Doubleday

   and Company, INC., 1967.

Crow, A. and Gassman, G. *Lausanne to Santiago de Compostela*.

   Faith and Order Paper No. 160. Geneva: WCC, 1993.

Ellen Flesseman-van Leer. *The Bible: Its Authority and Inter-

   pretation in the Ecumenical Movement*. Geneva: WCC, 1983.

Gassmann, G. *Documentary History of Faith and Order 1963-*

1993. *Faith and Order Paper No. 159*. Geneva: WCC, 1993.

Fahrenhols, G. M. *Unity in Today's World. The Faith and Order Studies on "Unity of the Church-Unity of Humankind"*. Geneva: WCC, 1978.

Hyo-Sung, Kim. *Analysis and Criticism of the Concept of th Unity of the Church in the Contemporary Ecumenical Movement: focusing on selected ecumenical materials published in the 1980s*. SEOUL: Christian Literature Crusade, 1988.

Keshishian, A. *Conciliar Fellowship A Common Goal*. Geneva: WCC, 1992.

Link, H. G. ed. *Apostolic Faith Today. Faith and Order Paper No. 124*. Geneva: WCC, 1967.

Paul, A. and Gassmann, G. *Lausanne to Santiago de Compostela. Faith and Order Paper No. 160*. Geneva: WCC, 1990.

Raiser, K. *Ecumenism in Transition*. Geneva: WCC, 1991.

Sell, Alan P. F. *Responding to Baptism, Eucharist and Ministry: A Word to the Reformed Churches*.

Vischer, L. ed. *A Documentary History of the Faith & Order Movement 1927-1963*. St. Louis, Missouri: Bethany, 1963.

_____. *Reformed Witness in the Ecumenical Movement*. 이형기 역, 『개혁교회와 에큐메니칼 운동』. 미간행출판물, 1994.

Visser't Hooft, W. A. *The Genesis and Formation of the World Council of Churches*. 이형기 역. 『세계교회협의회 기원과 형성』. 한국장로교출판사, 1993.

WARC. *From Ottawa to Seoul: A Report of the World Alliance of Reformed Churches, 1982-1989*. Geneva: WARC, 1989.

_____. *SEOUL 1989*. Geneva: WARC, 1990.

_____. *Towards A Common Understanding of the Church, Reformed/Roman Catholic International Dialogue: Second Phase(1984-1990)*. Geneva: WARC, 1991.

WCC. *Baptism, Eucharist and Ministry*. 이형기 역. 『BEM 문서』. 한국장로교출판사, 1993.

_____. *Church and World The Unity of the Church and the Renewal of Human Community*. Faith and Order Paper No. 151. Geneva: WCC, 1990.

_____. *Confessing the One Faith: An Ecumenical Explication of the Apostolic Faith as it is Confessed in the Nicene-Constantinopolitan Creed(381)*. Faith and Order Paper No. 153. Geneva: WCC, 1991.

_____. *Costly Unity*. RØnde, Denmark: WCC, 1993.

_____. *Dictionary of the Ecumenical Movement*. Geneva: WCC, 1991.

_____. *Joint Working Group between the Roman Catholic Church and the World Council of Churches: Sixth Report*. "The Church: Local and Universal" Geneva: WCC, 1990.

_____. *One Lord One Baptism*. London: Charles Birchall and Sons LTD, 1960.

_____. *Towards Koinonia in Faith, Life and Witness. Fifth World Conference on Faith and Order*. Geneva: WCC, 1993.

_____. ed. *The Section Reports of the WCC*. 이형기 역.『세계교회
협의회 역대총회 종합보고서』. 한국장로교출판사, 1993.

노재성.『WCC와 현실정치: WCC 역대 대회에 나타난 교회의 사회참여관
연구』. 나눔사, 1990.

박상증 편저.『한국교회와 에큐메니칼 운동』. 대한기독교서회, 1992.

이형기.『세계교회의 분열과 일치 추구의 역사』. 장로회신학대학교 출판부,
1994.

_____.『에큐메니칼 운동사』. 대한기독교서회, 1994.

이장식.『오늘의 에큐메니칼 운동』. 한국기독교교회협의회, 1977.

Bergjan, S. P. "Ecclesiology in Faith and Order Texts." *The
Ecumenical Review*. 46/1(January, 1994).

Hem, W. "Reactions and Responses." *The Ecumenical Review*.
47/2(April 1995).

Marja van der Veen-Schenkeveld. "The Reformed Ecumenical
Council." *The Ecumenical Review* 46/4(Octover, 1994).

Moore, S. M. "Towards Koinonia in Faith, Life and Witness."
The Ecumenical Review 47/1(January 1995).

강문규. "세계화와 지방화 시대를 위한 에큐메니칼 운동."
「기독교사상」437(1995/5), 10-20.

기독교사상 편집부. "교회일치를 구현하기 위한 반성과 제안."
「기독교사상」424(1994/4), 60-69.

김관석. "교회의 분열과 한국교회의 연합운동."「기독교사상」

424(1994/4), 36-43.

김소영. "한국교회 연합운동의 어제와 오늘." 「기독교사상」
　　　424(1994/4), 44-51.

박종화. "JPIC의 코이노니아 운동의 실천 방안." 「기독교사상」
　　　432(1994/12), 32-41.

_____. "21세기를 향한 한국장로교 일치운동과 전망." 「장로
　　　회신학대학교총동문회보」 24(1994/9), 11-21.

_____. "신앙과 직제의 역사." 「기독교사상」 (1993/8).

_____. "신앙과 직제 제5차 세계대회의 분과 보고서," 「교
　　　회와 신학」 26(1994/5), 257-295.

_____. "역대 신앙과 직제가 교회일치를 위해서 추구하는 '사도
　　　적 신앙'." 「장신논단」 10(1994/11), 341-373.

_____. "한국 에큐메니칼 운동 어떻게 개혁할 것인가?." 「장신
　　　대 종교개혁기념 강연회 자료집」, (1994/11).

C. 기타 관련 문헌

Latourette, K. S. Christianity through the Ages. 허호익 역.
　　　『基督敎의 歷史』. 대한기독교출판사, 1986.

Marsden, G., Roberts, F. ed. A Christian View of History?.
　　　홍치모 역. 『基督敎와 歷史理』. 총신대학출판부, 1981.

Miller, J. H. ed. Vatican an Appraisal. Notre Dame &
　　　London: University of Notre Dame, 1966.

Jay, E. G. *The Church: Its Changing Image Through Twenty Centuries*. Atlanta: John Knox, 1978.

宋吉燮.『韓國神學思想史』. 大韓基督敎出版社, 1987

이형기.『역사 속의 교회』. 장로회신학대학 대학원 강의자료 (과목: 역사적교회론, 1994년 2학기).

부록 I 한국장로교회사 연대표

1985.   (4. 5), 부활주일, 제물포에 최초의 개신교 성직자로서 언더우드(Horace Grant Underwood) 목사 입국.

1987.   (9. 27), 언더우드, 14명의 결신자를 모아 새문안교회 설립.

1889.   미국북장로교 선교부와 호주장로교 선교부가 『선교부협의회』를 조직.

1890.   최초의 교회연합기관 『예수교성교회』(현재의 대한기독교서회) 조직.

1895.   장로교 및 감리교 선교사들이 『성서공회』 조직.

1901.   『조선예수교장로회 공의회』 조직; 회장에 소안론 목사, 회원은 장로 3인, 조사 6인, 선교사 25인.

1905.   (9. 15), 장로교와 감리교의 여섯 선교부 선교사 150명이 모여 『재한 복음주의 선교단체 통합공의회』(The General Council of Evangelical Missions in Korea) 조직

1907.   원산을 중심으로 대부흥의 불길 타오름.

1907.   (9. 17), 미국 남·북 장로교회, 캐나다 및 호주 장로교회가 연합(4개 교단)하여 『조선예수교장로회 독노회』 조직(평양 중앙교회); 회장에 마포삼열(S. A. Moffet), 회원은 선교사 38인, 한국인 장로 40인; 신학교 제1회 졸업생 서경조, 방기창, 한석진, 양전백, 송인서, 길선주, 이기풍 등 7인 목사안수.

1910.   『105인 사건』 발발로 일제의 탄압 강화.

1912.   (9. 1), 『조선예수교장로회』(이하 『총회』로 칭한다.) 조직; 회장에 언더우드, 회원은

목사 52인, 장로 125인, 선교사 44인.

1918.   (3. 26)『조선예수교 장·감 연합협의회』창립총회(서울 YMCA회관), 미국북감리회
10명, 남감리회 10명, 미국북장로교 12명, 남장로교 4명, 캐나다장로교 3명,
호주장로교 1명 등 모두 40명의 대표로 구성, 회장에 남장로교의 김필수 목사가
선출.

1923.   『장·감 연합협의회』해산.

1924.   (9. 24) 조선예수교장로회, 남감리회, 미감리회, 조선선교회장로교파의
4단체, 감리교파 2단체, 영국성서공회, 조선기독교청년회 등 11개 단체로
『조선예수교연합공의회』(Korean National Christian Council, KNCC) 조직.

1935.   (9.), 제25회 총회, 평양신학교의 박형룡 목사와 숭인상업학교의 김재준 목사의
신학적 갈등으로 분열의 위기에 직면.

1938.   (9. 10), 제27차 총회(평양 서문밖교회), 신사참배 결의; 당시 총회장 홍택기 목사. (9.
20), 신사참배 거부로『평양신학교』폐교.

1939.   (3. 27), 김대현 장로의 헌금으로『조선신학교설립 기성회』조직. 제28회 총회,
승동교회 김대현 장로가 후원하고 김재준, 송창근, 윤인구 목사가 이끄는
『조선신학교』인준.

1940.   『평양신학교』당국으로부터 재인가.

1942.   제31회 총회, 일제의 강압으로『대한예수교장로회』해체.

1943.   『일본기독교 조선장로교단』조직; 총리에 채필근 목사.

1945.   (8·15), 일본『무조건 항복』. (8. 17), 이기선, 손양원, 채민정, 한상동, 주남선 목사 등
옥중성도 출옥. (9. 2), 부산에 있는 교회들이 연합,『신앙부흥운동 준비위원회』를
조직. (9. 8), 초교파적 남부대회 개최(서울 새문안교회). (9. 18), 경남재건노회
조직(부산지교회), (9. 20), 북한 출옥성도들, 5개항의 한국교회 재건의 기본원칙을
발표(평양산정현교회). (10. 1),『평양장로회신학교』재개교; 김인준 목사가 주도.
(11. 3), 제47회 경남노회, 노회장에 출옥성도 주남선 목사. (12. 초), 이북 5도연합회
소집(평양장대현교회).

1946. (6. 12), 해방후 재건된 장로교 남한 노회들이 연합하여『남부대회』
개최(서울승동교회); 후에 제33회 총회에서 제32회 총회로 추인;『조선신학교』
총회직영 인준. (9. 20), 한상동, 박윤선, 최상림, 주남선, 이약신 등『출옥성도들』이
주도하여『고려신학교』개교(부산); 교장에 박윤선, 이사장에 한상동, 교수에
박윤선, 한상동, 한동명 목사. (10.), 강양욱 목사의 주도로『조선기독교도연맹』
발기. (12.), 제48회 경남노회, 고려신학교인가 취소 및 학생추천 취소를 결의,
한상동 목사 노회결의에 항의, 노회탈퇴를 선언.

1947. 『조선신학교』, 미군정 당국으로부터 대학 인가. (4. 18), 제2회
남부대회(대구제일교회), 총회전통계승(제33회 총회로)을 가결;『조선신학교 51인
학생진정서 사건』발발. (10. 14), 봉천에서『동북신학교』를 설립 후진을 양성하던
박형룡 목사『고려신학교』교장에 취임(부산중앙교회). (12.), 제47회 경남노회,
고려신학교 재인정을 결의; 한상동 목사 노회 복귀.

1948. (3. 15),『신학교문제 대책위원회』(대전제일교회), "조선신학교 개혁안"을 총회에
제출하여 통과되지 않을시 별도의 신학교를 설립하기로 가결. (4. 20), 제34회
총회(서울새문안교회), "조선신학교 개혁안" 조신측 지지파의 반대로 가결불발,
고려신학교 입학지원자에게 추천서 주지 않기로 결의. (5. 20),『신학교
대책위원회』(일창동교회), "장로교신학교 설립안"을 가결. (6.), 남산성도교회를
임시교사로 빌려『장로교신학교』개교. (9.), 제49회 경남노회(부산항서교회),
고려신학교 인준 취소.

1949. (4. 19), 제35회 총회(서울새문안교회), "고려신학교는 총회와 하등 관계가 없다"고
선언;『장로회신학교』의 총회직영을 인준;『장로회신학교』의『조선신학교』와의
합동을 결의. (6. 28),『장로교신학교』와『조선신학교』이사회, "합동 7원칙"을 작성.
김치선 목사 등이『대한신학교』설립.

1951. (5. 25), 제36회 계속총회(부산중앙교회),『장로회신학교』와『조선신학교』의
총회직영을 취소;『총회(직영)신학교』의 신설을 결의. (9. 18),『총회신학교』
개교(대구).

1952. (4. 9), 제37회 총회, 고려신학교를 중심으로 한 경남노회 12명의 총대 제명처분. (9.
11), 제57회 (법통)노회(진주성남교회), 고신측『대한예수교장로회 총노회』조직.

1953. (4.), 제38회 총회(대구서문교회), 조선신학교 졸업생에게서 교역자 자격 박탈;
김재준목사 면직을 경기노회에 지시. (6. 10),『대한기독교장로회』조직(서울

조선신학교 강당); 제38회 (법통)총회; 경남, 경서, 경북, 목포, 충북, 제주 등 9개 노회 47명의 대표로 구성; 제38회 총회장에 김세열 목사를 선출.

1954. (6. 10), 기장측 제39회 (법통)총회(한국신학대학), 교단명칭을 『대한기독교장로회』로 바꿈.

1956. (9. 20), 고신측(부산남산교회), 『대한예수교장로회 총회』 조직; 목사 52인, 장로 43인.

1958. (9. 28), 제43회 총회(영락교회), 통합측과 합동측의 분열 가시화.

1959. (9. 14), 제44회 총회(대전중앙교회), 경기노회 회원권 문제 발발. (9. 24), 연동교회에서 제44회 계속총회 소집(통합측). (11. 24), 승동교회에서 제44회 계속총회 소집(합동측); WCC 영구탈퇴와 에큐메니칼 운동 및 미국교회연합회와의 단교를 결의.

1960. (8.) 『대한예수교성경장로회』 설립; (12. 13) 합동측과 고신측 합동총회 개최(승동교회). (9. 14) 『대한신학교』를 모체로 미국 독립장로교 선교부의 지원하에 "대한예수교장로회"라는 이름으로 『대신』 창립.

1961. (12. 13), 승동측 총회, 고신측 총회와 합동. (12. 28), 『고려신학교』 『총회신학교(합동측)』와 병합.

1962. (11. 19), 박병훈 목사와 ICCC측 인사들, 예장 『호헌총회』 조직(대구애양교회).

1963. 고신측과 합동측 통합 결렬, 각각 자파로 환원.

1964. 개혁주의에큐메니칼대회(RES, Reformed Ecumenical Synod)에 예장합동측 가입.

1965. (5.) 『고신』 총회로부터 탈퇴한 목사들을 중심으로 예장 『개혁(3)』 총회 발족. 감리교신학대학, 대전감리교신학대학 (현 목원대학), 서울신학대학, 삼육신학대학, 연세대학교신과대학, 성미가엘신학원 (현 성공회신학대학), 장로회신학대학, 한국신학대학(이상 9개교)가 연합하여 "한국에서 신학연구를 증진하며 각 신학교육기관 상호 간의 사업을 협조하고 신학교육의 수준을 향상시키는 것"을 목적으로 『KAATS』(한국신학대학협의회)를 창립; 1995년 5월 현재 회원교는 31개교.

1967. 『개편찬송가』 발행

1968. (4.) 예장『종합』 설립

1969. 예장 통합측 WCC에 재가입

1973. (5.7), 예장『동신』 설립

1974. (7.), 북한『조선기독교도연맹』 WCC 가입 신청. (8.), 엑스폴로74
 기독교세계복음화대회(여의도).

1975. (9. 18), 1966년 이후 장로교회의 중립노선을 지켜오던 인사들을 중심으로
 복음주의와 칼빈신앙노선에 입각한 예장『개혁정통』 총회 창립. (11.), 예장『계신』
 총노회 조직. 예장통합측, 나이로비 WCC 제5차 총회에 대표를 파견함으로써
 WCC에 재가입.

1976. (5. 18), 예장『보수』 설립; (11.1), 예장『복음』 설립. 예장『근보주의 총회』 설립. 예장
 『평신』 설립. 예장『총연』 설립. 예장『연합』 설립.

1977. (9.), 대한예수교장로회『장신』 설립. (11.), 한국기독교장로회 최초로 한국장로교회
 여자목사 안수(양정신). 예장『호헌』 설립.

1979. (9.), 제64회 예장합동총회 분열.

1981. (2.), 한국장로교협의회 창립(통합·합동·기장·고신·대신). (9. 22), 합동신학원
 관계자들을 중심으로 예장『개혁(1)』 총회 조직.

1984. (8.), 예장통합측 백주년기념관 준공.

1985. (4. 5), 한국장로교협의회(예장 통합, 합동, 고신, 대신, 기장 등 이상 5개교단으로
 구성) 백주년기념 연합예배(새문안교회). (6.), 아시아기독교협의회(CCA) 8차
 총회(장로회신학대학-서울광나루).

1986. (9. 15), 예장『연합여목총회』 창립, 총회장 박정호 목사.

1989. (8.), 『WARC』(세계개혁교회연맹) 제22차 총회(서울).

1992. (10. 19), 합동개혁, 합동보수호헌, 합동정통 등 대한예수교장로회 25개 교단이 "예수교장로회협의회"(예장협)를 창립.

1997. (7. 31), 한국장로교협의회(한장협)과 대한예수교장로회 협의회(예장협)가 합동총회를 개최하여 한국장로교총연합회 출범

2007. (7. 8), 2007 한국교회대부흥 100주년기념 상암 서울대회

2008. (1. 11), 서해안 살리기 한국교회봉사단 출범

2012. (9. 1), 한국장로교총회 설립 100주년 기념대회(주제: 세상의 빛으로 통일을 준비하는 새로운 백년-온 장로교회가 하나로-)

부록 II   20세기 에큐메니칼 운동사 연대표

1910. 에든버러 세계선교대회(WMC, World Missionary Conference).

1921. 뉴욕 "국제선교협의회"(International Missionary Council) 창립 (이하 IMC).

1925. 스톡홀름 생활과 봉사(Life and Work) 창립.

1927. (8. 3), 로잔 신앙과 직제(Faith and Order) 창립 및 제1차 세계대회.

1928. 예루살렘 국제선교협의회(IMC, International Missionary Council).

1937. 에든버러 신앙과 직제 제2차 세계대회. 옥스포드 생활과 봉사.

1938. 탐바람 IMC.

1944. 켄터베리 대주교 윌리엄 템플(William Temple) 사망.

1947. 휘트비 IMC.

1948. (8. 22 - 9. 4), 암스테르담 세계교회협의회(WCC) 제1차 총회. (12.), 유엔 인권선언.

1949. (8.), 나토(NATO) 결성. (10.), 중화 인민공화국 선포. (12.), 인도네시아 독립.

1950. (6.), 한국전쟁 발발. (7.), WCC 중앙위원회 - 토론토 성명 발표.

1951. (9.), 이스라엘에 대한 아랍의 경제적 보이코트.

1952. 빌링겐 IMC. 룬트 신앙과 직제 제3차 세계대회.

1953. (3.), 스탈린 사망. (7.), 한국전쟁 휴전.

1954. (5.), 베트남 분할. (8·15 - 31), 에반스톤 WCC 제2차 총회.

1955.   바르샤바 조약기구 결성.

1957.   가나 아치모타 IMC.

1961.   (8.), 베를린 장벽 세워짐. (11. 19 - 12. 5), 뉴델리 WCC 제3차 총회: 정교회의 WCC 가입 및 IMC는 WCC와 통합하여 세계선교와 복음전도위원회(CWME)로 발전. (성탄절), 교황 요한 23세 제2차 바티칸 공의회의 개최(1962)를 공표.

1962.   (10.), 제2차 바티칸 공의회 개막 (- 1965).

1963.   (5.), 아프리카 일치 기구(Organization of African Unity) 구성. (7.), 몬트리올 신앙과 직제 제4차 세계대회. 멕시코 CWME(세계선교와 복음전도 위원회).

1965.   WCC와 로마가톨릭교회의 공동협력 기구(Joint Working Group) 창설. 중국의 문화혁명 시작.

1966.   휘튼선교대회(휘튼선언).

1967.   (6.), 아랍과 이스라엘간의 '6일 전쟁'. (11.), 콘스탄티노플의 에큐메니칼 총대주교 아데나고라스(Athenagoras, 에큐메니칼 주교) 1세 WCC 본부 방문.

1968.   (4. 4), 마틴 루터킹 암살. (7. 4 - 20) 웁살라 WCC 제4차 총회. (8.), 라틴 아메리카 주교들이 메데인에서 회합(메데인 라틴아메리카 주교회의). (8.), 바르샤바 조약기구 군대의 프라하 침공. WCC와 로마가톨릭교회가 결성한 SODEPAX 1차 회의.

1969.   (7.), 최초의 달 착륙. WCC의 인종차별반대투쟁.

1971.   중국의 유엔 가입. 『해방신학』 출판. 루벵 신앙과 직제위원회 총회. 기독교교육세계협의회와 WCC의 통합.

1972-73.   방콕 CWME (주제: "오늘의 구원").

1974.   아크라 신앙과 직제위원회 총회. 로잔 세계 복음화 국제대회; 로잔언약.

1975.   (11. 23 - 12. 10) 나이로비 WCC 제5차 총회.

1078.   (10.), 보이틸라(Wojtyla)가 교황 요한 바오로 2세로 선출됨. 벵갈로 신앙과 직제위원회 총회.

1979.   (3.) 이집트와 이스라엘간의 평화조약 체결.

1980. (3. 24) 살바도르 대주교 로메로(Romero) 암살. (5. 21) 한국 광주민주화운동 발발. 멜버른 CWME (주제: "나라가 임하옵시고")

1982. 리마 신앙과 직제위원회 총회; 『BEM(Baptism, Eucharist, Ministry) 문서』 발표. WCC 선교성명『선교와 전도: 에큐메니칼 선언』 발표.

1983. (7. 24 - 8. 10) 밴쿠버 WCC 제6차 총회.

1984. 교황 요한 바오로 2세 WCC 에큐메니칼 센터 방문.

1985. (7.) 나이로비에서 유엔 여성의 10년 대회(UN Women's decade).

1987. (12.) 미국과 소련 군축조약 서명.

1989. (8·15 - 26), 한국 서울에서 제22차 WARC(세계개혁교회연맹) 총회.

1991. (2. 7 - 20), 캔버라 WCC 제7차 총회.

1993. (8. 3 - 14), 산티아고 데 콤포스텔라(Santiago de Compostela) 신앙과 직제 제5차 세계대회.

1996. 살바도르 CWME (주제 : "복음과 문화")

1998. (12. 3 - 14), 하라레 WCC 제8차 총회.

2005. 아테네 CWME (주제 : "치유와 화해로서 선교")

2006. (2. 14 - 23), 포르투 알레그리 WCC 제9차 총회.

2012. WCC 선교성명『함께 생명을 향하여』 발표.

2013. (10. 30 - 11. 8), 부산 WCC 제10차 총회.

2018. 아루샤 CWME (주제: "변혁적 제자도")